SE PRÉPARER AU GRAND AMOUR

SE PRÉPARER AU GRAND AMOUR

IYANLA VANZANT

• MARABOUT •

Traduit de l'anglais par Véronique Dumont
Relecture : Dominique Bach et Marielle Pfender
Mise en page : Domino

ISBN : 2501036611
Dépôt légal : n° 15629 / octobre 2001
Imprimé en Italie par G. Canale & C. S.p.A.

Remerciements

Oh mon Dieu! Comme vous êtes grand ! Vous m'avez fait parcourir un si long chemin. Et je vous suis si reconnaissante pour ce que vous avez fait ! Si reconnaissante aussi pour ces anges visibles et invisibles que Vous m'avez envoyés pour me guider, me protéger, m'encourager, et m'aider. Ma gratitude la plus sincère à mes anges visibles :

Mes enfants biologiques, Damon, Gemmia, Nisa ;

Leurs enfants, Asole, Oluwalomoju, Adesola, Niamoja, Adilah Afi ;

Mes enfants d'adoption, J. Alexander Morgan, Maia, Lumumba, Atiba, Coujoe, Kobie, Gamba et Nwandu Bandele ;

Mon parrain, Awo Osunkunle Erindele ;

Mes aînés qui me supportent depuis plus de trente ans, Owi Relekun, Osun Tolewa, Babatunde, Barbara Bey, Stephanie Weaver et Oseye Mchowi ;

Mon directeur de vie, Dr David Phillips ;

Sa femme, Mme Peggy Phillips

Les guides de ma renaissance, Ken Kizer, Rene Kizer et Dujuna Wuton ;

Mes compagnons de prière, Dr Barbara Lewis King et Révérend Linda Beatty-Stephens ;

Mes chers amis qui m'ont offert d'excellents modèles relationnels, Joia Jefferson et Rashid Nuri, Stan et Tulani Kinard, Freddie et Marge Battle, Révérend Chochise et Vivianna Brown, Natu et Fatimah ali, Susan et Kephra Burns, Stanley et Chemin Bernard, Ralph et Jeanne Blum ;

Mon merveilleux agent, Denise Stinson ;

Mon éditeur, venu tout droit du paradis, Dawn Marie Daniels (Ce livre vous a fait gagner votre auréole!) ;

Mes compagnons d'écriture et mes professeurs, Neale Donald Walsch, Paul Ferrini, John Randolph Price, Eva Bell Werber, la fondation pour la paix de l'âme, Marianne Williamson, Wayne Dyer, Tom Johnson, Alexis Davis, Michelle Buckley et Kimberly Graham, Valencia Scott.

J'aimerais remercier les anges invisibles que sont Esu, qui m'apporta tant de bienfaits; Obatala, qui m'expliqua comment les utiliser; Sango qui s'assurait que je mettais bien en pratique ce qui m'avait été dit; Yemoja et Osun, qui m'apprirent à tirer le plus de bénéfices de ces bienfaits; Oya qui m'aida à transformer le mal en bien, et Maître Joel Goldsmith dont le travail est une véritable bénédiction dans ma vie.

Et j'aimerais humblement remercier ma propre « Personne », pour avoir accepté de vivre dans la peur, le refus, la confusion et la colère qui furent nécessaires pour comprendre ce qui m'avait poussée à écrire ce livre.

Ce livre est dédié dans l'amour et avec amour :

Au Dr. Betty Shabbaz,
qui apprit au monde comment vivre l'intervalle et le rendre utile;

À Coleen Goldbergh,
qui ne cessa de prier pour moi et passa les dernières heures
de sa vie à assister à mon mariage;

Au Révérend Fernette Nichols,
l'instigateur du sermon ayant donné naissance à ce livre;

Et à mon mari, Ifayemi Adeyemi Bandele,
qui m'aida à comprendre que l'intervalle pouvait être payant,
et gratifiant!

SOMMAIRE

INTRODUCTION

Que faites-vous « en attendant »? Quelque part au fond de votre esprit, vous savez qu'un jour vous vivrez enfin une relation qui suffira à vous combler. Ou bien que tout ce que vous attendez d'une relation finira par arriver. La question est de savoir ce que vous faites *en attendant*, dans ce que nous appellerons ici *l'intervalle*. L'amour est étrange, il vous trouvera dans les circonstances les plus inattendues, aux moments les plus improbables. Il vous surprendra, englobera et transformera toute votre vie. Malheureusement, lorsqu'il survient, peu d'entre nous savent le reconnaître ou en comprendre l'impact. C'est comme en thérapie. Vous parlez, vous cherchez, vous vous demandez ce qui vous arrive sans vous rendre compte qu'il s'agit d'une bénédiction. Peut-être parce que l'amour se montre rarement là où nous l'attendions ou qu'il ressemble rarement à ce que nous imaginions.

C'était mon « conseiller en amour ». Il était grand, mince, très calme, presque timide. J'étais petite, forte, et plutôt exubérante. Il fallait toujours que j'attire l'attention — généralement une attention négative. Il avait dix-sept ans, j'en avais treize. Il était moniteur dans le camp de vacances où j'étais employée pour l'été. Une erreur administrative avait effacé mon nom du tableau des salaires. On lui a donné pour tâche de s'assurer que je serais payée.

Personne d'autre que lui ne semblait savoir ce qui se passait. Pour moi, il savait tout. Il a fallu deux semaines pour résoudre l'affaire. Nous passions de bureau en bureau, de responsable en responsable, il ne perdait jamais patience, restait courtois alors que j'avais toujours quelque chose à dire et que j'étais incapable de contenir ma colère. J'avais besoin de réconfort et il était réconfortant. Il me rassurait, me répétait sans cesse que tout finirait par s'arranger. Je le croyais, principalement parce que cette histoire me permettait de rester auprès de lui. Grâce à cette confiance et à son insistance, nous avons réussi à obtenir gain de cause. J'ai reçu trois chèques de quarante-cinq dollars chacun. C'était pour moi un moment passionnant. Pour lui, c'était l'aboutissement de ses efforts. Il avait fait son travail. Tout simplement. Moi, j'étais amoureuse. Tout simplement. Il devait penser à vingt-cinq autres jeunes travailleurs. Moi, je ne pensais qu'à lui. Maintenant que j'étais payée, je prenais conscience que j'avais un petit problème à résoudre. Ce garçon dont j'étais follement amoureuse sortait avec une de mes meilleures amies. C'était le début de mon *intervalle*.

J'ai passé les trente années qui ont suivi à aimer cet homme. Je le surnomme mon « conseiller » parce qu'il m'a aidée à me chercher, à me remettre en question et à guérir. Grâce à lui, j'ai beaucoup appris sur la vie et l'amour. À l'époque de notre rencontre, de nombreuses personnes ont essayé de me convaincre que ce que je ressentais n'était pas le véritable amour mais une toquade d'adolescente. Parce qu'elles étaient plus âgées et, pensais-je, plus judicieuses que moi, je les ai crues et j'ai décidé qu'il était préférable pour moi de refouler ces sentiments. J'ai traversé cette période de ma vie persuadée que je ne savais rien de l'amour — après tout, je n'étais encore qu'une enfant. J'ai même fini par me convaincre que je ne devrais et ne pourrais jamais vivre une histoire avec ce garçon qui, de toute façon, était trop vieux pour moi. La vie a continué. Mais je me sentais blessée et en colère à cause de ce qu'on m'avait dit et de ce que je pensais avoir perdu. À la fin, j'en ai conclu que je n'étais pas *assez bien* pour être aimée, de lui ou d'un autre. Au cours de ce processus où les émotions et les croyances m'ont amenée à tirer des conclusions, j'ai aussi pris des décisions.

J'ai décidé de ne plus jamais souffrir par amour. Sans savoir exactement ce qui m'avait blessée dans cette histoire, je refusais viscéralement de revivre un jour ce que j'avais connu l'année de mes treize ans. J'ai aussi décidé qu'aucun homme ne me ferait subir ce que mon père avait infligé à ma mère. Ça ne me regardait pas, mais à force d'y être confrontée, d'observer, de juger et d'essayer de découvrir et de comprendre ce que personne ne semblait capable de me dire en face, j'en avais fait peu à peu une affaire personnelle. Qui peut prétendre connaître la vérité sur l'amour, sur la façon d'aimer ou sur le mystère des relations humaines ? L'observation de mes modèles relationnels avait-elle faussé mon opinion ? Ce que j'avais ressenti, vu, cru et conclu était-il faux ? Bonnes questions ! Mais *en attendant* — dans l'*intervalle* —, il me fallait trouver les réponses.

À seize ans, j'ai cru trouver l'amour. En fait, je me suis retrouvée enceinte puis abandonnée avec un enfant à élever seule. À dix-neuf ans, j'ai *su* que je l'avais trouvé, donc je l'ai épousé. Encore faux ! À vingt et un ans, « l'amour » m'a appelée au téléphone, et après trois rendez-vous, il s'est installé chez moi. C'est là que l'*intervalle* a été plus dur. Mais pendant ce temps, je suis devenue très lucide et il m'est clairement apparu que tout ce que j'avais cru au sujet de l'amour n'avait aucun lien avec la réalité. J'ai compris aussi que j'étais incapable de reconnaître l'amour pour la bonne raison que je ne l'avais jamais connu. Oh, bien sûr, j'avais une vague idée de ce à quoi il pouvait ressembler, mais cette idée avait été faussée longtemps auparavant. J'ai également découvert que l'amour n'était pas seulement un sentiment agréable, qu'il ne se résumait pas à une simple notion de besoin. Pendant cet *intervalle* qui a duré trente ans, j'ai fini par comprendre que l'amour était une expérience personnelle de bien-être absolu, qui ne correspondait à rien de ce que j'avais pu connaître.

Quand je me trouvais avec mon « conseiller », j'avais le sentiment de voler. L'erreur consistait à croire qu'il était à la base de cette exquise légèreté. Après un certain nombre d'atterrissages fracassants, j'ai compris que c'était moi qui détenais ce pouvoir lorsque je parvenais à me libérer de mes peurs, de mes blessures, de toutes ces décisions prises dans la colère, des conclusions hâtives, des jugements, des quêtes, des attentes et des rêves. J'ai découvert que seule la sérénité peut conduire au véritable amour et permettre de ressentir ce qui se passe en vous, de le reconnaître et de l'accepter.

En présence de mon « conseiller », je me sentais merveilleusement bien. L'erreur, là encore, consistait à croire que c'était *grâce à lui*. Pendant *l'intervalle*, j'ai passé quinze ans à essayer de trouver un homme qui puisse en faire autant — faire que je me sente bien et que ma vie me plaise. Les choses ont commencé à aller mieux le jour où j'ai enfin réussi à m'accepter telle que j'étais réellement. *L'intervalle* est devenu plus facile. C'est alors qu'il est revenu dans ma vie.

La différence d'âge s'était miraculeusement effacée et nous pensions être prêts pour l'amour et prêts l'un pour l'autre. Comme chacun de nous avait le besoin et le désir de l'autre, nous pensions que tout irait pour le mieux. En fait, nous étions encore trop confus, trop en demande et trop inquiets de ne pas être assez bien pour l'autre. À ces « trop » s'ajoutait l'encombrant bagage de nos vécus respectifs : les acquis de l'enfance, les idées préconçues. Nous avons vécu cinq ans ensemble, ou plus exactement nous avons vécu notre *intervalle* ensemble et affronté tous ces obstacles émotionnels — colère, culpabilité, honte, peurs et rêves de l'amour — qui nous barraient la route.

C'est ce qui se passe généralement dans *l'intervalle*. Les choses vous tombent dessus et puis se désagrègent. *En attendant,* la ou les expériences que vous vivez — des expériences souvent bouleversantes et douloureuses — vous aident à éliminer vos besoins inutiles, à vous débarrasser de ce qui vous encombre. C'est un travail difficile, comparable à un grand nettoyage de printemps, lorsqu'on vide les placards, qu'on trie et qu'on se débarrasse du superflu pour remettre sa maison en état. Dans cet *intervalle*, nettoyage, déblaiement et élimination peuvent ressembler à malhonnêteté, infidélité, trahison et abandon. Sachez qu'il n'en est rien ! C'est précisément le capharnaüm auquel vous vous accrochez qui vous empêche de connaître l'amour véritable.

Quand nous avons fini par nous séparer, je me sentais profondément blessée. J'avais peur. J'avais passé la plus grande partie de ma vie à prier en silence pour que cet homme m'aime. Quand il a fini par me dire qu'il m'aimait, ça ne ressemblait pas à ce que j'attendais. C'est souvent comme cela dans *l'intervalle* : vous obtenez ce que vous vouliez pour découvrir que ce n'est pas comme vous l'imaginiez ! Vous avez le sentiment de vous enliser. Non seulement je me sentais coincée, mais j'étais déçue d'avoir raté une histoire d'amour, et par ma faute ! J'ai passé les dix années suivantes à me demander quelles erreurs j'avais commises. Pourquoi ne pouvait-il pas m'aimer ? Quel était mon problème ? Si vous êtes un peu comme moi, c'est le genre de questions que vous vous poserez pendant l'*intervalle.*

Vous trouverez des réponses au fur et à mesure. Parce que vous penserez que ces réponses sont justes, vous changerez certains de vos comportements et croyances. Quand vous vous rendrez compte qu'elles ne sont pas tout à fait justes, vous trouverez de nouveaux paramètres, de nouvelles croyances et conditions soi-disant nécessaires à l'amour. C'est ce qu'on appelle *l'hystérie de l'intervalle* ! En fait, vous serez probablement en colère, vous aurez peur ! Et tant que vous ne parviendrez pas à affronter la vérité, vous ne serez pas à même de trouver l'amour dont vous rêvez. Car l'amour est un trésor enfoui en chacun de nous, que nous seuls sommes capables de découvrir. Il m'a fallu dix ans pour le comprendre.

Pendant mon *intervalle*, j'ai vécu ce que je pensais être des liaisons désastreuses. Aujourd'hui, je réalise que chacune d'elles m'a beaucoup appris sur moi-même. Cette période d'attente n'a rien de statique, elle comporte des étapes. Nous croyons savoir, mais souvent nos acquis se révèlent inefficaces et nous nous apercevons que nous devons continuer à apprendre. C'est ce qui fait toute la beauté de *l'intervalle*. Il nous empêche de stagner et nous pousse à grandir. Seulement, pour grandir, il faut travailler. Le travail sur soi pour découvrir le véritable amour est ce qui rend cette période à la fois stimulante et éprouvante.

Rien ne nous apprend autant sur nous-mêmes et sur la vie que les liaisons amoureuses. Je vous parle de ma propre expérience. Je remercie mes professeurs-amants-partenaires de m'avoir tant appris sur la peur, la colère et le besoin — que l'on confond si souvent avec l'amour. Une fois ces leçons apprises et mises en pratique, ma vie a pris une tournure différente. Je n'éprouvais plus le besoin de prouver que je méritais d'être aimée. Je n'avais plus peur de formuler mes désirs par crainte de ne pas obtenir ce que je souhaitais. Je ne m'emportais plus quand les événements ne prenaient pas la tournure que je voulais ou quand je ne trouvais pas ce que j'avais imaginé dans une relation. Dans *l'intervalle*, j'ai appris à m'occuper de moi, à m'aimer, à me trouver intéressante, à voler de mes propres ailes.

Les relations ne sont pas sclérosées. Ce que nous vivons au nom de l'amour et pour l'amour de l'amour influence tous les domaines de notre vie. Nous ne pouvons pas changer les chaînes de notre cerveau ou de notre cœur comme de vulgaires chaînes de télévision toutes différentes les unes des autres. Les chaînes de nos vies s'entrecroisent, sont interdépendantes. Je peux vous affirmer que les miennes le sont ! J'ai vécu dans ma carrière les mêmes confusions que dans ma vie amoureuse. Elles ont affecté mes relations avec mes enfants et mes relations avec les hommes. Comme cet amour que j'avais eu puis perdu, j'ai eu des emplois et je les ai perdus. Ma carrière était décevante comme l'ont été nos années de vie commune. J'ai dépensé quarante-sept mille dollars pour suivre des cours de droit avant de me rendre compte que je détestais le droit !

Ces interférences sur ce que j'appellerai ma « chaîne relationnelle » ont brouillé les autres chaînes de ma vie. Même à distance, mon « conseiller en amour » m'a donné des leçons sur moi-même, et il m'a fallu comprendre comment les appliquer à toute ma vie.

J'ai dû travailler dur pour prendre conscience de mon identité réelle puis m'accepter. La tâche n'était pas facile ! Je dirais même qu'elle a été douloureuse et angoissante. Que d'efforts pour réfléchir, évaluer et oublier ses mauvaises habitudes ! J'ai dû passer au crible mes croyances, toutes les idées que j'entretenais sur moi-même et sur l'amour, et souvent il m'a fallu y renoncer, modifier cette image qui était ancrée en moi depuis de si longues années. Je le répète, ce travail s'assimile à un grand nettoyage, lorsqu'on met de côté les objets poussiéreux et cassés pour s'en débarrasser. Pour moi, l'amour était soumis à tant de conditions ! C'était comme si je pénétrais dans les tiroirs de mon âme. J'ai dû me résoudre à jeter ce qui n'était plus utile malgré une certaine valeur sentimentale. J'ai dû admettre que certains rouages ne fonctionnaient plus et ne fonctionneraient plus jamais. J'avais laissé les vieilles peurs et les vieilles blessures s'accumuler comme un paquet de linge sale, et la pile était devenue impressionnante. Lentement, méthodiquement, j'ai donc entrepris de nettoyer mon cœur en prévision du véritable amour et je me suis plongée dans cet incroyable désordre.

Tout d'abord, je me suis attaquée au sous-sol de la maison où étaient stockés les acquis de mon enfance — une tâche difficile qui consistait à parfaire mon image ensevelie sous une montagne de principes légués par mes parents. Une fois mon *moi* entraperçu, je suis passée à l'étage supérieur. Là, j'ai ouvert les rideaux et laissé la lumière de la vérité éclairer mes peurs et mes rêves pour me montrer ce qu'ils étaient réellement — des déformations et des ombres du passé. Quand la vérité m'est apparue, j'ai dû affronter le fait que j'étais seule responsable de ce trouble, et que j'étais aussi seule à pouvoir y mettre de l'ordre. Le temps était venu de relever mes manches et d'accomplir cette tâche ingrate et difficile. Croyez-moi, il m'a fallu beaucoup de courage pour accéder au premier étage où m'attendait ce que j'estimais être ma vision idéale de la vie. Avec un peu de foi et beaucoup de confiance, j'étais finalement prête à me débarrasser des vieux rideaux, des tapis usés et du mobilier bancal, tout en reconnaissant les erreurs coûteuses que j'avais commises. En regardant autour de moi, j'ai eu le sentiment d'avoir gâché beaucoup de temps et d'énergie, mais j'avais accédé à la vérité et cette vérité était simple : nous faisons tous de notre mieux jusqu'à ce que nous devenions plus forts et plus sages, prêts à faire encore mieux. J'étais prête !

Je suis devenue créative, utilisant de nouveaux styles, de nouvelles couleurs, tissant un nouveau mode de vie qui m'a propulsée de l'ombre à la lumière, jusqu'au deuxième étage de la maison. Un lieu de lumière que j'avais à peine pris le temps de visiter jusqu'alors, probablement par peur ou manque de lucidité, ou les deux à la fois. J'avais enfin le sentiment que mes efforts étaient récompensés, que je n'étais plus aveugle et que je savais exactement où j'avais envie de vivre, dans la paix. Très fière de moi, j'ai invité des amis pour leur faire partager mes nouvelles connaissances, leur montrer ce lieu où j'allais dorénavant passer mon existence. Certains n'ont pas aimé cette nouvelle maison vide et ordonnée, trop différente de l'ancienne ! Et moi aussi, j'étais trop différente. J'avais accédé à la vérité et je n'avais plus peur ! Ils ont préféré partir et je leur en sais gré. J'ai nettoyé leur désordre en me disant que si je parvenais à garder ma maison propre, ceux qui y pénétreraient avec amour y resteraient. En fait, j'ai transformé le grenier de ma maison en un sanctuaire de l'amour. J'ai décidé avec soin de mes actes et de mes dires. Une fois ce ménage terminé, j'ai tourné la tête et mon amour était là. Un peu plus vieux, beaucoup plus sages, mon « conseiller en amour » et moi-même étions enfin prêts à vivre ensemble.

Mon seul souhait était qu'il ne pleuve pas. Il n'a pas plu, mais il faisait un froid glacial que je ne sentais pas. En ce merveilleux jour de mai où nous nous sommes mariés, j'étais emplie d'une merveilleuse et bienfaisante chaleur. Les gens qui n'avaient cessé de me répéter que ça ne marcherait jamais étaient venus, ceux qui avaient espéré avec moi étaient là aussi. D'autres ont assisté à notre union uniquement parce qu'ils ne pouvaient pas y croire ! D'autres encore sont venus parce qu'ils savaient que ce n'était pas un mirage. Comme toutes les mariées, j'étais resplendissante. Il nous avait fallu trente ans et trois mariages à nous deux pour réussir, mais nous étions devenus plus sages, plus forts, et nous avions enfin l'esprit limpide. Plus exactement, nous nous aimions, nous-mêmes et l'un l'autre. Nous savions que le moment était venu pour nous et que *l'intervalle* avait été nécessaire pour aboutir à cette union. Maintenant, nous pouvions passer le reste de nos vies ensemble sans cesser de nous rappeler ce que nous avions oublié la première fois. Tel est le but de *l'intervalle*: nous aider à comprendre ce que nous savons et ignorons de l'amour.

Dans ce livre, nous allons nettoyer ensemble votre maison, le lieu où s'accumulent vos croyances sur l'amour. Nous allons désinfecter votre cœur et votre esprit de façon à vous préparer à obtenir ce que vous désirez. Ensemble, nous allons étudier l'amour, apprendre à le reconnaître lorsqu'il surgit dans nos vies, à reconnaître les émotions qu'il fait naître en nous lorsqu'il nous atteint. Nous verrons de quelle façon il fait de nous, êtres humains, des êtres divins; comment il nous pousse à vivre des expériences satisfaisantes, et ce dans tous les domaines de notre existence. Nous nous pencherons également sur ses dérapages, ses égarements et tous les sentiments habilement déguisés que nous prenons parfois pour de l'amour.

J'espère sincèrement que nous accomplirons cette tâche de façon fonctionnelle et pratique, en tenant compte des situations et des personnes qui ont influencé vos croyances sur l'amour, en tenant compte aussi de tout ce que vous êtes capable de faire pour trouver cet amour, le conserver et le vivre — une quête qui se place dans le cadre de référence que nous appelons ici *intervalle*.

CHAPITRE 1
L'amour indissociable de l'*intervalle*

Elle ne le cherchait pas, il ne la cherchait pas non plus. Chacun d'eux vivait déjà une liaison. Pourtant, dès qu'ils se sont vus, ils ont eu la même réaction, les mêmes frissons et la même petite flamme dans les yeux. Ils venaient d'entrer ensemble dans l'*intervalle.* Sans savoir que l'autre était en train de faire la même chose, chacun d'eux a traversé la salle. Il a parlé le premier. Ou plutôt non, c'est *elle.* Elle lui a posé une question un peu absurde à laquelle tout son être le poussait à répondre. Il a éludé l'existence de sa *compagne,* elle, de son *compagnon.* Il leur a fallu du temps pour parler. Puis ils se sont mis à discuter et à rire, ce que ni l'un ni l'autre ne semblait faire très fréquemment avec son *partenaire.* Ils ont échangé leurs numéros de téléphone professionnels. Ils savaient bien ce qui leur arrivait mais faisaient tous deux mine de l'ignorer. Puis, à contrecœur, ils ont rejoint leurs *partenaires,* alors qu'ils plongeaient ensemble dans cette période frémissante qu'on peut appeler *en attendant* ou *intervalle.*

Lorsque vous ne vous épanouissez plus dans une liaison, que vous voulez rompre mais n'en êtes pas sûr et ne savez pas comment, vous vous trouvez dans cette période de latence qu'on nomme l'*intervalle.* Vous avez la sensation de flotter, d'être prêt à vous échapper tout en étant affolé à l'idée de tomber et de vous blesser, effrayé, aussi, à l'idée de blesser l'autre. Pendant cette période, vous souhaitez qu'il s'éloigne le premier pour vous éviter tout sentiment de culpabilité.

S'il fait des allusions, vous fait comprendre qu'il est temps de partir, vous vous dérobez. Pourquoi ? Vous n'en avez aucune idée, mais l'*intervalle* est rempli de ces « Je ne sais pas, je ne peux pas. Je ne sais pas pourquoi je ne peux pas partir. Je ne sais pas pourquoi je devrais rester. Je ne connais ni ma destination, ni la manière de m'y rendre. » Ambivalence, confusion, réticence et incapacité d'agir sont caractéristiques de l'*intervalle.* Vous vous dites que si vous connaissiez les réponses à ces questions qui vous obsèdent, vous vous sentiriez bien. Pendant l'*intervalle*, sachez que vous éprouverez mille sensations, mais rarement du bien-être !

La vie serait tellement plus simple si, lorsqu'un problème surgit dans nos relations, nous prenions le temps de nous arrêter, de l'affronter et de le régler avant de reprendre notre route. C'est ce qu'on pourrait faire dans la plupart des cas. Pourtant, on ne le fait pas. Certes, nous poursuivons notre chemin, mais en laissant de vagues accrochages se transformer en colères noires, de petites discussions insignifiantes évoluer en querelles sourdes et latentes, d'infimes douleurs devenir blessures profondes — le plus souvent, sans cesser de souffrir. Mais lorsque se profile à l'horizon une liaison amoureuse, avancer en refusant d'affronter la douleur ne fait que compliquer la situation et empoisonner celle en cours.

Comment rester sans souffrir ? Comment quitter sans faire souffrir ? Ces questions resteront à jamais sans réponse si vous souffrez vous-même. Vous pouvez essayer de découvrir la vérité sur l'amour, car c'est le seul moyen de traverser vos expériences. Pendant l'*intervalle*, si nous continuons à nous aimer nous-mêmes et à aimer les autres sans jamais cesser de communiquer consciemment et sincèrement, les obstacles ou les perturbations qui surgissent dans nos relations deviennent des éléments du processus qui conduira à notre guérison. Si nous en sommes incapables, en revanche, nous adoptons ce qu'on appelle un *comportement d'intervalle* — de blessures, de luttes, de mensonges et de confusion. Et la confusion engendre toujours la confusion !

Revenons à nos deux amants. Deux semaines plus tard, elle l'a appelé à son bureau. Il lui avait déjà téléphoné deux fois, mais il avait raccroché en entendant sa voix sur son répondeur. Depuis leur rencontre, ils avaient tous les deux essayé de se convaincre qu'ils ne devaient pas se revoir, tout en sachant qu'ils en avaient désespérément besoin. Il l'a invitée à boire un verre. Elle a accepté et décidé du lieu et de la date. Il est arrivé avec une rose rose. Dès qu'elle l'a vu, son cœur a fait un bond. L'image de son partenaire est devenue floue et elle n'a pas su comment réagir. Il l'a fait à sa place avec les mots justes, au bon moment, en ressentant la même exaltation physique. Elle lui a parlé de son partenaire. Il lui a parlé de la sienne. Ou plus exactement, il lui a dit qu'elle était au courant. Elle a alors réalisé qu'elle courait au-devant de problèmes, s'est excusée et est rentrée chez elle. Il a repris un verre en essayant de mettre au point un plan d'action.

L'AMOUR PENDANT *L'INTERVALLE*

L'amour constitue l'élément essentiel de notre vie et son unique signification. Être vivant signifie qu'on occupe la maison de l'amour, dont on doit respecter les règles. Ni la vie ni l'amour ne doivent conduire à l'abandon de sa dignité, de sa propre estime, de ses objectifs professionnels, de son bon sens, ni même de ses programmes télé favoris. Le problème est que nous l'ignorons trop souvent. Nous pensons que pour obtenir une chose, il faut renoncer à une autre, qui est parfois une part de nous-mêmes, surtout lorsqu'il s'agit d'amour. Alors qu'aimer est au contraire vivre et connaître plus — aller au-delà de soi, de ses croyances, de ce qu'on possède. L'amour a le pouvoir de réunir toutes les facettes de notre personnalité en un seul et même être. L'amour est l'essence même de notre identité, l'union du cœur et de l'esprit. L'erreur est de vouloir établir cette union avec d'autres avant de l'avoir établie avec soi-même — une mission que je qualifierais... d'impossible! En effet, jamais vous ne *trouverez* l'amour si vous n'*êtes* pas amour vous-même. Pendant *l'intervalle*, nous agissons beaucoup au nom de l'amour, pour l'amour.

Tout au long de cette période, nous apprenons ce qu'est ce sentiment divin. Nous tâtonnons, formons d'étranges alliances, instituons des règles au nom de ce que *nous* pensons être l'amour ou de ce qu'il devrait être. Nous observons et écoutons les autres, persuadés qu'ils détiennent le savoir en matière de sentiments et de liaisons sentimentales. Or, comme nous, ils apprennent dans l'épreuve et l'erreur. Au mieux, nous choisissons qui nous allons aimer et comment nous allons l'aimer. Au pire, nous découvrons qu'il est virtuellement impossible de faire assez, assez vite et auprès d'assez de personnes, pour recevoir d'elles l'amour, l'admiration ou l'acceptation dont nous pensons avoir besoin. Lors de l'*intervalle*, alors que nous nous rapprochons de la vérité, le risque majeur est de tout confondre. Rien ne nous cause autant de *confusion* que les relations amoureuses.

Revenons à nos futurs amants. Ils ont tous deux conscience de devoir quitter rapidement, mais dignement, leur partenaire. Pourtant, aucun d'eux n'a le courage, la force ou la présence d'esprit de le faire. Il ne quitte pas son amie parce qu'elle s'est montrée bonne envers lui. Au cours de leurs trois années de vie commune, ils ont connu toutes les situations — et notamment des querelles hystériques au sujet d'une éventuelle séparation ! Finalement, ne sachant où aller, ils sont restés ensemble. En ce qui la concerne, elle reste avec son partenaire pour ne pas avoir à affronter sa peur de la solitude. Elle a déjà vécu cette situation douloureuse à plusieurs reprises et refuse de se l'infliger une nouvelle fois, surtout en connaissance de cause. Il lui arrive d'espérer que son partenaire disparaisse miraculeusement, ou se transforme en mari idéal, ce qui lui permettrait de vivre heureuse. C'est ainsi qu'elle parvient à se convaincre de rester. Pendant son *intervalle*, elle nourrit un rêve sans savoir précisément lequel.

L'amour est la seule chose au monde dont nous ayons besoin. Il est notre paix, notre joie, notre santé, notre richesse. L'amour est notre identité. Nous le recherchons dans nos relations, sans prendre conscience que nous devons commencer par le vivre nous-mêmes pour nous-mêmes, avant de l'obtenir des autres. Nous devons apporter dans nos relations le sens profond de ce que nous sommes, de nos résolutions, de nos valeurs, notre fougue aussi, notre amour de la vie, et notre conception de nous-mêmes et de notre vie. Nous devons apporter nos richesses personnelles et intimes, notre entité. Si nous y parvenons, selon nos critères de satisfaction personnels, nous devons aborder nos relations avec le désir de *partager ce que nous possédons* et non la crainte de nous le faire dérober. L'amour est synonyme de partage. Partage de la joie, de l'exaltation, des valeurs, des résolutions et de la perception de la vie qui sont la quintessence même de l'amour. Si nous apportons ces éléments dans nos relations, l'amour se multipliera et notre expérience de la vie s'enrichira. Si nous ne les avons pas encore acquis, notre quête de l'amour nous apportera les relations dont nous avons besoin pour découvrir la vérité sur ce qu'est l'amour et sur ce qu'il n'est pas. Ce processus de découverte a pour nom *l'intervalle.*

Lorsque nous rencontrons quelqu'un, nous nous attendons à ce qu'il nous aime et nous accepte avec amour, une attente logique si l'on considère que nous sommes tous nés pour exprimer et recevoir ce sentiment divin. Parfois, pourtant, notre demande est si forte que nous sommes prêts à faire n'importe quoi pour l'obtenir. Nous brisons alors les règles fondamentales de l'amour et oublions de fixer ses frontières. Nous laissons les autres entrer et s'installer dans nos vies sans que leur comportement ait un quelconque rapport avec l'amour. Même si nous fixons clairement les limites et les critères de nos actes, de notre manière d'agir en regard de l'amour et de ce que nous attendons en retour, nous avons le sentiment qu'il n'y en aura jamais assez pour venir combler le manque que nous avons tous ressenti à un moment ou à un autre de notre vie. Lorsque nous pensons être en manque d'amour, nous entrons dans l'*intervalle.* Or cet amour dont nous rêvons est en nous ! Tant que nous n'aurons pas appréhendé ce concept, tant que nous ne serons pas capables de vivre en harmonie avec nous-mêmes, avec notre véritable identité, le vide se fera plus profond, plus douloureux.

Ils n'avaient pas encore compris ! Les semaines suivantes, il l'a appelée plusieurs fois. Au début, elle a refusé de répondre à ses appels. Elle essayait de quitter son partenaire. Lui avait déjà rompu, en omettant toutefois de dire la vérité. « Elle sait forcément ! pensait-il. Elle doit savoir ! » Dans l'*intervalle*, les gens oublient fréquemment de s'expliquer, persuadés que l'autre est au courant.

Il n'avait pas prévu qu'il la croiserait dans la rue, mais c'est ce qui est arrivé. À la seconde où ils se sont vus, le processus s'est enclenché — leurs esprits, leurs cœurs et leurs corps se sont enflammés. Elle a parlé la première. Il lui a répondu en évoquant ses appels téléphoniques restés sans réponse. Se sentant coupable, comme cela arrive souvent lors de l'*intervalle*, elle a accepté de le rappeler plus tard. Elle a tenu sa promesse et ils sont convenus d'un rendez-vous. Lorsque vous vous trouvez dans l'*intervalle*, vous rêvez d'une issue de secours pour fuir le désordre émotionnel qui vous étouffe. Ils avaient envie d'assouvir les pulsions qui enflammaient leur corps. Ils avaient envie de s'attacher l'un à l'autre. Ils pensaient que leurs sensations et leurs émotions étaient celles de l'amour. En effet, seul l'amour pouvait les mettre dans cet état et leur donner l'excuse idéale pour quitter leurs *partenaires.* Mais *l'intervalle* n'est pas synonyme de rupture ; il permet de créer ou de recréer des liens, dans la vérité et l'amour, ce que le désir physique tend à occulter au cours de cette période. Il lui a fait une proposition, qu'elle a acceptée. De chaque côté de la ville, leurs partenaires, qui ne supportaient plus leurs excuses, éprouvaient un désir d'un autre ordre : celui de les frapper !

Pendant l'intervalle, gardez vos besoins pour vous !

Ceux qui nous entourent ne sont pas à même de satisfaire nos besoins. Ils peuvent en éprouver le désir et essayer de les combler. Ils peuvent nous convaincre qu'ils en ont les moyens alors qu'ils en sont incapables. En revanche, ils peuvent atténuer l'urgence de ces besoins — une façon d'oublier les leurs en reportant sur nous leur attention. Pendant l'*intervalle*, les besoins ne disparaissent pas, ils se dissipent. Nous avons besoin d'amour. Dieu est amour. Nous avons donc besoin de Dieu, une réalité souvent difficile à accepter, car trop obscure, trop effrayante aussi.

Pour beaucoup d'entre nous, l'amour de Dieu est synonyme d'images sombres, dont les pires sont les privations, les renoncements auxquels nous devrons nous soumettre pour aller jusqu'à Lui. Aussi préférons-nous évoquer un besoin plus facilement gérable, du moins le pensons-nous, le besoin d'aimer nos semblables — comme nous pensons avoir besoin d'une maison, d'une voiture, d'enfants et d'un emploi pour nourrir ces enfants. Bien sûr, toutes ces choses sont importantes, elles sont même essentielles à notre bien-être, mais le besoin fondamental de tout être est l'amour — l'amour de soi et l'amour des autres. Souvent, nous nous imaginons que ce sont les autres qui nous l'apporteront. Ce n'est pas tout à fait vrai. En réalité, ils nous offrent l'opportunité de partager l'amour qui est en nous et qui n'est autre que l'amour de Dieu.

Parfois, sans que nous sachions l'expliquer, nos besoins nous entraînent dans de sombres recoins. Dès qu'il s'agit d'amour, nous avons beau essayer d'être vigilants, fermes et positifs, il est fréquent que nous nous retrouvions précisément là où nous n'avons aucune envie d'aller — dans *l'intervalle*, seul et en quête d'une liaison.

Au fil des ans, j'ai entendu de terribles récits concernant de soi-disant histoires d'amour. Parfois, la faculté qu'a l'être humain de croire qu'un sentiment aussi merveilleux et divin puisse surgir sous une forme absurde m'a stupéfiée. D'autres fois, j'ai été consternée de voir ce que certains étaient capables de faire au nom de l'amour. Alors je me suis arrêtée, j'ai réfléchi et j'ai compris. Nous avons affaire à un schéma classique. Si les joueurs et les situations sont différents, les réactions, elles, sont toujours identiques. En effet, lorsqu'il s'agit d'assouvir leurs besoins, les hommes et les femmes ont tendance à adopter les mêmes comportements. J'ai dressé une liste de nos treize réactions les plus communes lorsque nous sommes en quête d'amour ou vivons une liaison dans laquelle nous recherchons cet amour. Aucune de ces attitudes ne peut répondre à nos besoins. Elles nous conduisent à une mauvaise expérience *d'intervalle* :

1. Tous les signes montrent que ce n'est pas le bon. Pourtant, vous les ignorez et continuez d'avancer en vous accrochant à une *illusion* d'amour.
2. Parce que vous avez peur de la solitude ou pensez ne pas pouvoir obtenir ce que vous désirez dans une relation, vous vous précipitez sur la première personne venue, qui va vous contrarier, vous blesser, vous quitter, ou que vous allez contrarier, blesser, quitter.
3. Vous confondez amitié et gentillesse avec amour romantique.
4. Parce qu'une personne est gentille avec vous et que vous n'êtes pas habitué à cela, vous êtes incapable de dire non, tout en sachant pertinemment que cette personne n'est pas celle que vous voulez.
5. Vous vous laissez duper par les promesses et les paillettes.
6. Vous vous forcez à vivre une liaison avec une autre personne, ou vous lancez un ultimatum. Ne sachant pas dire non, cette personne fait un bout de chemin avec vous… pour un temps.
7. Parce que l'autre exprime de l'intérêt à votre égard, vous répondez à son appel sans avoir réellement cherché à savoir si cette personne est celle que vous recherchez, ni si elle est à même de combler vos désirs.
8. Vous laissez une foi aveugle, qui mène à un *amour aveugle*, vous entraîner dans une liaison malsaine.
9. Vous choisissez de croire que votre partenaire ne vous fera jamais subir ce qu'il a fait subir à une autre.
10. Vous confondez complicité sexuelle et amour.

11. Vous restez dans une liaison alors que vous n'y êtes pas bien, en essayant de résoudre des problèmes que votre partenaire ne tente même pas d'affronter.
12. Vous n'exprimez pas vos sentiments véritables de peur de heurter ceux de votre partenaire.
13. Vous choisissez de croire ses mensonges alors que vous connaissez la vérité. Vous faites comme si vous ne saviez pas ce qui se passe alors que vous le savez très bien.

L'AMOUR, CE RIEN QUI VOUS APPORTE TOUT !

Que faire lorsqu'une liaison ne prend pas la tournure désirée ? Lorsqu'elle ne marche pas comme nous le souhaiterions ? Comment apprendre à tirer parti de ce que nous avons en notre possession ? Ces questions m'amènent à vous parler d'une femme, Luanne Bellarts. Tétraplégique de naissance, elle était entièrement paralysée. Seul l'un de ses orteils était mobile. Élevée par des parents profondément religieux, elle a découvert la vérité, la confiance, la patience, la foi et l'amour — dans la mesure de ce qu'elle était à même de vivre. La plupart d'entre nous considéreraient ce handicap comme une épreuve insurmontable. Luanne, elle, a appris à utiliser le clavier d'un ordinateur et, avec son orteil valide, elle a écrit l'histoire de sa vie. Son livre *L'oiseau à l'aile brisée* est un merveilleux témoignage de sa foi. Elle y explique, avec intelligence et dignité, la manière de transformer une épreuve en triomphe et une tragédie en victoire. Elle y parle de l'*intervalle*, de la façon d'apprendre à s'accepter et à accéder au bonheur simplement avec ce qu'on est et ce qu'on a.

L'histoire de Luanne ne traite pas des relations en elles-mêmes, mais de la vérité, de la confiance, de la patience, de l'honneur et de la foi, qui sont les principes de base de toutes les relations humaines, ceux que nous apporte l'amour absolu. Ayant beaucoup appris sur les relations familiales, amicales et, ce qui est plus important encore, sur les relations qu'elle pouvait avoir avec *elle-même*, Luanne explique dans son livre comment les développer et les nourrir grâce à une utilisation intelligente des principes de l'amour. Ce qu'elle a compris en restant allongée sur un lit ou assise dans un fauteuil roulant, en étant totalement dépendante d'autrui, est exactement ce sur quoi, nous autres, valides, trébuchons sans cesse, ce que nous ne parvenons pas à appréhender ou à reconnaître.

Bien que Luanne n'ait jamais connu de liaison amoureuse selon nos critères, elle a découvert ce que nous passons la majeure partie de nos vies à rechercher: l'amour. L'amour d'elle-même. L'amour pour les autres et l'amour des autres. L'amour de Dieu. Elle a compris à quoi *ressemble* ce sentiment unique mais également à quoi il ne doit pas ressembler. Elle a compris ce qu'on ressent lorsqu'on le rencontre et aussi ce qu'on ressent lorsqu'il est absent de nos vies. Elle a compris comment le découvrir et l'alimenter pour qu'il grandisse en elle, pour elle et au sein de sa vie. À trente-six ans, Luanne est morte d'un cancer. Tout au long de sa brève existence, elle a réussi à vivre, avec une fantastique dignité, dans et pour l'amour. Souvent, dans nos relations, nous luttons afin d'accéder à l'amour tout en conservant notre dignité. Ce combat a pour nom l'*intervalle.*

Plus on résiste, plus le sentiment s'ancre! Bien évidemment, nos amoureux se sont laissés prendre. Comme leurs partenaires, ils se retrouvaient maintenant dans *l'intervalle*, confrontés à ce qu'ils avaient jusqu'ici pris soin d'ignorer, de nier, d'éviter, de refuser. Il s'agit d'un scénario classique de *l'intervalle* — on se laisse prendre, on ment, on résiste. Il s'est retrouvé pris au piège parce qu'il avait menti en déclarant à sa partenaire qu'il l'aimait alors qu'il n'en était plus certain, qu'il ne voulait pas la quitter alors qu'il était en train de le faire, qu'il était sûr de lui alors qu'il ne l'était pas. Une fois pris au piège de ses propres mensonges, il a contre-attaqué en lui assénant qu'elle n'avait pas le droit de lui poser des questions — comment refouler son sentiment de culpabilité avec inélégance! Pendant l'*intervalle*, lorsque nous nous retrouvons prisonniers de nos mensonges, nous adoptons généralement un comportement agressif d'autosatisfaction. Il a rappelé à sa partenaire qu'il était adulte et estimait avoir le droit de faire ce qu'il voulait avec qui il voulait! Voilà une autre caractéristique de l'*intervalle*: la dureté.

Elle s'est trouvée prise au piège de ses refus, de sa culpabilité. Elle refusait une nouvelle fois d'affronter la solitude, d'avouer la vérité, de dire ou de faire quelque chose qui aurait pu attiser son sentiment de culpabilité. Nous savons que nous sommes coupables mais nous nous efforçons de l'ignorer. Dans l'*intervalle*, alors que nous essayons de jouer la carte de l'innocence, nous disons inévitablement un mot qui prouve notre culpabilité! Elle a expliqué à son partenaire qu'elle n'avait fait que répéter un comportement qu'il avait lui-même adopté par le passé. Elle essayait de se justifier en lui renvoyant ses problèmes personnels. Pendant *l'intervalle,* nous sommes souvent confrontés à ces problèmes que nous pensions fuir ou emporter avec nous. La question est : *comment les gérer?*

Pendant l'*intervalle*, nous devenons généralement assez intrépides pour oser dire et faire ce qu'en temps normal nous choisissons de taire et de ne pas faire. Lorsqu'une relation se dégrade, nous pensons qu'il est préférable de cacher, de fuir, de nier et de résister afin d'éviter la souffrance et la douleur à celle ou celui que nous avons aimé. En réalité, nous sommes les premiers à souffrir, nos sentiments et nos pensées sont confus, nous sommes perdus, oppressés, et nous ne cessons de nous répéter pourquoi? Pourquoi n'arrivons-nous pas à gérer cette histoire? S'en prendre à soi-même est la preuve irréfutable d'un comportement d'*intervalle*, et cette attitude est précisément celle qui nous pousse à dire et à faire ce que nous ne voudrions pas — comme nos protagonistes.

Que ce soit au milieu d'un divorce, d'une séparation, d'une rupture ou d'une discussion orageuse, le plus bel acte d'amour que vous pourriez vous offrir serait de ne pas succomber à la tentation de rejeter sur l'autre la responsabilité de ce que vous éprouvez. Vous en êtes le seul responsable. Pour avoir été plusieurs fois confrontée à ce type de situation, je sais que c'est aussi difficile à comprendre qu'à accepter. Mais tôt ou tard il faut admettre que la première personne à affronter dans une relation n'est autre que soi-même, nos partenaires ne faisant que révéler notre désordre émotionnel, nos peurs, nos colères et nos modèles. Notre folie aussi. Tant que nous les accusons, nous sommes dans l'incapacité de mettre de l'ordre dans nos pensées ou dans nos sentiments. Pour mieux comprendre, il faut savoir que nous apprécions généralement chez les autres ce qui nous plaît en nous et méprisons chez eux ce que nous ne pouvons voir en nous. Souvent, lorsqu'une liaison tourne mal, nous sommes aveuglés et nous rejetons nos problèmes sur l'autre. La plupart du temps, celui-ci refuse catégoriquement d'en porter la responsabilité, pour la bonne raison que ces problèmes sont aussi les siens et qu'il ne les voit pas. Il résiste en luttant ou en fuyant. Aussi étrange que cela peut paraître, celui qui accepte la lutte (nous ne parlons ici ni de violence physique ni de maltraitance) est généralement celui qui nous voue un amour sincère et véritable. Il nous aime et il est prêt à tout accepter pour nous accompagner sur le chemin de la guérison.

Si vous ignorez la nature de vos désirs ou si vous refusez d'admettre la vérité, la lutte menace d'être douloureuse. D'un autre côté, si votre partenaire jette l'éponge et s'en va, la souffrance sera tout aussi vive et vous ne serez pas guéri pour autant. Vos problèmes s'apaiseront avant de ressurgir dans une autre liaison. Pendant l'*intervalle*, si vous ne savez pas où vous en êtes, si vous avez peur ou si vous résistez, sachez qu'il est normal et somme toute assez banal de lutter, qu'il est logique aussi d'adopter un comportement agressif. N'allez surtout pas vous imaginer que le comportement lié à cette période difficile est révélateur de votre véritable personnalité ! Il ne l'est pas ! Si vous traversez ce processus dans le conflit, l'agressivité ou la douleur, tout en vous apercevant *qu'il y a forcément une meilleure façon d'agir*, vous finirez par réussir à renoncer à vos anciens modèles, et votre prise de conscience vous ouvrira les portes de la guérison.

OÙ SUIS-JE ?

Attention, l'*intervalle* n'est pas un lieu de vie obscur. Si vous vous y trouvez, ce n'est pas parce que vous avez mal agi ou que votre partenaire a mal agi. Cela ne signifie pas non plus que vous avez de nouveau semé ou subi la confusion. L'*intervalle* est et restera toujours le catalyseur destiné à vous ouvrir les yeux sur l'amour — celui que vous vous portez et celui que vous portez aux autres. Comparez-le à un examen thérapeutique de vos croyances, de votre notion et de votre perception de l'amour. Seuls, sans partenaire, nous avons une idée assez précise de la nature de nos sentiments et de notre place dans une relation amoureuse. En revanche, lorsque nous sommes dans une liaison, cette vision devient souvent beaucoup moins nette.

Il est alors difficile de se situer, probablement parce que nos idées et nos croyances évoluent au gré de nos expériences. Pour y remédier, nous essayons de comprendre et nous nous interrogeons. Pourquoi est-ce que cette histoire a mal tourné ? Quand est-ce que je vais enfin me sentir bien ? Qui vais-je rencontrer et comment savoir si *cette personne est la bonne ?* Sachez que ces questions sont naturelles mais que si vous vous les posez, la liaison que vous êtes en train de vivre — et ce, quelle qu'elle soit — est une expérience *d'intervalle*. Il arrive aussi que vous refusiez de vous les poser. Ça n'a pas importance. Vous vous trouvez à coup sûr dans l'*intervalle* si :

. Vous avez conscience de ce qui ne fonctionnait pas avec vos ex-partenaires, mais êtes incapable de discerner vos propres faiblesses.
. Vous pleurez sans raison apparente et refusez que ça se sache.
. Vous avez été licencié.
. Vous êtes séparé ou divorcé depuis peu.
. Vous avez récemment été volé, escroqué, condamné à la prison ou libéré de prison.
. Vous avez eu six rendez-vous avec cinq personnes différentes au cours des neuf derniers mois.
. Vous n'avez eu aucun rendez-vous au cours des neuf derniers mois.
. Vous êtes marié ou vivez avec quelqu'un, mais vous êtes toujours en quête d'une liaison.
. Vous n'êtes pas marié, mais vous vivez avec quelqu'un sans être sûr que cette relation soit celle que vous désirez.
. Vous n'êtes pas marié, vous ne vivez avec personne et vous avez cessé de rêver d'une rencontre.
. Votre mère ne cesse de vous demander quand vous allez avoir des enfants.
. Votre mère ne cesse de vous demander quand vous avez vu vos enfants pour la dernière fois.
. Vous avez oublié comment se faisaient les enfants!

Il existe bien sûr des centaines d'autres scénarios, mais ces situations quotidiennes et ordinaires sont le signe que vous êtes dans *l'intervalle*. Si vous les vivez, il est probable que vous connaîtrez de véritables tourments le jour où vous essaierez de déterminer ce que vous voudrez faire ensuite.

Ces tourments et ce conflit intérieur sont directement liés à votre incapacité d'accomplir — que ce soit pour vous-même ou dans votre relation — l'une des quatre choses suivantes:

1. Vous n'avez pas réussi à être clair et à exprimer exactement ce que vous vouliez, ce dont vous aviez besoin, ce que vous attendiez de vous-même et des autres.
2. Vous n'avez pas réussi à dire toute la vérité, dans ses moindres détails, que ce soit à vous-même ou à un

autre, sur vous-même ou sur l'autre, concernant vos désirs, vos besoins et vos attentes dans une relation.

3. Vous n'avez pas réussi à demander ce que vous voulez ni à accepter ce qui vous est offert, tout en étant conscient que cela n'a aucun lien avec ce que vous attendez vraiment.
4. Vous vous êtes engagé dans une liaison tout en ressentant une peur consciente.

Vous vous trouvez maintenant dans *l'intervalle*, une période qui vous offre l'occasion de mettre de l'ordre dans vos pensées, de vous ouvrir à la réalité et de guérir de vos maux, dans la perspective de donner et de recevoir la seule chose qui importe : l'amour pur, honnête et inconditionnel.

Une tâche de longue haleine

La durée de *l'intervalle* n'est soumise à aucune règle. Il ne s'agit pas de se dire « si je fais ça, j'en sortirai plus vite » ou « si j'agis ainsi, je ne revivrai plus jamais cette expérience ». Vous êtes toujours votre propre expérience. Et ce qui vous arrive vous arrive au travers de vous-même. Vous resterez dans l'*intervalle* le temps nécessaire à votre mise au point personnelle. Le temps qu'il faut, aussi, pour que vous soyez prêt — ainsi que votre futur partenaire — à vivre une liaison épanouissante. Il se peut très bien que vous ne soyez pas au diapason de ce partenaire, que vous soyez prêt mais pas lui, que vous soyez venu à bout de vos incertitudes, que vous vous soyez pardonné, que vous ayez changé, alors qu'il n'aura pas entamé son travail sur lui-même. En conséquence, vous resterez dans *l'intervalle* le temps que cette personne *idéale* pour laquelle vous vous êtes préparé soit également prête à vous accueillir. Ne soyez pas consterné! Cette attente est bénéfique. L'*intervalle* est autant une période de *protection* que de *préparation.*

La patience est l'élixir qui apaisera vos tourments pendant ces heures difficiles. Votre défi, que ça vous plaise ou non, est d'apprendre la patience. Si vous vous sentez mal, si vous êtes bouleversé ou si vous avez l'impression de frôler la folie, n'éprouvez aucune colère envers vous-même. Pendant l'*intervalle*, nous avons tous tendance à nous fustiger pour ce que nous devrions ou ne devrions pas faire, ou ressentir. C'est une erreur. Il faut accepter ses sentiments, cesser de les juger ou de se juger soi-même, ne pas les décréter arbitrairement bons ou mauvais, apprendre à se détendre et à faire l'expérience des émotions qui surgissent inévitablement à un moment ou à un autre. Quand vous en aurez assez de vous sentir mal, ou quand vous serez capable de comprendre d'où provient votre malaise, il se dissipera. Chaque fois que naît une émotion ou que refait surface un schéma profondément ancré, dites-vous que le travail pour vous en libérer est amorcé, et que plus vous tenterez de lui résister, plus il luttera pour s'imposer ! La meilleure attitude à adopter, l'attitude la plus aimante, est de faire preuve de patience envers vous-même et envers vos sentiments.

Se préparer patiemment à l'amour absolu n'implique pas pour autant de rester tranquillement à l'attendre. Bien au contraire. Dans l'attente de cette expérience divine, la vie continue. Vous connaîtrez probablement des liaisons précieuses et significatives, parfois éphémères, mais qui ne représenteront jamais une perte de temps. Chacune d'elles correspondra à votre besoin du moment. Non seulement elles vous prépareront, mais elles vous rapprocheront de l'expérience de l'amour absolu, de l'amour de vous-même et des autres. Beaucoup de ces liaisons ne sont d'ailleurs destinées qu'à vous faire franchir une étape, et non à vous accompagner tout au long du chemin qui vous permettra d'accéder à ce sentiment divin. À vous d'éviter la tentation et le piège de croire que chacune d'elle se doit d'être éternelle ! Gardez toujours en tête que vous vous trouvez dans une phase de préparation à une liaison plus enrichissante, tout en vous protégeant d'une plus douloureuse. Quand la raison divine d'une union d'*intervalle* est remplie, ou quand le temps divin imparti pour la vivre est révolu, alors il est temps pour vous de vous rendre où vous avez besoin d'aller.

Le fruit et l'arbre

Il est probable que la plupart d'entre nous traverseront la vie en cumulant les expériences — certaines agréables, d'autres pas — sans avoir conscience d'être enfermés dans un schéma d'émotions et de blessures, de blessures et de dissimulations. Nous pensons réagir à ce qui vient d'arriver ou à ce qui vient d'être dit. Nous croyons que les personnes que nous avons rencontrées ont influencé l'expérience positive ou négative que nous venons de vivre.

Peu de gens comprennent que leur personnalité et leurs émotions sont en eux depuis très longtemps. Il s'agit de notre vécu, qui constitue la matière même de *l'intervalle*. Tout ce que nous devons affronter, connaître, ressentir et ordonner, tout ce dont il nous faut guérir, va émerger au cours de cette période. C'est ce vécu qui nous fait adopter un comportement agressif ou autodestructeur lors de notre quête de l'amour.

Le modèle de cette attitude passive/agressive est né avec nous, selon ce que nous appellerons le *schéma de la naissance*. Au fil de notre vie, nous recréons inconsciemment les événements, l'énergie et l'environnement d'avant et de pendant notre naissance. Ces réactions étant généralement inconscientes, il nous est souvent difficile de reconnaître ce que nous sommes en train de faire, de comprendre pourquoi nous agissons et réagissons d'une certaine manière, que ce soit dans la passivité ou dans l'agressivité. Si nous prenions le temps de nous pencher sur nous-mêmes, il nous serait facile d'établir le lien entre la façon dont se déroulent nos relations et le schéma de notre naissance. Tant que nous n'en avons pas conscience, nous sommes obsédés par le désir de comprendre ce qui *vient de nous arriver* et pourquoi cela nous affecte si profondément et, souvent, si douloureusement.

Ma mère était alcoolique. Peu avant ma naissance, on a découvert qu'elle avait un cancer du sein et une leucémie. Lorsqu'elle n'était pas soûle, elle était sous sédatifs pour oublier que le cancer menaçait de lui dérober deux de ses biens les plus précieux : sa vie et ses seins. Ma mère était très fière de ses seins. Quand elle n'était pas enceinte, ils accentuaient la finesse de sa taille et attiraient les regards. Ma mère adorait susciter l'intérêt et ne s'épanouissait que sous le regard des autres. Le fait qu'elle et mon père n'aient pas été mariés attirait aussi l'attention. Mon père était marié à une femme qui vivait à quelques centaines de mètres de la maison où mes parents habitaient avec ma grand-mère paternelle. Ma mère était la maîtresse de mon père, dont elle a eu trois enfants. Inutile de préciser que l'atmosphère qui régnait autour de ma naissance était pesante et encombrée de « nombreux paramètres » !

Dans le ventre de notre mère, nous nous imprégnons d'une énergie qui devient le terrain sur lequel nous nous construisons. Certains baignent dans l'attention et la chaleur de l'amour. Moi, j'étais dans une atmosphère davantage teintée de peur, de confusion, de culpabilité, de malhonnêteté et de maladie. C'est peut-être la raison pour laquelle mes premières liaisons se sont révélées étrangement similaires au schéma atypique que présentaient mes parents. Mon premier amour était émotionnellement indisponible. J'ai connu dans mon premier mariage la violence verbale et physique. Comment une personne qu'on aime peut-elle causer tant de peine ? Comment peut-on abandonner la personne qu'on aime si tendrement ? Telles sont probablement les questions que s'est posées ma mère. Ce sont aussi les premières que je me suis posées sur l'amour et sur les liaisons sentimentales, en les teintant d'une bonne dose d'agressivité !

Peut-être ne connaissez-vous pas les conditions exactes de votre naissance. Peut-être n'ont-elles pas été aussi dramatiques que les miennes. Quoi qu'il en soit, vous avez appris et vécu dans le ventre de votre mère des expériences que vous continuerez à reproduire toute votre vie. J'étais déjà adulte quand j'ai appris que mon père avait maltraité ma mère, verbalement et parfois physiquement. Il voulait qu'elle arrête de boire, elle refusait. Il voulait l'inciter à prendre soin d'elle-même, elle en était incapable. Tous les récits prouvent qu'il l'aimait, mais avec agressivité. La violence est une agression qui se manifeste physiquement. Si l'on y réfléchit, la naissance est un acte d'une extrême violence, qui nous projette hors du seul lieu confortable et sécurisant que nous ayons jamais connu. Dans de nombreuses relations, nous confondons agression et/ou violence avec démonstration de l'amour.

Qui a écrit votre livre d'amour ?

Quand une femme enceinte alcoolique accouche, il y a de fortes chances que ses sens soient engourdis. Je pense que c'était le cas de ma mère. Elle était ivre lorsqu'elle a commencé à ressentir les premières contractions, et peu importe que ce soit l'alcool ou les médicaments qui aient été la cause de son ivresse. Simplement, cela peut expliquer qu'elle ait attendu jusqu'à l'ultime seconde pour dire qu'elle allait accoucher. Lorsqu'elle s'est enfin décidée, elle a dû descendre quatre étages pour sortir dans la rue et appeler un taxi. Nous ne vivions qu'à quatre rues de l'hôpital, mais il était déjà trop tard ! Lorsque le taxi s'est arrêté, elle avait perdu les eaux. On dit que les naissances sèches sont difficiles et douloureuses. La mienne l'a été. En dépit des efforts de ma mère pour me retenir, à sa stupéfaction et à la consternation du chauffeur, je suis venue au monde dans le taxi, devant la porte de l'hôpital ! Un événement d'une agressivité absolue !

Comme au début de toute liaison, il y a eu un choc. Le désordre le plus total régnait dans le taxi. Ma mère était libérée, alors que j'étais livrée à moi-même sur le tapis de sol, essayant probablement de comprendre ce qui m'arrivait. Je suppose que cela devait ressembler à un retour chez soi après un premier rendez-vous, lorsqu'on se demande avec angoisse si celui qu'on aime va vous réinviter! En l'occurrence, il s'agissait de ma mère. Il y avait une multitude de gens autour de nous et sans doute avaient-ils peur eux aussi. L'amour n'est-il pas toujours teinté de crainte? On m'a raconté qu'une des infirmières accourues à la rescousse m'a regardée et a dit: « Tu n'as pas pu attendre, hein? *Impatiente!* Maintenant, regarde ce désordre! » *Une fois de plus, je n'ai pas fait ce qu'il fallait!* Il y avait un autre problème, l'absence de mon père qui n'avait pas soutenu ma mère ivre lors de son accouchement. Ma mère et moi avons toujours eu honte de cette absence. Une honte que j'ai depuis fréquemment éprouvée envers moi-même en de nombreuses situations.

Ce schéma a été celui de ma naissance et il a probablement eu une incidence sur mes perceptions. Ainsi:

. Je me sens toujours responsable. Si j'avais dû gagner un dollar à chaque fois que j'ai dit: « C'est de ma faute! » dans une relation, je serais milliardaire.

. Je fais tout pour et par moi-même, aucun homme n'étant jamais là lorsque j'ai besoin de lui. Ai-je précisé que cette indépendance a souvent été une source de problème dans mes relations?

. Il est possible d'avoir honte d'aimer et d'être aimé. Plus précisément, j'ai honte d'avoir fait certaines choses au nom de l'amour.

Cela arrive à beaucoup d'entre nous. La plus grande expérience de notre vie — notre naissance — peut vite être assombrie par ce qui l'entoure et qui n'a aucun lien avec l'amour qu'on nous porte. Notre venue au monde est la démonstration la plus fondamentale de l'amour de Dieu, l'instant où l'on nous aime sans que rien ne nous soit demandé en échange. Souvent, elle s'accompagne d'une précipitation fébrile, de bruit, de peur et d'excitation, l'atmosphère qui l'entoure étant fréquemment empreinte d'agressivité, voire de violence, ce qui n'est en fait que l'expression naturelle de la vie et de l'amour. En lisant ce livre, beaucoup d'entre vous découvriront que certains éléments liés à leur naissance ou à leur enfance ont été traumatisants. Dans mon cas, le traumatisme m'a laissé une impression durable qui a eu une incidence sur mes relations avec moi-même, avec mes parents et, plus encore, avec les hommes de ma vie.

Dans le ventre de notre mère, Dieu nous façonne. Il nous nourrit, nous protège et nous aime de manière inconditionnelle. À nous, à la naissance, de montrer que l'amour de Dieu est récompensé. Nous devons respirer. La respiration, véritable don de la vie, nous est offerte par Dieu sans condition. C'est sa manière de nous dire : « Voici Ma vie. Prends ce que tu veux. Je te donne la vie parce que Je t'aime. » Et comment réagissons-nous à ce précieux cadeau ? Nous pleurons !

Se mettre à hurler à la face de Dieu est une réaction agressive. Mais c'est comme ça que les gens — et non pas Dieu — s'attendent à ce que nous leur montrions que nous avons conscience d'avoir été et d'être aimés. Nous pleurons aussi lorsque nous avons faim, lorsque nous ne nous sentons pas nourris, protégés et aimés. Nous pleurons lorsque quelqu'un se plonge dans nos yeux — miroirs de l'âme — et nous dit : « Je t'aime. » Quelque part, selon le schéma de notre naissance, nous nous attendons à ce que les autres nous fassent don de leur vie et de leur amour sans la moindre condition, comme Dieu l'a fait pour nous. Nous attendons des autres ce qu'Il nous a donné. Oui, l'homme est à l'image de Dieu, mais rappelez-vous que l'homme naît comme nous naissons !

C'est d'amour qu'il est question !

Nous ne sommes pas entièrement fautifs. Pour la plupart d'entre nous, les souvenirs ne remontent pas jusqu'à leur naissance. Peu d'expériences nous ont autant offert l'occasion de vivre un amour absolu sans que rien ne nous soit demandé en échange, un amour comme celui que Dieu nous porte, de notre naissance à notre mort. Pendant *l'intervalle,* la plupart des gens qui vont et viennent dans nos vies nous font payer leur amour. Parfois si sournoisement que nous ne nous en rendons compte qu'au moment de payer l'addition. Selon le lieu et le milieu où nous naissons, certaines notes sont affichées dès la naissance. Elles deviennent le prix que nous demandons et celui que nous payons dans nos relations.

Nos parents, les médecins et les infirmières s'inquiètent pour nous. Pourquoi ceux qui nous portent un amour sincère sont-ils inquiets pour nous ? Ils veulent qu'on leur montre qu'on est vivant, en pleurant et en criant. Quand on pleure pour quelqu'un, ce quelqu'un pense qu'on l'aime. Ceux qui assistent à notre naissance désirent notre bien-être mais sont persuadés qu'on est incapable d'y arriver tout seul. Combien de fois êtes-vous resté avec quelqu'un parce que vous étiez persuadé qu'il serait incapable de s'en sortir sans vous ? Ou que vous n'y arriveriez pas sans lui ? À la naissance, ceux qui nous aiment ou qui s'inquiètent pour nous, en adoptant parfois un comportement agressif, essayent de nous aider. Si nous ne réagissons pas comme ils s'y attendent dans le temps imparti, leur inquiétude peut les pousser à nous secouer avec violence! « Hé! L'amour fait mal! » Combien de fois, au cours de votre vie, avez-vous été amené à croire que l'amour était source de souffrance? Rien n'est plus faux. L'amour ne fait pas souffrir. Il soutient et nourrit. Il n'est ni agressif ni exigeant. Il n'est que générosité. Il protège et n'oppresse pas. Il grandit, guérit. Pour la plupart d'entre nous, la naissance s'est résumée à une procédure médicale standard. Inconsciemment, nous en avons déduit que l'amour était un acte confus et douloureux, agressif, parfois violent, sans penser que la plupart des gestes ou des attitudes qui ont entouré notre naissance n'avaient aucun lien avec notre être ou avec l'amour qu'on nous portait. À la naissance, alors que Dieu nous offre sans aucune condition ce don merveilleux qu'est la vie, la précipitation qui l'entoure nous empêche de vivre pleinement l'expérience de Son amour inconditionnel. De même que le poids de notre vécu nous empêche, ultérieurement, de vivre l'amour absolu, de nous-mêmes et des autres.

Un de mes amis, Ken Kitzer, qui m'a aidée à saisir l'impact du schéma de la naissance, est né avec des forceps. Quelqu'un l'a arraché du ventre de sa mère avec ces pinces barbares! Bien sûr, ce geste a été fait avec toute la prudence et tout l'amour qu'on peut imaginer, mais il a eu une profonde influence sur mon ami. Au cours de sa vie, il reconnaît s'être souvent lancé avec enthousiasme dans des projets et des liaisons, puis s'être arrêté brusquement, épuisé, parce qu'il ne trouvait pas la force ou la présence d'esprit d'achever ce qu'il avait commencé. Il avait une approche passive de la vie, directement liée à son schéma de naissance. N'en est-il pas ainsi de nombreuses relations ? On connaît tous quelqu'un qui, après avoir été entraîné dans une liaison, part au moment où celle-ci s'installe et semble fonctionner. Ça s'appelle la *peur de l'engagement.*

C'est la démonstration typique d'un comportement passif, la conséquence du schéma de naissance.

Pour ma part, je pense qu'il y a une corrélation directe entre le schéma de ma naissance et la peur qui s'est transformée en honte dans beaucoup de mes relations. Mon ami Ken admet qu'il avait généralement tendance à adopter un comportement passif. Moi, j'étais le plus souvent prête à lutter. Alors qu'il abandonnait la lutte au moment où les choses commençaient à s'arranger, j'étais obsédée par le désir d'obtenir ce que je voulais, comme je le voulais. Dans la vie, il faut se montrer passif, parfois agressif. Dans les relations, ça se traduit généralement par l'incapacité de savoir quand et comment nous devons laisser notre partenaire nous aider, ou bien quand nous perdons pied ou devenons dépendants. Aucune de ces attitudes, qu'elle soit passive ou agressive, n'est mauvaise. Mais lorsque vous découvrirez l'amour de vous-même et des autres pendant l'*intervalle*, votre but sera de briser le schéma de votre naissance. Vous avez maintenant compris que votre comportement est inadapté, que c'est à vous de briser le moule et d'oublier ce que vous avez appris pour créer une nouvelle forme d'amour, basée sur de nouvelles données.

Pendant l'*intervalle* va naître le désir de prendre conscience de vos modèles et de ce qui vous pousse à les imiter, le désir de capter vos émotions et d'observer vos réactions à ces émotions. Vous entrez dans *l'intervalle* afin de faciliter le passage, dans votre conscience, du modèle passif/agressif à un mode réceptif/actif. Vous avez envie de découvrir qui vous êtes et de recevoir toutes les informations qui vous conduiront à adopter un nouveau comportement. Lorsque vous aurez compris que vous pouvez agir différemment, vous aurez envie de mettre ces nouvelles données en pratique dans votre vie, et si vous êtes réceptif, vous aurez envie de savoir de façon active ce qui se passe en vous. Il vous sera peut-être difficile de revenir en arrière et de découvrir ce qui s'est passé au moment de votre naissance. Ça n'a aucune importance. Vous trouverez en vous toutes les réponses dont vous avez besoin. Il suffit, pour les obtenir, de porter un regard lucide sur votre vie et vos expériences. De définir clairement ce que vous attendez de l'amour. D'analyser ce que vous avez payé et à qui, et ce que cela vous a *réellement* coûté. De voir ce que vous ont apporté votre comportement et vos attentes, en termes de ce que vous vous êtes autorisé à faire pour obtenir ce que vous pensiez être l'amour.

C'est à travers nos modèles que se révèlent nos connaissances et nos croyances. N'étudiez pas seulement les relations que vous entretenez avec les autres, mais aussi celles que vous entretenez avec vous-même. Étudiez votre carrière. Comment réagissez-vous aux pressions de la vie ? De l'amour ? Comment prouvez-vous votre amour ? Qu'attendez-vous en retour ? Quand sonne l'heure de vous instruire, de vous encourager et de vous inonder d'amour et d'attention, quelles sont vos priorités ? *Dans la question se trouve la réponse.* La réponse est en vous. Votre âme vous souffle : « Apprenez à vous aimer de façon inconditionnelle, indépendamment de ce qui survient ! » Pour vous, la question peut être : « Comment suis-je censé pouvoir faire une chose pareille ? » D'autres se demanderont : « Comment puis-je apprendre à activer et à révéler cet amour de moi-même ? » D'autres diront encore : « Comment ai-je dévié de ma route ? » ou : « Comment puis-je y retourner ? » Dans l'*intervalle,* alors que nous tentons désespérément de répondre à ces questions concernant l'amour et l'affection, la vie continue et avec elle, les expériences relationnelles.

CHAPITRE 2
Sachez où vous en êtes

Francine avait toujours fait, de façon agressive, tout ce qu'il fallait comme il fallait. Elle avait toujours obéi à ses parents et n'avait jamais oublié de leur écrire pour leur anniversaire. Elle était toujours allée au catéchisme et à la messe, n'avait jamais dépensé son argent de poche en bonbons. Elle n'avait eu que des A à l'école primaire, c'était elle qui avait prononcé le discours d'adieu au lycée, elle avait été déléguée des étudiants à l'université. Aujourd'hui, elle avait un bon emploi, bien payé et plein d'avenir, et possédait sa propre voiture. Elle faisait partie des bonnes associations, elle déposait tous les mercredis les déchets à recycler, et il lui arrivait de faire du bénévolat dans un centre pour personnes âgées pendant les vacances. Elle avait un compte courant, un compte épargne, une assurance vieillesse, et elle suivait des cours de gym. Elle dominait sa vie, elle était en bonne forme physique, très séduisante, et toujours célibataire. Elle possédait tout, sauf un compagnon, et lorsqu'elle rencontrait un homme qui lui plaisait, elle ne parvenait pas à le garder. Ce cas de figure constitue le plus triste des *intervalles* ! Quand on s'arrête pour faire le bilan de sa vie et qu'on découvre qu'on a fait tout ce qu'il fallait mais qu'on a obtenu ce qu'il *ne fallait pas* ! C'est précisément ce qui risque d'arriver lorsqu'on ne sait pas trouver sa place dans une liaison amoureuse, ou qu'on ignore comment partir.

En matière d'*intervalle*, il existe des milliers de scénarios qui donnent à la vie tout son sens et toute sa profondeur. L'*intervalle* entre deux emplois, entre discussion et réconciliation, entre séparation et divorce, entre examen et résultats. Répétez-vous que ces expériences, même si elles drainent une forte dose de stress et d'inquiétude — ce qui, parfois, les rend insupportables à vos yeux — sont tout à fait bénéfiques, aussi bien émotionnellement que spirituellement. Une lune de miel est un *intervalle* lourd de sens. De même, le travail précédant l'accouchement constitue un interlude douloureux mais significatif. Il y a des *intervalles* qu'on reconnaît immédiatement comme utiles, et d'autres qui nous ravagent l'âme. Quand vous les vivez, ne vous dites pas que le temps est un paramètre vital. Lors d'un travail de guérison dont le but est de vous faire évoluer, la durée n'a pas la moindre importance. C'est nous qui donnons au temps sa notion d'urgence en utilisant l'âge ou la situation comme un élément de mesure de la réalisation d'un acte. « À l'heure qu'il est, j'aurais dû l'avoir fait ! » Ou : « À l'heure qu'il est, je devrais le savoir, ou l'avoir ! » Rien n'est plus éloigné de la vérité ! Pendant l'*intervalle*, le temps s'arrête et vous passez sur le calendrier divin !

MAMAN M'A DIT...

Dès qu'elle l'a vu, Gail a su que c'était lui. Paul l'a su aussi, mais ils ont dû faire comme s'ils l'ignoraient et jouer le jeu — apprendre à se connaître, à déterminer s'ils se plaisaient vraiment et quels étaient leurs points communs. Ils ont dû « aller doucement ». La mère de Paul lui répétait : « Sois bien sûr de ce que tu fais. » La mère de Gail l'avertissait : « Ne te précipite pas ! » L'histoire de Gail était écrite. « Et si je me trompe ! » criait l'ego de Paul. Une chose était certaine, ils savaient tous les deux que l'amour était là et les avait frappés. En attendant, ils avançaient avec prudence, l'esprit imprégné des mises en garde de ceux qui les aimaient et qui pensaient bien faire. Ils prenaient bien plus en compte ce qui leur était dit — en l'occurrence, ce qu'ils devaient faire et ne pas faire — que leurs propres sentiments. Ils savaient ce qu'ils ressentaient, mais ils hésitaient, évitaient d'affronter la vérité, comme si celle-ci était un serpent prêt à les mordre. Quand vous n'osez pas regarder la vérité en face ou que vous l'évitez, il y a toutes les chances pour que vous vous retrouviez dans *l'intervalle* à essayer de comprendre ce que vous avez fait et ce que vous n'avez pas fait correctement.

Lorsque vous savez avec certitude que l'heure a sonné, vos doutes et vos interrogations s'envolent. Vous voulez alors faire dans la seconde ce qui doit être fait — agir ou, au contraire, accepter de ne pas vouloir agir. Au début d'une liaison, vous devez être en mesure de distinguer ce que vous savez de ce qui vous a été dicté par d'autres. Certaines fois, il se peut que vous pensiez que le moment est venu. Vous vous dites alors : « Je sais ce qu'il faut faire » sans toutefois en avoir la certitude ni savoir comment. Chacun de ces scénarios, qui fait partie de l'activité normale de *l'intervalle*, est destiné à vous faire prendre conscience d'où vous en êtes, de vos désirs et de ce que vous êtes prêt à accomplir pour les assouvir en rencontrant le moins d'écueils possible. Pendant l'*intervalle*, la clé de la réussite réside dans le respect constant de la communication du cœur et de l'esprit. Prenez le temps de bien réfléchir à ce que vous pensez. Ne laissez pas votre scénario, vos modèles, vos peurs ou toute autre émotion négative obscurcir vos réflexions ou vos sentiments. Ne vous persuadez pas que vous n'arriverez pas à faire ce que vous avez besoin de faire, ou que vos actes et vos choix ne vous conduiront pas au résultat escompté. Pendant l'*intervalle*, vivez ! Vivez vos pensées, vos sentiments, vos peurs, et votre colère. Vous êtes en train de guérir de vos anciens modes de pensée et d'action. La guérison est une affaire sérieuse, synonyme de travail véritable. Pour guérir, il faut donc savoir prendre le temps, le temps de ressentir ses émotions et de s'arrêter pour réfléchir. Rappelez-vous que la patience est la vertu majeure de l'*intervalle*. Si vous décrétez que l'amour et sa magnificence sont au bout du chemin et attendent patiemment que vous mettiez fin à vos anciens comportements pour commencer une nouvelle vie, alors il vous sera facile, à vous aussi, d'être patient.

Pat et Eddie avaient rompu depuis quatre ans. Ils se parlaient au moins une fois par semaine. Lui sortait, voyait du monde. Elle essayait de faire la même chose mais sans y parvenir. Elle avait conscience de l'existence d'un problème et elle avait envie de le découvrir pour le *régler*. Lorsqu'elle sortait seule, elle avait l'impression que les gens commençaient à la regarder, à la juger. La solitude lui pesait, mais elle détestait le jeu des rendez-vous ; la rencontre suivie de quelques sorties pour réaliser que l'autre vous plaît mais que vous ne lui plaisez pas ! Recommencer, rencontrer quelqu'un d'autre et découvrir cette fois qu'il vous plaît et que vous lui plaisez, mais que rien ne se passe ! Vous éprouvez une certaine lassitude, mais cela ne vous empêche pas d'insister. Vous rencontrez une troisième personne et apprenez, cette fois, qu'il ou elle est marié ! Et puis une autre encore. Cette fois, vous trouvez l'autre stupide ou pire, c'est lui qui vous trouve stupide. Ce petit jeu peut finir par rendre fou! D'autant que vous commencez malgré vous à vous interroger. Dans l'*intervalle*, vous ne savez plus quoi penser de vous-même. Est-ce votre coupe de cheveux? Votre haleine? Le mystère demeure, mais vous êtes déterminé et *voué* à le percer.

Pendant cette période, il se peut que vous ayez des amis du sexe opposé avec lesquels vous vivez des liaisons platoniques. Vous passez avec eux d'excellents moments et pouvez aborder toutes sortes de sujets. Leur compagnie est très agréable, mais ils ne sont pas en mesure de satisfaire vos désirs romantiques pendant *l'intervalle*. Et s'ils n'ont pas de mal à vous dire combien vous êtes agréable, séduisant, ils n'en demeurent pas moins très clairs: ils ne feront jamais leur vie avec vous. Ils peuvent vous serrer dans leurs bras, vous offrir ces étreintes dont vous avez tellement besoin, mais sans la moindre ambiguïté. C'est pour cette raison que vous vous sentez parfaitement en sécurité avec eux. Vous savez que vous pouvez leur poser toutes les questions et obtenir de vraies réponses, les interroger sans répit sur cette pensée qui vous obsède: « Qu'est-ce qui ne va pas chez moi? Pourquoi suis-je incapable de trouver et de garder quelqu'un? » Ces amis, qui vous aiment sincèrement, sont à même de vous dire la vérité: « Ne t'inquiète pas. Tu n'es pas encore prêt. » Ils ont raison. Vous vous trouvez dans l'*intervalle* et vous n'êtes pas encore prêt. Pour cela, vous devez guérir et nettoyer votre esprit de toutes les croyances, de tous les schémas du passé qui l'encombrent!

AIMERIEZ-VOUS CONNAÎTRE LE CHEMIN POUR RENTRER À LA MAISON?

On m'a raconté un jour l'histoire d'un petit garçon qui demandait à son pasteur: « Si nous venons tous de la maison de Dieu et s'Il veut que nous y retournions, pourquoi nous a-t-Il laissés partir? » La vérité ne sort-elle pas toujours de la bouche des innocents? Puisque nous sommes le fruit de l'amour divin, pourquoi est-ce que nous ne sommes pas restés auprès de Dieu? Pourquoi est-ce que nous sommes nés et avons oublié d'où nous venions pour ensuite le redécouvrir et y retourner? Je me suis posé mille fois cette question, et la meilleure réponse que j'aie jamais pu trouver est que ce voyage à travers la vie nous aide à réveiller le souvenir de cet espace divin qui fut le nôtre, et à le redécouvrir peu à peu. La vie peut se comparer à une maison qui serait la maison de Dieu, un lieu où Il garderait ses créations divines. Nous sommes autorisés à l'explorer et à étudier son architecture de haut en bas, à l'extérieur comme à l'intérieur. Cette exploration a pour nom la vie. Et son but — car tout, dans l'existence, a un but défini — est de nous apprendre à trouver notre équilibre grâce au souvenir et à l'expérience de l'amour absolu.

Des guides nous sont fournis pour accéder aux différents niveaux de cette maison : ce sont les relations. Elles peuvent se comparer à des pièces, toutes différentes les unes des autres, qui contiendraient ce que nous voulons, ou devons, nous remémorer. Grâce à elles, nous nous voyons offrir l'opportunité de choisir le lieu où nous avons envie de nous reposer et la manière dont nous souhaitons être traités tout au long de ce voyage d'exploration. Pour nous aider à progresser, nous recevons une carte cachée dans une petite valise : le cœur. Sur cette carte se trouvent le plan de la maison et les directions à emprunter pour accéder à l'amour et à sa vérité. Afin d'en parfaire la lecture, nous recevons une boussole — l'esprit — qui, par ses pensées, ses croyances, ses jugements et, bien sûr, sa perception schématique de la maison, devient notre guide lorsque, par malheur, nous nous égarons sur le chemin de la vérité. Pendant l'*intervalle*, alors que nous nous égarons et tentons d'utiliser la boussole, il nous arrive d'oublier la valise et de redescendre quelques marches dans l'espoir de retrouver la bonne direction. Or, sans carte, la boussole devient parfaitement inutile et nous risquons de terminer notre route dans des pièces en travaux ou des placards obscurs !

Parfois, nous reconnaissons que nous sommes perdus et nous nous apercevons que nos pensées et nos actes ne nous conduisent pas là où nous souhaitons nous rendre — à savoir, dans le grenier. C'est à ce moment-là que nous vérifions si la boussole fonctionne. Malheureusement, nous attendons souvent pour cela de nous retrouver dans une impasse. Nous nous souvenons alors de cette petite valise déposée dans un coin, nous nous rappelons que ce cœur que nous avons ignoré et craint d'écouter avait été le premier à nous alerter, à essayer de nous aider à sortir du dédale des couloirs. Et même lorsque nous nous montrons assez courageux pour prêter attention à ses avertissements et lui faire confiance, nous accordons souvent davantage de foi à ceux qui ont accompli le voyage avant nous et nous ont mis en garde : « Quelles que soient les circonstances, ne fais jamais confiance à ton cœur! » Pendant l'*intervalle*, alors que nous essayons de faire marcher la boussole pour qu'elle nous donne des indications précises sur le chemin à prendre, nous poursuivons notre exploration de la maison, en cherchant et fouillant à travers ses pièces et en ratant le trésor qui s'y cache.

LES FONDATIONS

Le point de départ de chaque individu se situe au sous-sol. Là où ceux qui nous aiment nous programment et nous endoctrinent sur les questions du monde et de l'amour. Là où nous développons notre image de nous-mêmes et où surgissent les questions de valeur et de mérite personnels, attributs essentiels au développement et au maintien de liaisons amoureuses saines. C'est aussi là que nous développons les questions liées à la survie, que nous apprenons et mettons en pratique les modèles d'attitude passive/agressive qui déterminent notre approche de la vie. Au sous-sol, le fait de jouir de la vie ou au contraire de s'ennuyer devient un baromètre relationnel fiable. Tout ce que nous y apprenons a une incidence sur notre vie d'adulte et, la plupart du temps, cet acquis ne nous conduit pas à des liaisons harmonieuses. Notre tâche consiste à nous frayer un chemin à travers ce désordre programmé, ce bric-à-brac émotionnel, pour rejoindre le grenier où règne l'amour absolu.

Lorsque vous vous trouvez au sous-sol, vous n'avez pas conscience de l'existence d'un problème. Même si vous savez que vous n'êtes pas heureux, vous ignorez quelles solutions adopter afin de le devenir. Vous ignorez également que pour accéder au bonheur, la première des règles consiste à affronter votre vérité, à trouver qui vous êtes réellement, à connaître vos désirs et à définir ce que vous êtes prêt à accomplir pour les assouvir. Au sous-sol, il faut oser ressentir ses émotions, les accepter puis les exprimer. La plupart de ceux qui résident au sous-sol, ou qui y font de fréquents séjours, ont tellement été programmés pour ce qu'ils *doivent* vouloir, qu'ils ne savent plus ce qu'ils veulent. Ou alors ils craignent que leurs désirs ne déplaisent à leurs partenaires! Alors, pour éviter cela, ils souffrent, doutent d'eux-mêmes et renient leurs envies en silence. Ils font ce qu'ils estiment être leur devoir, tout en continuant à rêver. Cette souffrance solitaire et silencieuse est le signe indéniable d'une boussole qui ne fonctionne pas!

Le sous-sol peut être un lieu misérable, et il est naturel que cet environnement vous affecte. Vous n'y êtes pas seulement malheureux, vous vous sentez pitoyable. Or, si vous vous sentez pitoyable, vous vous condamnez, vous condamnez les autres et vous les dénoncez ouvertement. Vous avez le sentiment que le monde entier vous en veut et vous ne cessez de répéter à tous ceux qui veulent bien vous écouter : « Personne n'a envie de me voir progresser ! Personne n'a envie que je réussisse ! Personne ne veut mon bonheur ! Personne ne veut m'aimer ! » Vous avez le sentiment que même ceux qui sont les plus proches de vous vont vous faire du mal, vous provoquer. Vous ne comprenez pas pourquoi, alors vous vous interrogez : « Pourquoi moi ? » Le sous-sol est le lieu du *syndrome du pourquoi moi.* « Pourquoi est-ce que tout le monde me déteste ? Pourquoi est-ce que tout le monde veut me voir échouer et me laisser à terre ? Comment se fait-il que la vie et l'amour ne correspondent pas à mes désirs ? J'ai travaillé si dur pour y arriver. » Pourquoi, vous demandez-vous ? Pour une raison très simple. Vous avez travaillé, certes, mais le matériel que vous avez utilisé était inadapté : vos raisons, vos intentions étaient fausses.

Votre séjour dans le sous-sol est destiné à l'apprentissage de tout ce qui, chez vous, constitue un problème et doit être modifié. Il est également destiné à vous faire comprendre quel rôle vous jouez dans votre propre malheur. La plupart du temps, vous ignorez votre « maladie » et pensez que ce sont les autres qui ont besoin d'être soignés ! Ce sont les modèles familiaux dont vous êtes imprégnés qui doivent être rectifiés ! Dans le sous-sol, vous devez vous frayer un chemin à travers le vécu et les problèmes de vos parents — qui, par synthèse, sont devenus les vôtres — pour échapper à cet endoctrinement, à cette programmation dont vous avez été l'objet. Vous devez apprendre à considérer vos relations comme un reflet de vous-même qui vous permettra de vous situer. Mais pour y parvenir, l'unique solution réside dans la volonté : la volonté de renoncer à tous les schémas, pensées, croyances qui ne fonctionnaient pas, la volonté de vous écouter — ce que, jusqu'ici, vous étiez incapable de faire. Pour quitter le sous-sol, votre esprit a besoin d'un profond nettoyage, et cette volonté constitue le produit idéal pour l'effectuer.

Dès que vous serez prêt à vous voir tel que vous êtes vraiment, à accepter ce que vous faites, vous gravirez rapidement un étage.

Là encore, pour nettoyer votre cœur et votre esprit de toutes les épreuves que vous avez subies depuis des années au nom de l'amour, un seul remède : la volonté. Aimer ne signifie pas survivre. Aimer est synonyme d'évolution, de progrès, et si la survie vous obsède, votre évolution sera freinée par ces expériences qui vous paraissent totalement inutiles. Je vous le répète, la volonté est la clé de la réussite, celle qui vous ouvrira les portes de l'espoir en vous rappelant qu'après les moments difficiles viennent toujours les heures bénies. Les années et les expériences douloureuses sont alors reléguées au rang de souvenir. Le souvenir de ce qu'il *ne faut pas faire* et de ce qu'il *faut faire.* Ces mauvaises expériences étaient le seul moyen qu'avait l'amour d'attirer votre attention. Vous avez choisi de les vivre plutôt que d'évoluer consciemment dans la maison de la vie en essayant de vous débarrasser de tous les anciens schémas qui vous encombraient. Au milieu de cette confusion, comment étiez-vous censé savoir que vous vous prépariez à vous aimer, et à partager cet amour avec une autre personne ? Dans le sous-sol, vous brûlez pourtant de connaître la vérité et l'illumination ! La question est de savoir si vous êtes prêt à effectuer le travail requis pour y accéder.

L'unique solution pour parvenir à quitter le sous-sol est d'admettre qu'on a besoin d'aide et d'être *prêt* à accepter cette aide. En d'autres termes, être prêt à passer du mode passif/agressif au mode réceptif/actif. Il faut vouloir affronter ses problèmes sans chercher à les éviter ou à les excuser, cesser de dire : « Je suis comme ça et ça ne changera pas ! » Cet *entêtement* est ridicule, et vouloir à tout prix que les choses soient telles qu'on les désire n'est pas le meilleur moyen de prouver qu'on veut les aborder sous un nouvel angle, plus ouvert et susceptible de nous conduire à la guérison et à l'amour. Pour y parvenir, il faut être prêt à faire ce qu'on pourrait appeler le « ménage intérieur », à se débarrasser de toutes les pensées, croyances et comportements qui nous obstruent la vue, afin de décrypter avec précision les mystères qui siègent dans notre cœur, grâce au pouvoir des émotions. Votre tâche, dans le sous-sol, ne consiste pas à réussir cet exploit, mais à avoir envie de l'accomplir. Une fois cette envie ancrée, vous serez prêt à quitter ce lieu obscur pour atteindre le rez-de-chaussée de la maison de l'amour, où commence le vrai ménage.

Rez-de-chaussée ! Allez-y !

Nous atteignons le rez-de-chaussée lorsque nous avons compris que nous avons besoin de guérir, sans savoir encore exactement de quoi — je veux dire que nous ignorons ce qui ne va pas. Durant cette phase du voyage, nous sommes prêts à admettre que nous avons vécu des liaisons désastreuses, mais nous avons cessé d'en rejeter la faute sur les autres, de leur reprocher ce qu'ils ont fait, ou au contraire ce qu'ils n'ont pas fait, de nous persuader que nous étions parfaits et innocents et que nous n'avions aucun tort. Le rez-de-chaussée est le lieu de la prise de conscience, celui où nous devons retourner sur nous-mêmes ce doigt accusateur que nous ne cessions de pointer sur les autres, le lieu où nous devons trouver le courage de nous regarder en face. Ce lieu peut paraître tout à fait inquiétant ! C'est là que vous devrez reconnaître : « Je sais que j'ai joué un rôle dans mon propre malheur, mais j'ignore lequel et pour quelles raisons j'ai choisi de le jouer. » Sachez qu'il s'agit d'une réaction très positive, prouvant que le processus de guérison est enfin entamé. En tant que locataire de la maison de la vie, vous comprenez enfin, de manière consciente ou peut-être encore inconsciente, que l'amour est à votre écoute. Dans le coin le plus sacré de votre être, vous avez envie que l'amour sache que vous acceptez de vous soigner et de modifier vos croyances à son sujet.

Ces questions ouvrent la porte à la guérison de votre âme. Le seul fait de vous les poser signifie que vous êtes prêt à accepter les réponses, prêt, aussi, à entendre la vérité qui représente ici l'élément clé du nettoyage spirituel auquel vous vous êtes attelé. Cette vérité vous aidera à voir au-delà du voile qui obscurcissait votre vision, au-delà des distorsions. On peut la comparer à un désinfectant qui empêcherait les germes de la peur, du rêve et des choix inconscients de se répandre dans votre vie. Seulement, pour qu'elle agisse, vous allez devoir apprendre à vous écouter, à écouter votre corps, à déterminer les instants où ce que vous faites pour atteindre l'amour et le garder provoque votre malaise, vous rend malheureux, ou insatisfait. Je ne dis pas que la tâche sera simple, mais là aussi, sachez que cette attitude sera bénéfique ! Plus ces sentiments s'intensifieront, plus vous parviendrez à exprimer votre malaise physique et émotionnel sous forme de questions qui faciliteront votre réflexion sur vos actes et sur vos expériences passés.

C'est également au rez-de-chaussée que vous découvrirez que la sagesse venue de l'expérience peut se révéler le meilleur des enseignements. Pour comprendre les erreurs, les illusions et les rêves qui vous ont maintenu au sous-sol, vous devrez vous pencher sur vos choix antérieurs et vous interroger : « Qu'est-ce que je pense ? Qu'est-ce que je ressens ? » Les réponses viendront, puisque désormais vous êtes prêt à les entendre. Mieux encore, vous êtes prêt à assumer la responsabilité de ce que vous allez découvrir. Ce n'est d'ailleurs qu'en l'acceptant que vous pourrez appréhender la nature de vos actes ainsi que les raisons qui vous ont amené à les commettre, les instants où vous les avez commis, et la façon dont vous les avez commis. Ces réponses vous apprendront également de quelle manière vous êtes entré dans *l'intervalle*, privé d'amour et/ou en pleine confusion.

Au rez-de-chaussée, vous allez vous engager dans un processus de collecte d'informations. À vous la responsabilité de rassembler celles dont vous avez besoin. Avec ces informations vous pourrez entamer le nettoyage de tout ce qui vous encombre — ce qu'on vous a inculqué, les pensées négatives, le malheur et la tristesse. Vous vous reconnaîtrez alors dans ceux qui vous entourent. Vous apercevrez que c'est *vous* qui avez attiré la personne émotionnellement indisponible, celle qui vous a maltraité ou n'a pas été à même de vous aider. Vous admettrez que la personne qui *vous* intéresse le plus est celle que vous intéressez le moins. Vous prendrez conscience de tout ce que *vous* avez fait pour tenter de faire fonctionner une liaison impossible. Et vous vous rendrez finalement compte que toutes ces expériences sont le fruit de vos propres réflexions, de vos propos et de vos actes. Une fois que vous l'aurez compris, vous serez mieux armé pour reconnaître : « Oui ! C'est moi ! Je suis le seul responsable de cette relation, de ce malheur, de cette histoire ! Le problème n'est autre que moi-même ! Il est là, sous mes yeux, et je dois l'éradiquer ! » C'est pour apprendre à accepter la responsabilité de ce profond nettoyage que vous passerez du temps dans *l'intervalle*.

Avant de pouvoir quitter le rez-de-chaussée, il faut avoir saisi ce qui fonctionne et ce qui ne fonctionne pas, avoir compris que refuser d'affronter un problème n'aide jamais à améliorer une situation, et que le fait de dissimuler, de fuir et d'éviter les difficultés qui surgissent dans une relation ne permet jamais d'obtenir ce qu'on veut. Vous prendrez conscience que le type d'attitude qui est la vôtre ne peut qu'engendrer des frictions et freiner votre évolution dans votre vie ou dans vos liaisons. Ce comportement révélateur de votre peur et de votre refus de dire la vérité, est le fruit et le reflet de vos expériences et de vos modèles. Le seul ennui est que le fait de le comprendre ne vous donnera pas pour autant la solution. Cela n'a pas importance. Le but de votre séjour au rez-de-chaussée n'est pas de trouver cette solution, mais de mettre le doigt sur la nature de vos problèmes. Vous pourrez ensuite accéder au premier étage où vous apprendrez comment les régler. Dès que vous aurez rassemblé toutes les informations nécessaires, faites vos valises. L'étage supérieur vous attend !

Il n'y a pas de montagne assez haute !

Au premier étage, vous comprenez que vous avez besoin de soins. Grâce à votre réflexion sur vos expériences passées — une réflexion désormais débarrassée de tout sentiment de culpabilité, et aussi du sentiment d'être une victime —, vous portez sur vous-même un regard neuf. Vous avez compris que vous devez désormais agir, mais sans savoir encore de quelle manière. Vous prenez également conscience que si vous ne trouvez pas la réponse à vos questions, vous risquez de retomber dans le sous-sol froid et humide. Une chute qui, bien sûr, n'est pas mortelle, mais que vous voulez à tout prix éviter. C'est le moment où vous allez commencer à consulter des ouvrages sur l'amour et la vie, sur tout ce qui se rapporte à ces deux éléments vitaux ; le moment, aussi, où vous allez peut-être vous inscrire à des ateliers de réflexion pour vous aider dans votre progression. Lors de cette quête, lorsque vous chercherez votre chemin vers la guérison, il est possible que vous couriez aveuglément en tous sens. Vous avez désormais conscience de l'urgence de la guérison. Vous avez envie de guérir, mais il faut que vous sachiez que pour y parvenir, vous *devez* participer à cette guérison. À ce stade, ne soyez pas surpris d'éprouver de l'inquiétude, voire du désespoir, ou de tout dramatiser. C'est un peu comme si vous vous observiez sous le verre grossissant d'un microscope, affolé à l'idée de retomber irrémédiablement amoureux à la moindre faute d'inattention et de voir ressurgir les écueils. Ignorer la marche à suivre pour entamer et maintenir une liaison amoureuse nous fait tous perdre la tête !

Le passage au premier étage de la maison de la vie représente l'étape la plus importante : c'est ici, en effet, que débute l'apprentissage en profondeur et la seule leçon à retenir est : « Il n'y a absolument rien qui cloche chez moi ! » Ou chez n'importe qui d'autre, d'ailleurs. À présent, vous êtes à même de comprendre que toutes les expériences, relations et événements difficiles ou déshonorants de votre passé ont constitué des étapes nécessaires à votre évolution. Vous découvrez que Dieu vous a toujours aimé et qu'Il vous aimera toujours, quoi que vous ayez fait et quoi que vous puissiez faire. Comment cette prise de conscience va-t-elle avoir lieu ? Lorsque vous aurez compris que seul Dieu et l'amour absolu qu'Il vous porte ont pu vous aider à quitter le sous-sol. Sans Lui et Son amour inconditionnel, vous n'y seriez jamais parvenu et ce, pour une raison très simple : vous ne connaissiez pas la marche à suivre.

Maintenant que vous en avez pris conscience, dites-vous ceci : vos progrès sont phénoménaux ! Au sous-sol, vous ignoriez ce qui n'allait pas. Au rez-de-chaussée, vous l'avez compris. Au premier étage, vous allez vous apercevoir que vos pensées, vos croyances et vos actes n'étaient pas erronés, mais simplement qu'ils ne vous apportaient pas ce que vous désiriez. Cela veut dire que *vous avez compris ce qu'il ne fallait pas faire.* Vous pensez encore être perdu, mais le fait de *savoir ce qu'il ne faut pas faire* signifie que *vous savez désormais ce qu'il faut faire.* Vous avez atteint le stade où vous allez pouvoir *changer.* Si ce que vous faites ne vous satisfait pas, changez ! Changez les carrelages, les rideaux, les papiers peints, la décoration de votre esprit ! Vous y parviendrez en renonçant à ce que vous pensiez être la vérité — que ce soit sur vous-même ou sur l'amour. À présent, vous savez que ces croyances ne représentaient pas la vérité. Plutôt que d'essayer de colmater les brèches, vous avez envie de tirer un trait sur ces convictions passées, d'y renoncer, de ne plus rien faire ni décider en vous basant sur vos anciens modèles de réflexion. Le renoncement est le nettoyant spirituel le plus adapté à la tâche que vous devrez accomplir à cet étage. Un conseil : le renoncement devient beaucoup plus efficace s'il est associé au pardon.

Il faut être prêt à entendre des choses déplaisantes, à affronter ce qui provoque notre malaise. Cesser de croire qu'on n'arrivera pas à faire face à la confrontation, au rejet ou à l'abandon, en se pardonnant d'avoir pensé le contraire. Lorsque vous vous engagez consciemment dans ce processus, vous êtes armé pour affronter n'importe quelle situation. Pourquoi ? Parce que vous n'éprouvez plus le besoin maladif d'avoir raison. Votre seul objectif est de vivre, d'aimer et d'être heureux. L'amour, alors, guérit toutes vos blessures et apaise votre esprit. Désormais, vous savez que la dissimulation, la fuite, les jugements obtus et la peur ne peuvent en aucun cas être sources de bonheur. Et pour répondre à votre désir d'amour, vous êtes prêt à les gommer de votre vie.

Le premier étage est le lieu où vous allez réellement passer du mode passif/agressif au mode réceptif/actif. C'est le lieu d'une transition majeure issue du processus de renoncement et de pardon. Si vous abandonnez quelque chose, cette chose doit être remplacée par une autre. Et pour la remplacer, vous devez faire preuve de réceptivité. C'est la raison pour laquelle vous lisez tant, la raison pour laquelle vous assistez à tant de réunions thérapeutiques. Vous y cherchez de nouvelles informations pour remplacer les anciennes et de nouvelles manières d'aborder des situations passées. Votre esprit étant clarifié, vous êtes désormais prêt à vous écouter, prêt, aussi, à écouter les autres. Vous êtes prêt à vous exprimer sans crainte d'être jugé, et à laisser les autres s'exprimer sans endosser la responsabilité de leurs actes et de leurs sentiments.

Vous avez fait un prodigieux bond en avant ! Grâce au renoncement et au pardon, qui vont vous permettre d'entamer à présent votre ascension vers le deuxième étage.

LE RÊVE POSSIBLE

La vérité — sur vous-même et sur l'amour — est désormais à votre portée. À ce stade, vous avez compris quel était le problème et comment le régler. Vous venez de franchir une étape difficile, mais votre tâche n'est malheureusement pas encore terminée. Lors de votre ascension entre le premier et le deuxième étage, à chaque fois que vous allez mettre en pratique vos connaissances, un nouvel événement va vous permettre de tester votre confiance en vos acquis. Au sous-sol, il était question de volonté. Au rez-de-chaussée, de vérité et de responsabilité. Au premier, de renoncement et de pardon. Les mots clés pour accéder au deuxième étage sont la confiance et la patience. La patience est nécessaire pour savoir comment, quand et où appliquer ce qu'on a appris, à quelle dose aussi. Afin d'acquérir cette patience et cet amour de soi, il faut avoir confiance en ce qu'on *sait.* Pour que la vie et les expériences amoureuses vous fassent évoluer, il faut prendre le temps d'évoluer. Ce qui rend l'ascension entre le premier et le deuxième étage plus éprouvante, c'est que chaque marche est encombrée du poids de votre vécu, de vos peurs et de votre ego. Afin d'accomplir ce voyage sans être éreinté et usé, vous devez apprendre à les affronter, à les comprendre, les accepter et les aimer. Ce n'est pas une tâche facile !

Certains n'auront que deux ou trois marches à franchir, d'autres en auront deux ou trois cents. Ces marches équivalent au nombre d'expériences nouvelles, identiques ou répétées, qui seront nécessaires à votre progression. En premier lieu, vous devez comprendre qu'il est primordial de vous aimer vous-même. En effet, si vous savez vous aimer, vous serez capable d'aimer le monde entier. Ça ne veut pas dire que les autres ne vous énerveront plus. Mais vous devrez apprendre à vous maîtriser, ou à aimer les autres même s'ils vous énervent. L'ascension pourra alors vous sembler difficile, peut-être éprouverez-vous une certaine lassitude, peut-être même serez-vous tenté de vous plaindre et d'agir comme bon vous semble. Ne vous inquiétez pas, ces revirements d'humeur sont temporaires. Par moments, peut-être vous sentirez-vous aussi totalement désarmé. Dans ce cas, répétez-vous sans cesse que vous pouvez y arriver, ou mieux encore, que vous n'avez jamais été si proche du but ! Observez le chemin parcouru et réjouissez-vous ! Ça ne sera peut-être pas facile, mais sachez que le présent livre, tout comme les expériences que vous êtes maintenant à même de partager avec ceux qui se trouvent encore au sous-sol, est là pour vous aider. Partager ce qu'on a appris et aider les autres est une bonne façon de progresser.

Un jour, au moment où vous ne vous y attendrez pas, vous apercevrez la lumière au bout du tunnel ! Vous entendrez les paroles, ressentirez les émotions et connaîtrez les délices du deuxième étage de la maison de la vie. Vous vous aimerez et vous aimerez la vie. Vous aurez réussi ! Et si votre guérison est encore incomplète, vous saurez quels remèdes utiliser, comment les appliquer, et combien il est important de maintenir l'amour au cœur de votre vie. Vous commencerez à enseigner aux autres ce que vous avez appris et partagerez avec eux vos expériences personnelles, en ne craignant plus d'être jugé. Vous évoquerez sans douleur ni colère vos expériences vécues avec ou sans amour. Vous saurez au plus profond de vous-même que l'amour ne vous a jamais abandonné, qu'il n'a jamais cessé d'écouter et d'observer, alors que vous étiez en train d'apprendre, de vous souvenir et de modifier vos croyances à son sujet. Quand vous aurez compris que l'amour a toujours été et sera toujours la seule nécessité de la vie, le deuxième étage deviendra votre foyer. Votre tâche ne sera pas terminée pour autant, mais vous serez alors à même de faire plus et plus vite.

NE CRAIGNEZ PAS DE MONTER

Le deuxième étage est le lieu où vous résiderez lorsque le processus de guérison ne sera pas encore terminé mais qu'il ne revêtira plus aucun caractère d'urgence ou d'inquiétude. À ce stade de votre évolution, vous saurez *ce qui* doit être fait et de quelle manière vous devez le faire, quels que soient l'instant et la situation. Vous y accéderez lorsque tout et tous auront un sens. Si ce n'est pas encore le cas, ne vous affolez pas. À ce stade de votre développement, le renoncement ne vous fera plus peur, vous serez capable de pardonner et vous aurez confiance en vous. Vous aurez alors suffisamment d'amour en vous pour participer activement à toutes les guérisons qui seront encore nécessaires en vous-même ou en les autres. Le deuxième étage est le lieu où vous améliorerez vos comportements et les raisons qui vous poussent à les adopter.

Lorsque vous arriverez au deuxième étage, vous aurez compris combien il est important de toujours dire la vérité. Vous pourrez revoir chaque expérience passée dans la perspective de vos vraies pensées et de vos émotions sincères. Vous comprendrez alors que tous vos mauvais choix, toutes vos mauvaises décisions et vos jugements erronés ont été faits dans la crainte ou l'impatience et non dans la quête de l'amour et de la vérité. La bonne nouvelle est que vous avez cessé d'agir aveuglément, car la prière, la méditation et la réflexion constituent désormais la base de votre comportement. Au deuxième étage, vous serez capable d'endosser la responsabilité de vos actes sans éprouver le besoin de vous condamner pour ce que vous avez pu penser ou éprouver. Et quand la vie ne vous blessera plus, vous pourrez vous regarder chaque matin dans la glace et aimer celui que vous y voyez. Votre vie deviendra facile. On ne peut pas en dire autant des ultimes réglages qu'il restera encore à effectuer. Le deuxième étage est celui où les *modifications* ont réellement lieu et où vous mettez en application vos acquis. C'est alors aux autres de s'adapter. Lorsque vous saurez comment agir, votre perception différente des événements risquera fort de mécontenter votre entourage ! Il appréciait celui ou celle que vous étiez, une personne prévisible, voire hystérique ! Or vous êtes en train de modifier votre comportement et cette évolution est souvent mal perçue.

Au deuxième étage, vos acquis vont prendre un nouveau sens. Désormais, renoncer va signifier que vous êtes prêt à renoncer à vos relations. Une décision très sage ! En effet, toutes les liaisons basées sur votre ancien « moi » doivent être modifiées ou abandonnées. Celles qui vous poussent à adopter des comportements de sous-sol ou de rez-de-chaussée ; les liaisons de premier étage, aussi, soumises à des conditions et nées dans le chaos de votre histoire. Quand vous serez arrivé au deuxième étage, vous aurez compris qu'en renonçant à ces anciens modèles vous renoncerez aussi à certaines personnes et à certaines choses. Les choses qui vous rendaient heureux ne vous conviennent plus. Vous refusez désormais de perdre du temps et de l'énergie dans ces comportements qui faisaient de votre vie un véritable psychodrame. Cette étape sera probablement la plus difficile à franchir car c'est là que votre ancienne personnalité reviendra défier votre nouveau moi. C'est ce qu'on appelle le conflit intérieur. Surmontez-le ! Vous savez quoi faire. Sinon, dites-vous que c'est pour l'apprendre que vous avez accédé au deuxième étage, pour mettre en pratique et maîtriser ce qu'il faut faire.

Alors que vous occupez ce nouvel espace d'habitation, vous prenez conscience qu'avec toutes les nouvelles informations qui sont maintenant en votre possession, l'occasion idéale d'adopter de nouveaux comportements s'offre à vous. C'est un véritable miracle ! Votre rôle consiste à présent à servir et à aider les autres tout en respectant votre intégrité. Les nettoyants spirituels dont vous allez avoir besoin sont l'acceptation, le service, le soutien et le respect. Vous avez également compris qu'en les utilisant comme principes de base de vos relations, au niveau de vos décisions ou de vos actes, ce que vous entreprendrez finira toujours par aboutir. Et si le résultat n'est pas à la hauteur de vos espérances, ça ne vous posera plus de problème.

Comment un tel miracle a-t-il pu se produire ? Comment avez-vous pu acquérir une telle sagesse ? Quelque part sur les marches, entre le premier et le deuxième étage, tandis que vous étiez en train de vous débarrasser de tout ce qui freinait votre évolution, vous avez fait une découverte surprenante : vous avez compris que vous n'étiez pas seul, que vous ne l'aviez jamais été et ne le seriez jamais. Grâce à cette découverte, vous ne vous sentirez plus jamais isolé. Grâce à l'amour, vous connaîtrez l'union du cœur et de l'esprit, vous saurez vous combler vous-même et vous aimer. À partir de là, votre seule tâche consistera à vous rappeler que toutes les personnes qui traversent votre vie sont le reflet de vous-même et de Dieu. Cette découverte vous aidera également à savoir comment vous comporter avec eux et ce que vous pouvez attendre d'eux. Lorsque l'amour absolu sera devenu votre réalité, vous traiterez les autres comme vous avez envie qu'ils vous traitent, et comme vous traiteriez Dieu. Alors, ils vous le rendront.

Beaucoup d'entre nous deviennent des résidents permanents du deuxième étage, ce qui est tout à fait acceptable. On peut en effet y séjourner des années et en tirer entière satisfaction. On peut s'y retrouver après la mort d'un conjoint ou au terme d'une longue liaison, qu'on soit homosexuel ou hétérosexuel, blanc ou noir, homme ou femme. Le deuxième étage peut être comparé à un lieu de retraite où l'on viendrait se reposer, rajeunir, réfléchir, et approfondir sa connaissance de la vie. On trouve à y faire des choses plaisantes, on a cessé de s'interroger sur le sens de l'existence, on sait profiter de la vie tout en travaillant à son épanouissement personnel, avec et dans l'amour. Les voisins et amis y sont merveilleux, et la vie devient petit à petit un rêve. Mais il reste encore un étage avant d'accéder au grenier et l'on sait que pour y parvenir, quelques changements sont encore nécessaires.

POUVEZ-VOUS AFFRONTER LA VÉRITÉ ?

Avant d'explorer le grenier, je vous propose de vous livrer à un test simple pour déterminer le stade de votre évolution. Après avoir lu le scénario qui suit, choisissez la réponse qui correspond le mieux à votre réaction naturelle dans ce type de situation. À moins que vous ne soyez certain d'être encore au sous-sol, je vous demanderai un effort d'honnêteté. Rose et John se sont rencontrés au collège. Au début, ils étaient simplement amis puis leur liaison a évolué et le désir est né. Ils sont tous deux bons élèves, matures et ambitieux. Lui fait des études d'ingénieur, elle, de communication. Dans leur dernière année, ils ont dépassé le stade de la simple amitié, mais ils ne sont pas fiancés. Ils vivent une « vraie » liaison sans toutefois éprouver l'envie de s'engager. Ils se trouvent dans ce qu'on peut appeler « l'entre-deux » de leur relation. Ils ont des projets individuels et communs, mais ne sont pas encore prêts à les réaliser. Ils sont monogames par choix, et la situation les satisfait.

Au cours de l'année, John avoue à Rose qu'il a repéré une jeune étudiante qui ressemble à Rose en bien des points. Il enchaîne en déclarant qu'il envisage la possibilité d'une liaison avec cette fille et dit à Rose qu'il a décidé d'être honnête avec elle parce qu'il la respecte. À la place de Rose, en sachant garder la tête froide et en prenant en considération la durée et l'intensité de votre relation avec John, que répondriez-vous ?

A. Je veux que tu sois sûr de notre relation. Nous sommes ensemble depuis quatre ans et je pense que tu dois rencontrer d'autres filles. Si, cependant, tu décides de coucher avec elle, je t'en prie, protège-toi.
B. Si tel est ton désir, vas-y. Je pense que tu sais ce que tu fais. Je ne me sens absolument pas trahie. (Vous ne pensez pas un mot de ce que vous dites !)
C. Es-tu devenu fou ! De quoi parles-tu ? Tu ne peux pas faire une chose pareille ! Tu penses que je vais rester assise ici tranquillement pendant que tu cours après cette fille ! Je te déteste ! Je croyais que tu m'aimais ! Comment peux-tu seulement envisager une telle horreur ?
D. Vous ne dites rien, vous sortez et vous allez vous coucher sur les rails en vidant une bouteille de whisky !

Si vous avez répondu A, votre comportement correspond à un comportement de deuxième étage. Vous savez quelle attitude adopter : dans ce cas précis, vous renoncez en vous effaçant et vous faites confiance à l'autre. Vous avez compris qu'aimer ne signifie pas posséder et que si cet homme vous est réellement destiné, vous ne le perdrez pas. Ce qui doit arriver arrivera ! Vous appréciez l'honnêteté de John et vous êtes sûre que votre amitié restera intacte, alors que votre amour risque très probablement d'être détruit. Vous le laissez partir tout en sachant qu'il vous tiendra informé de la progression de sa relation. Lorsqu'il se rendra à son premier rendez-vous, vous serez en paix avec vous-même et continuerez à réviser votre examen.

Si vous avez répondu B, vous adoptez une attitude propre au premier étage. Vous savez ce qu'il faut faire mais vous ignorez comment le faire. Votre esprit est encore encombré ! Vous dites une chose alors que vous en pensez une autre. Vous mentez parce que vous pensez que John ne respecte pas vos sentiments. Vous avez peur de sa colère si vous lui dites ce que vous ressentez. Dès qu'il est parti, vous éclatez en sanglots et vous appelez une amie pour tout lui raconter. Elle vous explique ce que vous devez faire, comment et pourquoi vous devez le faire. Vous écoutez, vous pleurez, mais vous ne bougez pas.

Si vous avez répondu C, vous êtes dans une attitude typique de rez-de-chaussée. Vous ne savez ni quoi faire ni comment. Vous avez le sentiment d'être trahie, de ne pas être respectée, et vous avez peur. Vous avez envie de gifler John, mais il est beaucoup plus grand que vous ! Alors, vous le mettez à la porte en criant et vous appelez votre mère. Elle vous dit de ne pas vous inquiéter, qu'il reviendra. Vous savez qu'elle ne ment jamais, mais cette fois, vous ne la croyez pas. Elle vous propose de venir la voir le week-end suivant, et promet de vous mitonner de bons petits plats. Vous raccrochez, vous allez vous coucher et vous pleurez toutes les larmes de votre corps, jusqu'à ce que la fatigue vous emporte.

Si vous avez répondu D, vous nagez en plein psychodrame, typique du sous-sol. Votre cerveau est anesthésié, vous êtes incapable de mettre le doigt sur le problème tout en sachant qu'il existe. « Pourquoi moi ? Qu'est-ce que j'ai fait ? Pourquoi m'arrive-t-il toujours ce genre d'histoire ? Quel est mon problème ? » Vous n'avez pas confiance en John, pas plus que vous n'avez confiance en vous-même. Vous allonger sur les rails en menaçant de vous tuer est une façon de lui faire payer son geste. Vous n'êtes même pas certaine de ce qu'il a fait. La seule chose que vous espérez est que vous serez suffisamment soûle, lorsque le train foncera sur vous, pour ne ressentir aucune douleur ! Aucun train n'emprunte plus cette voie depuis quarante ans, mais sait-on jamais ?

La qualité de votre esprit !

Dans le grenier, l'amour vous a préparé une suite superbe, la suite de *L'Amour tendre*. Le grenier peut évoquer l'obscurité, l'humidité, faire surgir l'image d'un lieu lugubre et inhabitable.

Mais dans la maison de la vie, le grenier est le havre de l'amour inconditionnel, un endroit merveilleux, doté d'une vue superbe sur les plus belles images de la vie. Un lieu où règne la sérénité et où se perpétue l'expression de l'amour. L'atteindre aide à modifier sa perception de la vie et à établir des relations basées sur l'amour de soi. Grâce à ce changement, nous prouvons que non seulement nous savons ce qu'est l'amour, mais nous pouvons dorénavant agir avec amour à tout moment. Cette suite se trouve au sommet de la maison et c'est la raison pour laquelle nous comparons la recherche du véritable amour à une « ascension » vertigineuse.

À ce stade, seul l'amour existe. Votre tâche est de le mettre en pratique dans tous les domaines et toutes les situations de votre vie. Vous vous inondez d'amour et vous laissez les autres vous en inonder. Dans le grenier, vous savez que quelques obstacles subsistent encore dans votre esprit mais vous pouvez vous permettre de les ignorer car vous avez désormais compris que l'amour les gérera de façon appropriée, au moment approprié. Dans le grenier, si vous ne parvenez pas, pour une quelconque raison, à révéler votre amour, la réaction sera si rapide et troublante, la douleur si intense que vous serez immédiatement contraint de vous remettre en position d'aimer. À ce stade de votre développement, l'amour est votre paix, votre force, votre richesse, votre santé. Vous n'êtes plus qu'amour. Un amour dont vous inondez tout et tout le monde.

Il n'y a qu'une façon de passer d'un état conscient d'attachement douloureux à l'amour absolu, inconditionnel, qui est source de paix. Il faut inciter votre conscience à l'accepter, créer de nouvelles attentes basées sur l'honneur, le respect et le soutien. Respecter *vos* sentiments, en vous disant que vous pouvez obtenir ce que vous désirez. Respecter le lieu où *vous* vous trouvez en sachant que vous progresserez dès que vous serez prêt. Vous soutenir en refusant d'accepter moins que ce que vous désirez. Ces nouveaux comportements envers vous-même et les autres seront vos nouvelles bases, et pour que votre conscience les entérine, il vous faudra réagir différemment aux défis que la vie vous enverra, et adopter des réactions basées sur l'amour. Vous allez désormais attirer des gens qui auront atteint le même stade d'évolution que vous, et qui, par conséquent, respecteront vos engagements et

votre prise de conscience. Dans le cas inverse, vous devrez faire un choix et vous saurez le faire dans le respect de vous-même.
Avoir atteint le grenier ne signifie pas que vous ne serez plus jamais tenté de vivre des expériences de sous-sol, de rez-de-chaussée ou de premier étage. Simplement, vous saurez les reconnaître et les modifier tout en facilitant la guérison et l'évolution de l'autre. Vous deviendrez celui qui enseigne : c'est la beauté et le but de votre vie dans le grenier. Vous apprendrez aux autres le sens réel du mot amour, en devenant l'exemple vivant de cet amour. C'est là que Jésus, Bouddha, Mère Thérésa ont incarné et enseigné l'amour. Là qu'ils ont fait don d'eux-mêmes, de manière totalement désintéressée, au nom de l'amour. Nous sommes nés pour vivre au grenier. C'est là que nous résiderons lorsque nous aurons appris à aimer indépendamment des événements et des gens.
C'est maintenant l'heure de ramasser vos balais et chiffons et de vous attaquer à un grand nettoyage de printemps !

LE SOUS-SOL

C'est le moment de l'année où la nature renaît et retrouve son éclat. C'est aussi le moment où la saleté accumulée, l'humidité et la poussière nous sautent aux yeux et nous agressent. Nous nous lançons alors dans un grand nettoyage. Et même si nous n'aimons pas l'admettre, le désordre qui règne dans nos maisons ressemble souvent à celui qui règne dans nos vies.

Quand nous regardons autour de nous, nous avons le sentiment que tout est parfait pour tout le monde. Puis nous reportons notre regard sur nous-mêmes et nous n'y voyons que poussière et désordre. Au fil des ans nous avons accumulé tant de principes, de croyances et de schémas qu'il nous est devenu impossible de continuer à vivre dans un tel capharnaüm — impossible, aussi, de déterminer quoi en faire. Nos relations, comme notre lieu d'habitation, ont besoin d'un grand nettoyage de printemps ! L'heure a sonné de rassembler, pour s'en débarrasser, ces vieilleries inutiles auxquelles nous nous sommes jusqu'à présent cramponnés.

Chapitre 3
Nettoyage de printemps

Cela faisait quatorze ans. Quatorze années interminables, vécues dans la passivité. Elles n'avaient pas toutes été éprouvantes. Pour être honnête, elles ne l'avaient même pas été du tout. Simplement, elles avaient été longues. Trois jours avant leur quinzième anniversaire de mariage, Jack a pris conscience qu'il ne pouvait plus continuer à vivre ainsi. Il ne se sentait plus la force de rester avec sa femme et de l'écouter se plaindre et le harceler encore une année. Il savait qu'il devait partir, et il était décidé à le lui dire. Une fois encore, Helen allait penser qu'il plaisantait. Une fois encore, elle allait l'accuser d'avoir une liaison, l'incendier, tempêter, pleurer — comme elle l'avait fait la troisième, la septième et la douzième année de leur mariage, alors qu'il lui faisait part de la même décision. Il l'aimait, mais quelque chose était brisé entre eux. Ça n'était peut-être pas la faute d'Helen, mais la sienne. Peut-être était-il stupide, faible ou, comme elle se plaisait à le répéter, *tristement irrécupérable.* Il était prêt à assumer la responsabilité de sa décision et à endosser le rôle du « méchant ». Mais il ne pouvait pas, ne voulait pas rester une année de plus. Il *l'aimait,* mais il n'était plus amoureux d'elle et il fallait qu'il parte. Il continuerait à l'aimer alors qu'il franchirait la porte, parce que son *intervalle* avait été trop long.

Il est temps ! Vous différez votre décision depuis trop longtemps. Les problèmes se sont accumulés et vous ne trouvez pas ce que vous recherchez. En ce qui concerne vos relations, ça signifie que vous n'arrivez pas à comprendre ce qui s'est passé ou qui se passe dans votre vie et que vous n'entrevoyez aucune solution aux problèmes qui vous submergent. Il flotte une odeur nauséabonde dont vous ne parvenez pas à déterminer l'origine. Les murs autour de vous se fissurent. Pour quelle raison ? De quelle façon ? Peu importe.

Le cœur de la structure, de *votre* structure — qui n'est autre que votre vie — se désagrège. En regardant autour de vous, vous découvrez que le lieu dans lequel vous vivez est poussiéreux. Votre esprit est encombré et vous avez besoin d'espace pour respirer. Vous savez que l'heure est venue de nettoyer votre cœur et votre esprit, que vous *devez tout simplement* les « dépoussiérer », réviser vos croyances, vos idées et vos perceptions qui, tels les tiroirs d'une commode, renferment tout ce que vous avez accumulé au fil des ans. Vous réalisez qu'il est temps d'aérer toutes les pièces afin de respirer profondément et d'éviter l'asphyxie. C'est l'heure du grand nettoyage de printemps.

Pourquoi Jack ne peut-il pas se prendre en main ? Helen a pourtant fait tout ce qu'elle a pu pour l'aider, ne cessant de lui répéter ce qu'il devait faire pour progresser plus vite et donner à leur vie plus de joie et d'ivresse. L'a-t-il jamais écoutée ? Non. En réponse à ses demandes, il a multiplié les excuses : il ne pouvait ni quitter la ville, ni changer de travail, ni acheter une nouvelle maison, ni même faire davantage l'amour. Elle en avait assez. Elle avait assez de lui. Pourtant, elle l'aimait. Peut-être était-ce elle qui avait tort et lui qui avait raison depuis le début. Peut-être était-elle égoïste ou, comme il se plaisait à le répéter, *follement insatiable*. Elle avait fait de son mieux pour essayer de changer, mais ses efforts s'étaient toujours soldés par des échecs. Elle aimait voyager, il aimait lire. Elle aimait l'argent et les belles choses, il aimait les investissements sûrs. Elle aimait faire l'amour, il aimait la télévision. Leur vie était un véritable chaos ! Elle allait devoir y mettre de l'ordre avant leur quinzième anniversaire de mariage.

UNE TÂCHE ARDUE MAIS NÉCESSAIRE

Le nettoyage en profondeur de notre lieu d'habitation constitue une tâche pénible mais incontournable et, comme nous le savons tous, plus nous la différons, plus le besoin s'en fait sentir. Il faut se débarrasser de tout ce qui encrasse notre esprit : notre vécu, nos vieilles blessures et douleurs, les rancœurs qui se sont accumulées au fil des ans et logées au fond de notre cœur ; tous ceux après qui nous sommes *encore* en colère au bout de tant d'années ; nos actes passés et ceux avec qui nous les avons accomplis ; tout ce qui nous a empoisonné la vie et avec quoi nous avons laissé les autres nous l'empoisonner. Le but de ce nettoyage est d'apprendre à apprécier ce que nous possédons et à faire place nette.

À quoi pensait Jack lorsqu'il a épousé Helen ? Penser est bien le maître mot. Jack reconnaît qu'il ne pensait pas beaucoup à l'époque où il l'a rencontrée. Il vivait seul, écrasé par un sentiment d'échec et l'impression désagréable que sa vie ne le menait nulle part. Et puis elle était arrivée, lui avait redonné de l'espoir. Elle voyait en lui ce que lui-même était incapable de voir. Elle le motivait, l'inspirait, l'excitait. Mais, à présent, elle l'agaçait. Elle ne cessait de le harceler, de lui jeter à la figure toutes les pensées négatives qu'il avait toujours nourries sur lui-même. Elle lui rappelait sa propre mère, une femme ambitieuse, un papillon social, une véritable « emmerdeuse » ! Lui, il ressemblait à son père : un fonctionnaire à qui une bière et un bon programme TV suffisaient, un économe obsédé par l'avenir. Ses parents étaient restés ensemble pour les enfants. Dieu merci, il n'avait pas eu d'enfant avec Helen. Ils avaient failli, mais le bébé était mort-né et elle n'avait jamais voulu en avoir d'autres.

Peu de gens aiment se lancer dans un nettoyage à fond. En particulier lorsque tout semble aller pour le mieux et que l'apparence est sauve. Qui a envie de perdre son temps dans une corvée aussi ingrate alors qu'il peut lire un bon livre ou aller boire un verre ? C'est peut-être pour ça que nous avons si souvent tendance à tout remettre au lendemain. Nous savons que c'est nécessaire mais nous ne parvenons pas à nous motiver. Nous laissons nos liaisons s'enliser de la même façon. Nous savons que certaines choses doivent être dites, faites ou au contraire évitées, mais nous sommes incapables de réagir. Comme pour une maison, le nettoyage d'une relation peut se révéler accablant parce que la tâche à entreprendre paraît insurmontable et que le temps manque. Nous pensons trop souvent ne pas avoir en main les produits adéquats afin d'entreprendre ce ménage lorsque que nos relations se dégradent de façon évidente. Nous attendons de l'aide, que quelqu'un nous épaule pour nous lancer dans cette tâche écrasante ! Curieusement, ce sont souvent les problèmes eux-mêmes qui nous apportent cette aide. En effet, qu'y a-t-il de plus motivant qu'une difficulté pour inciter au nettoyage d'une relation amoureuse ?

Le plan d'Helen avait échoué lamentablement. Elle avait cru qu'en s'engageant avec un autre homme, celui qu'elle aimait réellement lui tomberait dans les bras. C'est uniquement pour ça qu'elle avait entamé sa liaison avec Jack. Elle pensait que ça rendrait Jamie fou de jalousie, assez fou pour lui revenir. Erreur ! Très vite, en effet, la situation lui avait échappé. Autour d'elle, les gens avaient commencé à lui dire combien Jack était charmant, et combien ils étaient heureux pour elle. Comment aurait-elle pu les décevoir ? Sa mère ne lui avait-elle pas toujours répété qu'il ne fallait jamais décevoir ceux qui nous entourent ? Avant qu'elle ait pu réaliser ce qui lui arrivait, sa mère avait organisé le mariage, et Helen n'avait pas pu faire machine arrière. Ou plutôt elle n'avait pas trouvé le courage de le faire. D'autant qu'au fil des jours, elle s'était mise à apprécier Jack et même à l'aimer, tout en sachant pertinemment qu'il n'était pas l'homme de sa vie. Ça ne l'avait pas empêchée de l'épouser, et aujourd'hui elle essayait de comprendre pourquoi.

On ne peut pas jouer dans un sous-sol sale

Lorsque ce que vous faites ne vous rend pas heureux, vous finissez par éprouver de la colère et du ressentiment. C'est le cas de nombreux occupants du sous-sol, qui ont d'abord une approche passive de leur bonheur et qui ensuite rejettent la responsabilité de leur souffrance sur les autres. En réalité, ils ne font que se chercher des excuses — qu'ils trouvent toujours — pour expliquer leur comportement et leur incapacité à réaliser leurs désirs. Ils se posent en victimes — victimes de la vie, et bien sûr, victimes de l'amour. Ils ont le sentiment de ne jamais rencontrer quelqu'un qui les aime comme ils le souhaiteraient, d'être toujours trahis, maltraités, utilisés et abandonnés. Et ils sont incapables d'en comprendre la raison. Pourquoi ? Parce qu'ils ont renié leurs désirs véritables pour faire ce qu'ils pensaient être le bon choix. Jack et Helen sont tous deux des résidents de ce lieu obscur. Aucun d'eux n'a fait ce qu'il avait envie de faire ou ne l'a dit à l'autre.

Ils vivaient depuis trois ans comme si tout allait pour le mieux dans leur couple lorsque le désastre est arrivé. Helen a découvert qu'elle était enceinte. Au même moment, elle a appris par la rumeur que Jamie allait épouser l'une de ses amies de collège. Sa première réaction a été la colère sourde. « Comment peut-il faire une chose pareille ? » Puis elle s'est souvenue que c'était elle qui s'était mariée la première. « Comment ai-je pu être aussi stupide ? » Elle s'en est voulu et regretta son geste. La colère et l'auto-flagellation l'ont plongée dans un état de dépression passive qui a failli la tuer et qui, elle en est sûre, a tué l'enfant qu'elle portait.

On peut comparer la construction d'une relation à la préparation d'un repas. Pour obtenir un résultat satisfaisant, il faut être en possession des bons ingrédients. Pendant la préparation du plat, vous allez le goûter par mesure de précaution. Si le goût ne vous satisfait pas, vous allez essayer d'ajouter un élément — ce qui ne garantit en rien la réussite finale. En effet, ajouter ou ôter un ingrédient peut parfois compromettre tous les efforts. Vous pouvez aussi ajouter le mauvais élément, et afin de rectifier l'erreur, vous ajouterez encore autre chose. À ce stade, votre bon sens vous dicte de tout jeter et de recommencer, mais vous refusez de gâcher ce qui a déjà été fait : une excellente excuse pour dissimuler votre crainte de l'échec ! En conclusion, ajouter, modifier ou diminuer ce qui a été fait ou omis au départ réussit parfois en cuisine, rarement dans les relations.

Les ingrédients appropriés doivent être présents dès le début de la liaison. Le fait de goûter, d'évaluer et de juger vous aide ensuite à garder le cap. En revanche, si les bons ingrédients manquent au départ, ceux que vous ajouterez par la suite risquent d'avoir pour seul effet d'aggraver la situation. Pour connaître l'issue, reportez-vous au début ! Décider de faire un enfant lorsqu'une union est bancale est rarement une solution. De même, changer l'environnement d'une relation qui ne fonctionne pas n'arrangera rien, pas plus qu'un gain d'argent supplémentaire n'améliorera des différences inconciliables ou que l'achat d'une nouvelle maison ne garantira une meilleure communication ! Quand le problème est au cœur de la relation, ajouter un élément équivaut à soigner une plaie cancéreuse avec un pansement. Cela peut donner l'illusion d'une amélioration, mais à long terme, un pansement n'a jamais soigné un cancer ! Essayer de camoufler ou d'étouffer les problèmes n'a jamais permis de les régler, dans aucune relation. Le seul moyen de soigner une relation malade est d'admettre qu'il y manque un élément essentiel, et ensuite de concentrer ses efforts afin de découvrir cet élément. Pour cela, vous devez revenir sur vos pas, vous remémorer ce que vous avez fait, ou au contraire ce que vous avez manqué de faire. Une fois l'élément manquant découvert, il est plus que probable que vous devrez tout effacer et repartir à zéro.

Quand le bébé est mort, Jack a cru devenir fou de douleur. Il avait mis tant d'espoir dans cet enfant ! Il s'était dit que cela améliorerait sa liaison avec Helen en leur donnant un but, un intérêt commun. Comment avait-il pu mourir ? Jack voulait savoir pourquoi. Helen, elle, le savait. Elle avait refusé cet enfant. Elle avait envie d'avoir des enfants, mais avec Jamie. Or Jamie, en se mariant, avait brisé ses rêves. C'est pour ça que le bébé était mort dans son ventre. Pour surmonter cette épreuve difficile, Jack et Helen se sont appuyés l'un sur l'autre et ont alors confondu les notions de besoin et d'amour. Cet échange de besoins, en l'absence de l'engagement sincère qui conduit à toute relation véritable, n'a fait qu'accentuer leur confusion. Ils étaient tellement égarés qu'ils ont cru, pendant un moment, pouvoir réussir leur mariage. Dans cette perspective, Jack a adopté une attitude totalement passive : « Laisse-la faire ce qu'elle a envie de faire et ne fais surtout pas de vague ! » Helen, pour sa part, est devenue terriblement agressive : « Je vais faire ce que j'ai envie de faire, et il a intérêt à ne rien me dire ! » Jack a élu domicile sur le canapé, s'apitoyant sur son sort et s'interrogeant : « Pourquoi moi ? » Helen, elle, a fait tout ce qu'il fallait pour survivre — survivre à la culpabilité, à la honte, et aussi à la peur que Jack ne découvre la vérité. Ils ont tous deux pris conscience que leur mariage était une erreur. Jack pensait que tout était de la faute d'Helen, qu'elle n'aurait pas dû l'épouser. Helen pensait que tout était de la faute de Jack, qu'il n'aurait pas dû l'épouser. Les occupants du sous-sol n'ont aucune idée de ce qui leur arrive. En l'occurrence, ils avaient tous les deux tort.

Pendant l'intervalle, soignez-vous

L'amour possède un incroyable pouvoir de guérison et nous sommes tous nés pour découvrir et connaître ses effets dans nos vies. Il est parfois difficile de le comprendre, car pendant l'*intervalle,* l'amour de nos rêves nous échappe. L'*intervalle* est souvent une période d'incertitude. Nous vivons dans l'anxiété sans pouvoir mettre le doigt sur la nature réelle de cette anxiété. Peut-être est-elle dans notre tête. Ou au fond de notre cœur. En apparence, tout va bien, mais à l'intérieur, un grain de sable a enrayé la mécanique. Parfois, ce grain de sable a pour nom tristesse. C'est un peu comme si vous marchiez sur une corde raide, en équilibre, en essayant par tous les moyens de ne pas tomber mais en vous apercevant peu à peu que vous-même, ou votre relation, se désagrège. Cette découverte vous attriste mais vous n'avez aucune idée de ce que vous pouvez faire pour y remédier. Or il faut savoir que pendant l'*intervalle*, lorsque les choses ont l'air de se détériorer, elles se mettent au contraire en place — cette place « divine » où elles devraient être, pour toutes les personnes impliquées dans la relation. Pendant cette période, alors que vous vous préparez à guérir, à vivre la plus grande expérience de votre vie — celle de l'amour absolu, — vous devez accepter l'impuissance et la confusion. Pour vous y aider, rappelez-vous que cet état est temporaire et qu'il fait partie du processus de guérison.

Pour guérir, il faut toujours suivre un processus dont le premier pas est d'accepter de prier et de se poser des questions. Cessez de vouloir comprendre à tout prix ce qui se passe ! Tôt ou tard, vous vous rendrez compte que si vous saviez ce qui, dans ce que vous faites, vous rend malheureux, vous ne le feriez pas. Arrêtez-vous. Priez. Interrogez-vous. Pour y parvenir, cessez de vous agiter, de parler, de penser et de donner des coups dans tous les sens ! Ça vous prendra très peu de temps, mais je sais à quel point chaque minute compte lorsqu'on a peur, qu'on souffre ou qu'on est égaré. La bonne nouvelle est que prier va vous aider à alléger le poids de votre confusion. Une fois que vous aurez l'esprit clair, il est impératif que vous vous posiez ces trois questions introspectives :

1. Qu'est-ce que je ressens ?
2. Qu'est-ce que je veux ?
3. Qu'est-ce que je ressens vis-à-vis de ce que je veux ?

Lorsque ces questions seront posées, le processus de guérison sera entamé et les réponses viendront, car *dans toute question se trouve la réponse.* Mais il faut être ouvert et prêt à les entendre.

Ce que vous ressentez est toujours au cœur de vos expériences. Véritable source d'énergie, les sentiments et émotions vous poussent à agir et à vous exprimer. Dans vos relations, les réponses à vos questions sont souvent liées à ces sentiments. Quand vous êtes en contact avec vos émotions profondes, vous avez un indice majeur sur les raisons qui vous incitent, ou vous ont incité, à agir. Les sentiments sont comme les graines, et nos expériences, le fruit. En attendant que les graines donnent le fruit, on est souvent en pleine confusion. On s'agite en essayant de mettre de l'ordre dans le capharnaüm où l'on est plongé alors qu'il faudrait commencer par déterrer les graines, c'est-à-dire examiner ses sentiments à la loupe. Dans une liaison, il est impératif de rester à l'écoute de ses sentiments, afin de déterminer ce qui cause tel ou tel comportement. Généralement, la nature de nos sentiments détermine nos désirs. Et ce que nous ressentons au sujet de ces désirs détermine nos actes. Si nous avons le sentiment de ne pas pouvoir obtenir ce que nous voulons, nous réagissons parfois avec colère ou ressentiment, et si nous estimons que nos désirs sont erronés ou que nous avons tort de les éprouver, nous risquons d'agir dans la peur — celle d'être découvert. Quelle que soit la relation, nos désirs, nos sentiments et notre vision de ces désirs déterminent la qualité de l'échange. À un niveau plus personnel et plus intime, ces sentiments et ces croyances nous aident à poser nos limites, la façon dont nous acceptons d'être traités et celle dont nous traitons les autres. Lorsqu'une liaison se dégrade, la solution est de se placer devant son miroir et de s'interroger. Ce n'est pas une tentative d'analyse personnelle mais l'unique façon de s'assurer qu'on ne court pas à sa perte en entamant ou en vivant une relation.

Ce qu'on fait en réponse à ce qu'on ressent s'appelle le *comportement d'intervalle*. Cette attitude nous mène en général droit à la catastrophe. La passivité fait de nous des êtres désagréables, faibles ou stupides ; l'agressivité attise notre colère à l'égard d'autrui et fait naître en nous un sentiment de culpabilité ou de honte. Ce sont les expériences vécues en réaction à ce type d'attitude qui nous poussent à croire que l'amour peut être source de souffrance ! Rien n'est plus faux ! L'amour ne fait pas souffrir, il guérit ! La souffrance que nous éprouvons vient au contraire de ce que nous faisons ou n'arrivons pas à faire au nom de l'amour. Ces actions, ou cette inertie, sont à l'origine des schémas de comportement passif/agressif qui nous poussent souvent à agir de façon absurde et qui n'ont aucun lien avec l'amour, mais qui sont au contraire à l'origine des peurs et des illusions qui nous entraînent dans *l'intervalle*.

CESSEZ DE VOUS EN PRENDRE À VOUS-MÊME

Que vous soyez ou non engagé dans une relation intime, le processus de guérison qui vous conduit à l'expérience de l'amour suprême — l'amour de vous-même et l'amour inconditionnel — fonctionnera. Quoi qu'il arrive, rien ne pourra vous empêcher de faire une pause pour une réflexion personnelle, excellent moyen de déterminer si l'expérience que vous vivez est à même de vous conduire vers la guérison, ou si au contraire elle est issue d'émotions négatives. Pour entreprendre le nettoyage de votre « maison », vous devez connaître les raisons qui vous poussent à agir. Ce ménage personnel, intérieur et émotionnel revient à éliminer les convictions absurdes qui encombrent votre esprit, de type : « Je ne peux pas vivre sans toi ! Je dois avoir un problème ! Tu as un problème ! » Ces pensées viennent de votre désordre émotionnel.

Et quatre-vingt-dix pour cent de ce que vous voyez n'existe que dans votre tête !

Nous voulons tous aller bien et nous imaginons avoir besoin des autres pour y arriver. C'est pour cela que nous nous précipitons dans des liaisons en espérant voir nos souhaits exaucés. Mais le dessein de l'amour est tout autre. L'amour veut notre guérison et pour cela nous pousse à nous débarrasser des anciennes douleurs, hontes et confusions qui nous encombrent et nous oppressent. Nos expériences font partie du processus de guérison et de nettoyage qui, petit à petit, va nous conduire à l'amour véritable. Les relations sont conçues par la vie comme des miroirs qui nous renvoient notre image et nous aident à l'accepter. Le seul problème est que, pendant *l'intervalle*, nous n'en avons généralement pas conscience. Et alors même que l'amour nous pousse vers la guérison, nous nous dissimulons la vérité.

Dans nos relations, ne pas montrer ses pensées et sentiments et essayer de cacher ses agissements sont typique d'une expérience de sous-sol. La dissimulation fait partie des nombreux jeux que nous imaginons et employons au cours de notre quête de l'amour. Les comportements qu'elle nous incite à adopter ne sont pas toujours les plus intelligents ni les plus bénéfiques. Il arrive que ce type d'attitude fonctionne. Jouer à se voiler la face et à dissimuler peut *donner le sentiment* d'une amélioration, l'illusion que la situation est finalement telle que nous la désirions. Parfois, cela permet même d'éprouver un bien-être temporaire, mais il faut savoir que la ruse fonctionne rarement à long terme. Tôt ou tard, nous tombons soit dans la passivité, en devenant incapables d'exprimer nos sentiments, soit au contraire dans l'agressivité, en réagissant de manière totalement inappropriée.

Si nos relations ne se déroulent pas comme nous l'avions envisagé et si nous ignorons quelle conduite adopter pour qu'elles fonctionnent, notre réaction instinctive est généralement la colère. L'amour, le grand guérisseur, ne cesse de nous répéter : « Arrêtez-vous ! Interrogez-vous ! Avouez-vous la vérité ! » Est-ce que nous l'écoutons ? Bien sûr que non. Nous nous cherchons des excuses. Nous nous dissimulons. Nous refusons de réfléchir afin d'essayer d'identifier ou de découvrir la vérité sur nos sentiments et sur notre réaction à ces sentiments. Savez-vous ce qui arrive alors ? Il devient impossible de se cacher plus longtemps. Notre cœur saigne et l'amour, ou ce que nous pensions être l'amour, se volatilise une fois encore sous nos yeux. Pendant *l'intervalle,* nous voudrions faire preuve de courage, mais la souffrance l'emporte. Nous voudrions progresser, mais la colère nous engourdit. Quelque part au fond de notre esprit s'élève une voix qui nous agace, la voix de l'amour qui susurre : « Nettoyez ce désordre ! Dites la vérité, à vous-même et à votre partenaire. » Car seule la vérité permet d'entamer réellement le processus de guérison.

Ce qui est enfoui en nous

Dans sa quête de l'amour, chacun découvrira ce que l'amour *n'est pas*. Les petits sentiments révèlent souvent les plus grandes vérités. Si nous ignorons nos sentiments, si nous essayons de contrôler les agissements de l'autre, si nous nous taisons par peur, alors nous n'aimons pas. Nos parents nous ont prouvé leur amour en pourvoyant à nos besoins tandis que nous grandissions et apprenions à voler de nos propres ailes. C'est là l'engagement qu'ils ont passé avec la vie, lorsqu'ils ont accepté de nous la donner. Mais la vie ne s'attend pas à nous voir transférer dans nos liaisons amoureuses ce schéma de besoins à pourvoir. Le véritable amour ne peut exister qu'entre êtres égaux, et cette égalité ne se limite pas au revenu ou à l'éducation, elle implique une certaine communion d'idées quant à ce que l'on attend de soi-même et ce que l'on veut pour soi-même, à l'intérieur et à l'extérieur de la relation. C'est notamment pour ça qu'il est important de savoir accepter ses désirs et les exprimer. Dire à quelqu'un ce qu'il a envie d'entendre pour obtenir ce qu'on veut est absurde et vain.

L'âme recherche les expériences et les personnes qui vont l'aider à faire évoluer ou à restructurer son identité. Cette identité est l'essence même de l'amour. L'amour est un choix. Nous choisissons ou non de refléter l'amour que nous sommes. Dans nos relations, les autres nous indiquent ce que nous devons faire si nous voulons choisir l'amour. En vivant ces expériences, nous apprenons en premier lieu comment nous aimer nous-mêmes. Et au cœur de ces expériences, la voix de Dieu nous rappelle que « nous sommes faits à son image et que nous devons, en conséquence, agir comme tels et modifier nos attitudes » ! Nos vies reflètent l'amour de Dieu et il est de notre devoir de vivre pour sauver nos âmes grâce à cet amour. Mais il faut commencer par vouloir être sauvé. Et aimé.

QU'EST-CE QUI EST CACHÉ DANS CETTE BOÎTE ?

Dans le sous-sol de la maison de l'amour, nous sommes confrontés à des problèmes de survie : comment survivre, que faire pour survivre, que nous réclame-t-on et que doit-on donner pour survivre ? Ces questions nous apparaissent généralement quand nous vivons des expériences liées au bien-être physique et à l'expression de l'amour. Enfants, nous prenons d'abord conscience de notre corps et du corps de ceux qui nous entourent, au travers de ce que nous vivons et de la manière dont on s'occupe de nous : quand et comment nous sommes nourris, ce que nous entendons, voyons, ressentons. Nous apprenons très vite à nous déplacer parmi les autres en évitant le danger et la souffrance. Ces questions relatives à notre « situation » et liées à notre survie physique et notre bien-être ressurgissent, de façon individuelle ou collective, dans nos relations. C'est aussi à partir de ces questions que s'instaurent les critères sur lesquels nous nous basons pour essayer de trouver notre équilibre. Nous apprenons aussi au sous-sol, ou dans ce qui représente la première expérience de la vie, sur quelles parts de notre bien-être mental ou physique nous pouvons compter et quelles parts nous devons abandonner pour trouver l'amour.

À cinq ans, le sens du lien corps-esprit-survie est correctement développé. Nous connaissons les mots et les mouvements qui provoquent réprimande ou punition. Nous avons appris la notion de partage, c'est-à-dire que pour faire le bonheur de l'autre, il faut accepter de renoncer à ce qui nous appartient. Si vous aimez quelqu'un, vous voulez son bonheur, donc vous devez apprendre à donner de vous-même. Vous pensez que si vous êtes heureux, l'autre le sera également. Tandis que vous prenez conscience de cette notion de partage, vous apprenez également à définir ce qui vous appartient et ce qui ne vous appartient pas, et ce qui pourrait vous arriver si d'aventure vous confondiez les deux. Cette découverte constitue une information supplémentaire sur ce qui serait susceptible de vous blesser.

À sept ou huit ans, vous découvrez que votre corps, jusque-là assez charmant pour être montré à tous et n'importe où, peut devenir un sujet de gêne. En tant qu'enfant, il est normal de traduire cette découverte par « je dois avoir un problème » ! Vous devez taire cette pensée et ne jamais y faire allusion en public. C'est ainsi que nous apprenons à nous dissimuler. Vous ignorez peut-être quel est ce

« public ». En revanche, vous savez qu'il vit de l'autre côté de la porte, avec les étrangers, ces personnes qui ressemblent à celles qui vous aiment mais qui peuvent vous faire du mal. Soit parce que vous êtes adorable, ou sans raison aucune. De façon à survivre aux souffrances provoquées par un étranger ou par une personne que vous connaissez, vous apprenez à dire ce qu'il faut dire au bon moment ; la dernière fois que vous avez ignoré ce principe, vous avez rencontré la colère ou la douleur. À ce stade, on peut comparer la vie à un vaste terrain de jeu où l'on apprend beaucoup sur sa capacité à survivre en évitant la souffrance. Les expériences de l'enfance nous enseignent que l'amour peut se transformer en une situation gagnante/perdante, dont nous sommes généralement les principaux acteurs, et où la plupart du temps, nous provoquons nous-mêmes ce qui conduit à notre perte ou à notre souffrance. Pour éviter cette souffrance, nous apprenons rapidement comment survivre.

Dans leurs relations, les occupants du sous-sol sont obsédés par les questions liées à cette survie. À cette fin, ils se cramponnent aux autres et à leurs relations, même lorsqu'elles sont impossibles ou désastreuses. Ainsi, celui qui est battu, celui qui vit une relation de dépendance avec un partenaire alcoolique ou drogué, est un résident du sous-sol. L'infidélité est une pratique du sous-sol : on vit des expériences sexuelles parallèles afin de s'assurer de ses sentiments à l'égard de son partenaire. Au sous-sol, nous mettons ces étranges convictions et ces comportements sur le compte de notre besoin de survivre.

Lorsque vous entendez ces mots : « Je n'ai pas le choix ! Je fais ce que j'ai à faire ! », sachez que la personne qui les a prononcés — qui peut être vous-même, ou votre partenaire — vit une expérience d'*intervalle* dans le sous-sol de la maison de l'amour. Sachez aussi que cette personne n'a aucune idée de la nature ou de la cause de ses véritables problèmes. Sans choix, l'amour n'existe pas. Quand vous êtes préoccupé par des questions de vie ou de mort, il vous est difficile, sinon impossible, de faire des choix conscients basés sur l'amour. Les choix de survie sont des réactions plutôt que des « créations », et les motivations viennent du désespoir plutôt que du désir. L'énergie agressive liée au schéma de notre naissance est celle que nous reproduisons dans nos réactions instinctives de survie. Lorsque nous pensons que notre vie est en danger, nous nous moquons de ce que nous faisons et de la façon dont nous le faisons. Nous sommes prêts à tout, parce que nous devons survivre.

Tant que ces questions ne sont pas clarifiées, il nous est difficile de vivre une liaison basée sur l'amour et le respect, que ce soit avec nous-mêmes ou avec les autres. Tant que nous pensons qu'un autre que nous détient ou tait un élément essentiel à notre survie, nous sommes incapables de dire la vérité et d'exprimer nos émotions. Notre amour-propre étant amoindri, nous réfutons les réflexes et les instincts naturels du corps et de l'esprit. Si, pour éviter de souffrir ou pour survivre, vous pensez devoir abandonner une part de vous-même, sachez que vous vivez une expérience d'*intervalle* dans le sous-sol de la maison de la vie. Y résider fait de vous une victime. Les enfants se sentent souvent les victimes des « grandes personnes ». Au sous-sol, vous vous apitoyez sur votre sort et vous vous emportez. Vous avez envie de vous assumer, mais vous avez le sentiment de ne pas contrôler votre vie, de ne pas être responsable de ce qui vous arrive.

Lorsque vous vivez au sous-sol, vous vous plaignez de la difficulté de la situation. Vous pensez à tous les « désagréments » qui pourraient survenir si vous essayiez de modifier votre comportement. Au fil de vos liaisons, vous avez fini par vous convaincre qu'il vaut mieux vivre une *relation moyenne* que pas de relation du tout et que, par conséquent, il vaut mieux saisir celle qui passe à votre portée. Un jour, vous comprendrez que cette théorie à laquelle vous avez pensé — ou peut-être n'y avez-vous même pas pensé — est *absurde*. Vous avez agi et vous vous êtes caché dans le but de survivre. Puis vous avez pris conscience qu'il existait une manière plus agréable d'aborder l'existence, et l'envie de modifier ces conditions de vie est née dans votre esprit. Mais pour y parvenir, vous devez d'abord comprendre que la survie ne constitue plus un problème. Vous *avez* survécu. Maintenant, il s'agit de grandir et de vous épanouir.

Quand on n'y voit plus rien, il est temps de nettoyer

Vivre un *intervalle* au sous-sol dépasse le stade de la simple expérimentation de sentiments difficiles. Il est question de faire remonter ces sentiments à la surface tout en supportant, dans la mesure du possible, la souffrance et le drame. Car survivre peut s'avérer douloureux, voire dramatique. L'occupant du sous-sol peut essayer de refouler la douleur, il y parvient rarement. En effet, un problème existant finit toujours par ressurgir. Lorsqu'il apparaît, ceux qui nous entourent le remarquent. Ils peuvent alors nous en parler. L'ennui, pour l'occupant du sous-sol, est qu'il accepte difficilement la critique — synonyme de jugement —, ce qui a tendance à le contrarier et à provoquer le chaos dans son esprit. Dans cette situation, les propos de l'autre le rendent généralement furieux et lui donnent le sentiment de vivre des expériences qui ne font qu'attiser sa colère. Au sous-sol, vous n'accordez aucune attention à ce qui vous arrive et à ce qui se passe autour de vous. Les autres vous observent parce qu'ils ont décelé un problème. Eux savent. Pas vous.

Si vous vivez une liaison de ce type, où vous vous sentez victime, où votre survie semble sans cesse menacée, où seuls vous apparaissent les désagréments de l'existence — arrêtez-vous ! Un problème dont vous n'avez peut-être aucune idée est en train de remonter à la surface. Il peut être lié à vos peurs, à vos croyances ou à ce qui vous a été inculqué dans votre enfance — vous pouvez en effet répéter ce que vous avez entendu ou vu à une époque clé de votre vie. Si tel est le cas, prenez le temps de réfléchir et de vous pencher sur vos pensées et sur vos sentiments, cela vous aidera à comprendre ce qui vous a poussé à adopter tel ou tel comportement. Une fois la cause décelée — ce qui arrive généralement, dans cette circonstance ou des circonstances similaires —, vous serez à même de choisir un nouveau plan d'action car vos anciens comportements ne pourront pas survivre à vos nouveaux choix de vie. Une pratique répétée et cohérente sera nécessaire à l'intégration de ces nouvelles données. Pour vous encourager, dites-vous que la pratique engendre la perfection !

Aimer est synonyme de joie, de paix, d'accomplissement, de sens, d'harmonie, d'abondance et de disponibilité. Persuadés de ne jamais trouver ces trésors en nous, nous les cherchons à l'extérieur, chez les autres. C'est une erreur. Peu d'entre nous l'ont appris, mais ils sont enfouis au plus profond de notre être, et pour les mettre à nu, nous devons à tout prix nous débarrasser des anciens principes qui nous ont été inculqués : « Si tu veux trouver l'amour, fais ceci. Si tu veux le garder, fais cela ! » L'amour n'est pas lié à ce que nous faisons, mais à ce que nous sommes. Nos expériences amoureuses nous aident à nous trouver nous-mêmes, à trouver notre vérité. Nous devons acquérir de nouvelles croyances et de nouveaux concepts pour vivre des relations plus harmonieuses et plus sincères. Dans *l'intervalle,* pendant cette déprogrammation, nous devons vivre des expériences. Il est en effet stimulant de savoir où l'on est et où l'on a envie d'aller, et aussi le travail qu'il reste à faire pour y parvenir.

Ceux qui nous accompagnent sur ce chemin reflètent ce que nous sommes, ou plus exactement ce que nous pensons être. Chaque choix nous offre l'occasion d'agir en accord avec la plus haute essence de notre être, l'âme. Nos relations, et ceux qui les partagent, sont les outils utilisés par Dieu pour *élever l'âme*. Dieu, qui nous a donné la vie, attend que nous ayons une plus haute opinion de nous-mêmes, une plus haute conception de notre comportement envers nous-mêmes et les autres, et de ce que nous sommes prêts à accepter d'eux. Il attend que nous élevions notre conscience de l'amour et des vibrations de cet amour pour être en osmose avec l'énergie implantée au plus profond de nos âmes. Grâce aux liaisons que nous vivons, nous pouvons accéder à notre propre définition de l'amour ou au contraire nous en éloigner. Que ce soit avec nos parents, notre famille, nos connaissances professionnelles ou sociales, nos enfants ou des étrangers, les relations sont à même de façonner et de restructurer notre manière d'être, ce que nous faisons et la façon dont nous le faisons, au nom de l'amour.

Dieu est amour ! Combien d'entre nous connaissent la signification réelle de ces mots ? Peu. Combien d'entre nous ont une perception erronée de Dieu et une conception de l'amour bien plus obscure encore ? Beaucoup — ce qui explique probablement que nombre de nos liaisons ont une étrange saveur. En effet, nos relations sont toujours le reflet de ce que nous avons vu, entendu et appris. En d'autres termes, la façon d'aimer et d'être aimé de ceux qui nous ont façonné, avec ce qu'ils nous ont inculqué afin de réussir, selon eux, à découvrir et à garder l'amour, constituent les ingrédients de base de notre recette personnelle pour accéder à l'amour. Il y a aussi ceux pour qui Dieu n'a jamais existé. Ceux-là effectuent leur quête de la vérité sur l'amour, sur Dieu et sur eux-mêmes, dans l'obscurité la plus totale. Nous sommes tous appelés à découvrir un jour ou l'autre cette vérité. Mais pour y parvenir, Dieu doit revenir dans nos vies. Alors, seulement, nos relations pourront nous aider à nous « déprogrammer », à nous rappeler, à apprendre et à mettre en pratique la vérité que nous avons apprise, sur Dieu, sur l'amour et sur nous-mêmes. Pour y parvenir avec le minimum de souffrances, une seule solution : la volonté.

La volonté est un excellent nettoyant du sous-sol

Une fois que vous aurez vu qu'il y a des fissures dans les fondations de votre vie, et que ces fissures sont à la base de vos erreurs, il vous faudra vouloir modifier votre comportement. Vous avez survécu à vos expériences *d'intervalle* au sous-sol et même si vous ne savez pas encore précisément la nature de vos problèmes, vous sentez que vous avez l'occasion de les résoudre. Cette occasion est un véritable cadeau qui va vous permettre de modifier votre perception de vous-même, de la vie et de l'amour. Mais pour saisir cette chance d'effectuer le nettoyage en profondeur qui vous permettra de quitter le sous-sol, vous devez tout d'abord en avoir envie. Grâce à la volonté, vous comprendrez que les expériences vécues dans ce lieu obscur sont destinées à vous préparer à accomplir la lourde tâche qui vous attend. Vous êtes prêt, désormais, à entreprendre le voyage le plus exaltant de votre vie — le voyage à travers la maison de l'amour.

Vous savez qu'il sera laborieux. En revanche, ce que vous ignorez peut-être encore est qu'il va vous apporter de grands bonheurs. Mais pour tirer au mieux parti de ce cadeau, votre esprit doit être « désinfecté », grâce à la volonté. Elle agit comme un produit capable de nettoyer la saleté accumulée au fil des expériences et des liaisons passées. Si vous êtes resté un long moment dans le sous-sol, vous risquez de découvrir beaucoup de colère accumulée. Afin de l'éliminer, une seule clé, là encore : la volonté. Une fois que vous aurez décidé de grandir, vous ne ferez plus porter aux autres la responsabilité de vos souffrances. Vous serez en colère contre vous-même parce que vous comprendrez à quel point vous avez contribué à créer vos propres problèmes. Vous comprendrez également que le but de ces relations vécues dans la douleur était de vous enseigner la vérité sur vous-même et de vous rappeler la vérité sur Dieu, sur cet amour qui repose dans l'essence même de votre âme.

La volonté est aussi un excellent décapant visuel. Elle nous offre la possibilité de nous voir dans ceux qui nous entourent. Dans une relation, les actes, le comportement et les croyances des autres nous renvoient notre image. D'une certaine manière, nos partenaires nous font et nous disent ce que nous nous sommes fait et dit à nous-mêmes. Parfois, nous nous reconnaissons dans leur comportement. Ils nous révèlent nos bons et nos mauvais côtés, mais aussi certaines facettes de notre personnalité que nous ignorions et que nous ne saurions pas nommer. La volonté agit comme un agent antibactérien et nous débarrasse des « germes » de la culpabilité, de la honte, de la colère, de la peur et du ressentiment qui nous empêchent de nous voir avec lucidité. Une fois notre vision clarifiée, nous pouvons enfin comprendre avec exactitude qui nous sommes, ou qui nous pensons être, en étudiant ce que nous attendons et tolérons des autres.

Si elle est utilisée avec générosité, la volonté gommera les rugosités de votre cœur. Au contraire, si vous montrez des signes de résistance, vous risquez de vous retrouver dans une impasse ! Dans ce cas, il se peut que vous ayez envie de vous arrêter et de dire : « Ce que je vois n'est pas mon véritable reflet ! Je vais faire un autre choix ! Je vais changer d'avis ! » — ce qui serait déjà une admirable preuve de volonté. Vous pouvez aussi découvrir une saleté incrustée nécessitant un nettoyage en profondeur. Dans ce cas, criez et pleurez, pardonnez-vous pour avoir cru vous être trompé. Rappelez-vous que vos réactions étaient liées à votre besoin d'effacer certains schémas.

Lorsque vous aurez séché vos larmes, ne marchez pas mais courez jusqu'au miroir le plus proche. Là, regardez-vous droit dans les yeux et dites-vous : « Je t'aime ! »

ON REÇOIT CE QU'ON DONNE !

Jack a entamé la conversation en avouant à Helen combien il l'aimait. Puis il lui a annoncé qu'il allait s'en aller. Avant qu'elle ne réagisse, il a poursuivi en déclarant qu'il lui était reconnaissant de toutes ces années passées ensemble, mais qu'il était préférable, pour elle comme pour lui, qu'ils se séparent. Ignorant son rire nerveux et ses hochements de tête, il a reconnu l'avoir épousée afin d'essayer d'accéder à un bien-être personnel. À l'époque, leur union lui avait semblé être une bénédiction ; à présent il s'apercevait à quel point elle avait été négative pour eux deux. Elle était debout. Il s'est assis et a continué.

À la mort du bébé, il n'avait pas pu trouver la force ou le courage de partir. Il avait espéré qu'elle changerait d'avis et accepterait d'avoir un autre enfant. Est-ce qu'elle se souvenait combien de fois ils avaient abordé le sujet ? Elle est allée s'asseoir. Il s'est levé. Un enfant leur aurait peut-être apporté ce qui leur manquait, un intérêt commun, un dérivatif qui les aurait aidés à ne plus se critiquer et s'énerver l'un après l'autre. Pourquoi est-ce qu'elle n'avait pas voulu en avoir d'autre ? Était-il si lamentable ? Était-ce pour ça qu'elle s'était toujours montrée aussi distante, indifférente, même lorsqu'ils faisaient l'amour ? Il avait toujours eu l'impression qu'elle était ailleurs avec un autre, n'importe qui sauf lui.

Elle s'est mise à pleurer, alors il est venu s'asseoir près d'elle, a passé un bras autour de ses épaules et a pleuré aussi. Qu'était-il arrivé à son amie, sa meilleure amie ? Il pouvait dire tout ce qu'elle avait fait ou au contraire évité de faire au cours de ces quatorze dernières années pour détruire leur amitié, mais ça n'avait plus d'importance. Il savait qu'elle était malheureuse et il l'était aussi. Il pleurait sur lui-même et sur sa vie. Il avait besoin de temps pour penser, se ressaisir, se désintoxiquer de la télé. Il avait envie de lui donner tout ce qu'elle voulait. Il n'était pas en colère, il se sentait infiniment triste, au plus profond de son être, et il avait besoin d'agir pour se libérer de cette sensation. Il ne pensait pas pouvoir y parvenir dans le mariage. Il n'en avait pas envie. Il voulait partir. Il en avait besoin. Il était désolé de ne pas l'avoir fait plus tôt. S'il en avait eu le courage, peut-être que ça ne serait pas si pénible aujourd'hui. Est-ce qu'elle pouvait le laisser partir sans discuter ? De toute façon, il partirait, même si elle faisait un scandale. Qu'est-ce qu'elle voulait ? Qu'est-ce qu'il pouvait faire ?

Ce qui siège dans notre âme détermine la nature des expériences et des situations qui émaillent nos vies. Ces expériences nous guérissent ou nous blessent profondément. Lorsque l'amour et la volonté s'ajoutent à l'équation de la vie, nous guérissons en dépit de tous nos mauvais choix ou mauvaises décisions. Pour la première fois depuis quatorze ans, Helen a expliqué à Jack pourquoi elle l'avait épousé. Elle s'est étonnée en s'entendant lui dire que c'était pour rendre jaloux son amour de jeunesse. Quand nous avons envie de guérir, nous formulons des mots ou faisons des choses que nous serions incapables de dire ou de faire dans des circonstances normales, par peur. Helen a continué en avouant qu'elle n'avait pas voulu d'enfant avec lui parce qu'elle n'avait jamais abandonné l'espoir que Jamie lui reviendrait un jour.

Elle a reconnu que c'était terrible de s'être mariée pour cette raison et a ajouté qu'elle en serait éternellement désolée. Elle avait vécu leur union dans la colère et la douleur. Helen a réalisé qu'elle n'avait jamais accepté d'être rejetée par Jaimie, et aussi qu'elle n'avait jamais donné la moindre chance à Jack. Elle s'est encore excusée. Elle ne voulait pas qu'il s'en aille mais elle ne voulait pas non plus qu'il reste. Elle avait peur. Elle ne savait plus où elle en était. Elle aussi avait besoin de temps pour réfléchir, pour se ressaisir et essayer de voir ce qu'elle allait faire de sa vie. La seule chose qu'elle lui demandait était de partir sans bruit et de ne pas le dire à sa mère. En attendant, il pouvait rester jusqu'à ce qu'il trouve un endroit où aller. Jack est resté deux ans avec Helen, et il est parti quand Jamie a divorcé.

LE REZ-DE-CHAUSSÉE

Quelle est cette odeur épouvantable ? Vous êtes-vous aperçu que vous la sentez uniquement lorsque vous ouvrez le réfrigérateur ? Le problème, c'est que vous n'avez aucune idée de son origine. Est-ce que c'est cette moisissure verte dans le bol ou ce filet brunâtre dans la feuille d'aluminium ? Ou ces légumes qui pourrissent ? Qui aime nettoyer un réfrigérateur ? C'est une vraie corvée, qui en plus prend du temps, donc nous avons tendance à la différer pendant des jours, parfois des semaines, et à nous demander pourquoi c'est toujours à nous de faire ce sale boulot ! Puis, un jour, nous voyons que nous n'avons plus le choix et que nous devons nous y résoudre. Autour de nous, tout le monde perçoit l'existence d'un problème devenu désormais trop gênant pour que nous puissions l'ignorer. Dieu merci, il n'en va pas de même dans la buanderie ! Là, au moins nous pouvons cacher ce…
STOP ! Pourquoi ? Pourquoi laisser s'accumuler les désagréments et les problèmes ? Que ce soit devant une pile de linge sale ou dans une relation, il serait tellement plus simple de les gérer dès leur apparition. En général, lorsque nous nous retrouvons devant une pile de linge impressionnante ou au cœur d'une discussion trop vive, nous nous jurons de le faire. Mensonge ! Nous le savons pertinemment, mais nous savons aussi que plus nous tentons d'occulter un problème, plus il empire. L'odeur nauséabonde risque alors de s'insinuer dans chaque recoin, le sac de linge d'éclater sur le sol et la colère contenue de se transformer en une altercation sérieuse. Que ce soit dans le réfrigérateur, la buanderie, ou dans nos relations, un seul mot d'ordre : *Vigilance et action immédiate !* Avant de ressentir une gêne ou l'émergence de la douleur.

Chapitre 4
La lessive

Lynn et Steve étaient mariés depuis dix-neuf ans — autant dire, depuis toujours. Ils avaient deux enfants formidables, un garçon de quinze ans et une fille de treize ans. Steve était le seul homme que Lynn ait jamais connu. Aujourd'hui, c'était son mari et, pensait-elle, son meilleur ami. Leur mariage tenait la route. Lynn était brillante. Très brillante. Steve, lui, n'avait que le bac et était fonctionnaire dans un organisme gouvernemental. Lynn travaillait à plein temps et suivait des cours du soir. Financièrement, ils étaient un peu justes, mais ils s'en sortaient sans lutter véritablement.

Au milieu de leur dix-neuvième année de mariage, Steve a commencé à se comporter *curieusement,* comme un imbécile : seul un imbécile patenté pense avoir le droit de se comporter ainsi ! Il s'est mis à découcher en semaine et à ne plus avoir un sou en poche ! Combien de fois peut-on se faire dépouiller en un mois, même à Los Angeles ? Lynn ne comprenait pas ce qui se passait. Après un petit *interrogatoire conjugal,* elle a découvert que son meilleur ami et mari avait un problème : il consommait de la cocaïne, dépensait tout son argent pour en acheter et traînait partout où il était susceptible de s'en procurer. Peu de temps après cette stupéfiante découverte, Steve a provoqué un tel chaos dans son travail qu'on l'a congédié. En réalité, son licenciement était lié à son problème de drogue — on avait découvert qu'il en avait apporté sur un lieu appartenant au gouvernement !

La vie est parfois difficile, mais Dieu ne vous abandonne jamais. Comme Steve était employé dans cette administration depuis des années, il n'a pas été licencié mais *invité* à démissionner sans qu'aucun rapport accablant ne soit inséré dans son dossier.

Lynn a posé très peu de questions et Steve ne lui a donné aucune explication, mais sur son *insistance conjugale*, il a entamé une cure de désintoxication. Lynn l'a soutenu dans cette épreuve. Neuf mois après les quinze mois de traitement, il n'avait toujours pas retrouvé de travail, et elle faisait tout ce qui était en son pouvoir pour maintenir leur mariage à flot et sauver leur situation financière. À présent, ils devaient lutter. Des amis leur avaient prêté de l'argent, car Lynn était le genre de personne qu'on a sincèrement envie d'aider. À côté de ça, Steve continuait de passer ses nuits à l'extérieur.

Pour jouer, il faut connaître les règles !

Vous êtes l'amour que vous recherchez. Le compagnon que vous désirez avoir. Vous vous comblez vous-même. Vous êtes votre propre accomplissement, votre propre entité. Vous êtes votre meilleur ami, votre confident. « Vous êtes », comme l'a écrit la poétesse Audre Lourde, « l'être que vous recherchez. » Le seul à pouvoir faire ce que vous attendez des autres. Lorsque vous cherchez l'amour, ou un travail, dites-vous que vous déposez tous vos biens sur la table — votre âme, votre esprit, et votre corps. Or, si vous n'êtes pas en harmonie avec vous-même ou avec ce que vous possédez, comment pouvez-vous espérer voir vos désirs se concrétiser ? Si vous vous retrouvez sur la *case amour* sans connaître la vérité sur vous-même, vous courez forcément aux ennuis. Dans ce cas, mieux vaut faire vos valises et retourner chez vous. Sinon, ce que vous risquez de découvrir pourrait vous faire chuter avec brutalité !

Quand vous avez appréhendé une situation, vous êtes à même d'agir et de la vivre en fonction de ce que vous avez appris. Quand cette situation vous échappe encore mais que vous avez entraperçu son existence, vous essayez de comprendre. La plupart d'entre nous essayent à tout prix de comprendre ce qu'il faut faire pour améliorer leurs relations et les faire fonctionner parce qu'un élément leur a échappé. Ils ont sauté une étape et ils veulent *aimer les autres* avant de *s'aimer eux-mêmes.* S'aimer signifie prendre le temps de se sourire, de s'écouter et de se bercer avec tendresse. Si nous passons à côté de ces bienfaits, ce que nous recherchons si désespérément dans nos relations nous échappera toujours. L'acceptation totale, la reconnaissance honnête, le soutien confiant et le respect de soi sont les ingrédients nécessaires à l'épanouissement d'une liaison saine. Et c'est en s'aimant soi-même qu'on se prépare le mieux à accomplir ce travail, parfois pénible mais nécessaire à l'établissement et au maintien de ces relations. Sans amour de soi, on est assuré de se perdre dans un méandre de problèmes.

Si vous voulez acheter une maison, vous passez du temps à étudier les différentes caractéristiques de votre future habitation — la taille de la cuisine, le nombre de chambres et de salles de bain — et vous définissez avec précision ce que vous voulez avant de vous lancer dans vos recherches. Il en va de même en amour. Avant de partir en quête de l'amour idéal, il faut avoir une idée précise de ce qu'on en attend. Certains se précipitent et acceptent ce qui leur paraît correct sans savoir réellement *si ça l'est.* Ce qui est bon pour vous est ce qui répond à vos besoins, exalte vos qualités, amène votre conscience à déterminer ce qui est « bien » et « mal » dans votre vie. Et ce qui est bon pour vous se révèle finalement bon pour ceux que vous avez invités dans votre vie.

Après avoir, pendant plusieurs semaines, assisté sans réagir à l'étrange comportement de Steve, Lynn a décidé de faire une petite *enquête conjugale.* Elle l'a suivi une nuit et a vu leur voiture garée dans une rue bordée d'immeubles d'habitations. Au bout de quelques jours, avec l'aide d'une amie qui avait une voiture, elle a retrouvé, comme elle s'y attendait, le véhicule familial garé devant l'un de ces immeubles à deux heures du matin. Pendant les deux semaines qui ont suivi, Lynn et son amie se sont rendues chaque nuit dans cette rue. Chaque nuit, la voiture de Steve était garée devant un immeuble différent, il était donc difficile de déterminer l'endroit où il allait — mais il allait *droit en enfer* si Lynn mettait la main sur lui. Comme elles ne l'avaient jamais vu entrer ou sortir d'un immeuble, elles ne savaient toujours pas chez qui il allait. Malgré tout, Lynn a confié à son amie que la *patience conjugale* portait toujours ses fruits.

Pendant tout ce temps, elle ne parlait jamais à Steve de ses découvertes — elle ne l'affrontait pas et ne lui posait aucune question. Elle essayait de garder sa dignité qui, chaque nuit, était bafouée dans Beacon Street ! Tandis qu'elle faisait de son mieux pour y parvenir, son amie lui rappelait sans cesse : « Depuis deux ans, il dépense tout son salaire dans la cocaïne ! Il ne travaille pas, tu l'entretiens et il ne trouve rien de mieux à faire que de fréquenter une autre femme ! » Elle enfonçait le clou : « Ouvre les yeux, ma belle ! Si c'est ça l'amour, alors je t'en supplie, déteste-moi ! »

Lynn l'écoutait avec attention, puis elle lui répondait : « Je ne divorcerai pas. Le divorce est un péché. Mes enfants aiment leur père et je ne leur ferai jamais subir pareille épreuve. C'est mon mari, nous pouvons surmonter cette crise. » Pendant cet *intervalle*, Lynn n'a jamais cessé de prier. Elle a même envisagé de consulter un médium pour avoir une idée exacte de l'adresse où il se rendait. Finalement, avec l'aide de son amie, elle est retournée à Beacon Street un matin à huit heures — elle avait étudié le manège quotidien de Steve. Il quittait la maison vers dix-sept heures, avant son retour. Ensuite, il disparaissait et revenait le lendemain vers neuf heures, heure à laquelle elle appelait du bureau. Cela signifiait qu'il devait quitter son refuge vers huit heures trente. C'est son amie qui a eu l'idée de se cacher dans les buissons et d'attendre. Suspense et intensité dramatique étaient au rendez-vous — ainsi qu'un adorable petit chien qui a failli mourir de peur en les découvrant au moment où il allait se soulager sur la jambe de Lynn ! De quoi, déjà, compenser tous leurs efforts. À huit heures vingt, Steve est sorti d'un immeuble, il a pris sa voiture et a démarré. À présent, elles connaissaient l'adresse — il ne leur restait plus qu'à découvrir le numéro de l'appartement.

FAITES RÉGULIÈREMENT SURVEILLER VOS YEUX !

Que regardez-vous ? Que cherchez-vous ? Avec quoi regardez-vous ? Ces trois questions sont essentielles à la découverte du véritable amour. Si vous êtes myope ou hypermétrope, si votre vision est floue, vous risquez de le laisser passer lorsqu'il surgira dans votre vie. De même, si vous ignorez ce qu'il est et où le rechercher, il sera difficile de le reconnaître. Et si l'image que vous en avez est écornée ou passée, certains détails essentiels risquent de vous échapper. C'est pour cette raison que vous devez constamment contrôler votre vision de l'amour et ce que vous en attendez.

Si vous n'arrivez pas à discerner ce qui vous blesse, c'est peut-être que vous vous êtes enfermé dans un rôle qui n'est pas, ou plus, le vôtre. Si vous ne pouvez pas déterminer l'origine de votre désarroi, vous regardez peut-être dans la mauvaise direction, à moins que votre quête ou vos intentions ne soient fausses. En amour, il n'est jamais question de vengeance ou de violence. Jamais question non plus de lutte ou de cassure. L'amour est une énergie communicative qui conduit au partage, au don, à la création et à la guérison. Source d'énergie, il vous encourage à faire et à donner toujours plus : aimer davantage — que ce soit au travers de vos actes ou de votre comportement —, partager et donner plus de cet amour qui est en vous, à plus de monde.

Aimer et être aimé implique une grande responsabilité. Il faut apprendre à se regarder et à regarder ceux qui nous aiment avec une vision élargie, tout en sachant que rien, jamais, ne demeure identique. Parfois, ce que vous regarderez dépassera votre champ visuel, ou sera hors de votre atteinte. Aimer et être aimé signifie également que vous devez toujours viser ce qui est « bon » : les bonnes qualités, le bon potentiel, le bien que vous faites et le bien qu'on vous fait. Pour cela, apprenez à poser sur vous-même un regard compatissant et indulgent, confiant, sincère, doux, aimable, qui, au-delà du seul comportement, plongera au cœur même de votre être, dans votre âme. Il se peut que cette tâche vous décourage. Parfois, aussi, vous ne saurez pas comment l'aborder. Afin d'y parvenir, gardez toujours à l'esprit que la force de l'amour est là pour vous guider. Peu importe ce que vous faites ou la façon dont vous le faites, l'amour sera toujours présent.

Une fois que vous aurez accepté cette responsabilité en portant sur vos actes un regard indulgent, il vous sera plus facile d'aimer ceux qui ont joué un rôle dans votre vie et vous pourrez alors passer à l'étape suivante, qui consiste à recevoir l'amour inconditionnel d'autrui. Pour beaucoup d'entre nous, il est plus facile de donner que de recevoir. En effet, recevoir signifie accepter que ce qui nous arrive soit le reflet de ce que nous méritons. Les opportunités, les moyens, le temps et l'énergie que les autres nous offrent dépendent de l'amour que nous éprouvons pour nous-mêmes, et de l'amour que nous leur donnons. Recevoir peut alors devenir un véritable défi, car il n'est pas toujours facile de croire que nous méritons ce qui nous est donné.

Il vous sera tout aussi difficile de recevoir si vous doutez de la motivation des autres. C'est ici qu'entre en jeu la nécessité d'apprendre à se faire confiance et à faire confiance aux autres. Sans confiance, il est impossible d'accéder à l'amour absolu. Sans confiance, vous demeurerez à jamais dans le doute. Vous penserez toujours être redevable de quelque chose envers votre partenaire et il vous sera alors difficile, sinon impossible, d'être honnête avec lui. Comment dire la vérité à quelqu'un dont on a peur ou dont on est dépendant ? Comment exprimer ce qu'on ressent si l'on pense être redevable de l'amour qu'on reçoit ? Pour dissiper ces pensées, rappelez-vous toujours qu'on vous aime et que vous méritez l'amour sous toutes ses formes.

Dans cet état d'esprit, vous pourrez accepter ce qui vous est offert sans éprouver le sentiment d'avoir été contraint. Si votre partenaire tente de vous faire ressentir cette notion d'obligation, vous pouvez lui rappeler, et vous rappeler, que *Dieu se sert de nous*, que Dieu nous utilise les uns et les autres pour nous faire connaître notre place dans la maison de l'amour. Or comment nier à Dieu le privilège de nous montrer à quel point Il nous aime ! Si vous avez du mal à recevoir, peut-être avez-vous sauté une étape. Ne vous inquiétez pas, vous aurez l'occasion de revenir sur vos pas et de clarifier ce qui vous a échappé.

Armée de cette nouvelle information, Lynn a continué à prier. Elle s'est aussi rendue chez un médium quand son amie a déclaré forfait : ces jeux d'espion la fatiguaient et ils avaient fini par provoquer des problèmes dans son propre couple. Le médium n'a rien dit à Lynn qu'elle ne savait déjà, et ne lui a pas donné le numéro de l'appartement. Ça n'avait pas d'importance. Parce qu'elle l'imaginait au bord du précipice, son amie est revenue vers elle. Un *véritable ami* ne vous abandonne jamais. Sans la prévenir, elle a appelé Lynn un vendredi soir pour lui dire qu'elle allait passer la prendre. Puis elle l'a emmenée dans une vieille église baptiste installée au coin d'une rue. Le sermon traitait précisément de ce que Lynn était en train de vivre : comment ne pas laisser ceux qui vont mal nous entraîner dans leur perte ? Après le sermon, l'amie de Lynn l'a prise par la main et elles sont sorties devant l'église où s'étaient regroupées les femmes. S'approchant de la plus grande, la plus forte et la plus sérieuse, elle l'a interpellée : « Mon amie a besoin que vous priiez pour elle ! Je vous en prie ! »

Tout de suite, le visage de la femme a montré une expression d'inquiétude affectueuse. Elle n'a pas répondu, n'a pas posé de question. Elle a fait signe aux autres de la rejoindre. Elles ont entouré Lynn et se sont mises à prier — ou plutôt à chanter et psalmodier, se livrant à un rite inconnu de Lynn et de son amie. Lorsqu'elles ont eu terminé, Lynn s'est agenouillée et s'est mise à pleurer au milieu du cercle. Son amie s'était appuyée contre le mur et pleurait aussi. Plus tard, Lynn lui a avoué qu'elle avait vécu cet épisode comme une expérience intense et surprenante, et elle a promis de cesser ses investigations nocturnes dans Beacon Street.

AFFRONTEZ LES DIFFICULTÉS AVEC COURAGE

Vous pourriez croire qu'avec toutes les épreuves que vous avez vécues et qui vous ont fait grandir, la tâche allait se simplifier. Ce n'est pas le cas dans la maison de l'amour. La vérité est que peu de gens parviennent à aller au bout du chemin, le travail devenant de plus en plus difficile au fur et à mesure de la progression. Mais ce sont toujours les meilleurs étudiants qui subissent les épreuves les plus complexes ! L'amour n'est pas un jeu. C'est pourtant ainsi que le considèrent la plupart d'entre nous. Combien de fois nous arrive-t-il de jouer avec ce sentiment, de jouer à donner la meilleure image de nous-mêmes ? Mais vient le moment où nous devons cesser de jouer et agir ! Vous vous dites prêt à apprécier les avantages tirés d'une totale acceptation de vous-même. Vous pensez vouloir connaître la bénédiction d'une relation aimante et engagée. Vous croyez pouvoir vivre et illustrer la véritable signification de l'amour inconditionnel. Prouvez-le !

Pour atteindre le premier étage de la maison de l'amour, vous devrez avoir envie d'offrir aux autres un amour absolu en toutes circonstances. Pour cela, il vous faudra accepter l'entière responsabilité de vos actes et de la manière dont vous les accomplirez. La responsabilité totale et absolue de l'expression de l'amour, en toutes circonstances, est le seul nettoyant spirituel qui pourra vous aider à venir à bout de cette tâche.

Si vous voulez prendre vos responsabilités, jetez un regard sur votre vie et apprenez à tirer les leçons de vos expériences. En effet, elles vous fourniront une formule applicable à toutes les situations où vous aurez besoin de recueillir de nouvelles informations sur vous-même. Une fois que vous aurez accepté de tirer un enseignement de ces expériences passées, vous serez prêt à réfléchir : tout d'abord à ce que vous avez appris, puis à ce que vous n'avez pas su discerner, et enfin à ce qui vous a échappé. Cette réflexion qui, parfois, s'apparente à la méditation, est liée à votre volonté d'évoluer. Combinés, ces deux puissants nettoyants spirituels vous permettront d'assumer l'entière responsabilité de l'amour qui règne dans votre vie ou dans vos relations. Ce jour-là, votre travail au rez-de-chaussée sera pratiquement parvenu à son terme.

Quelques jours plus tard, Lynn triait du courrier et de vieux papiers quand elle a découvert une enveloppe avec l'adresse, le nom et le numéro de l'appartement de Beacon Street. Cette enveloppe se trouvait probablement dans le bric-à-brac du secrétaire depuis le début ! Elle a averti son amie qui est venue l'accompagner, sans doute pour la dernière fois, à Beacon Street. Lynn était dans un état second. Mystérieusement calme, presque sereine. Elle avait le regard fixe et ne parlait pas. Avant que la voiture ne soit garée, elle s'est dirigée vers l'immeuble. « Où vas-tu ? » Ses yeux glacés inquiétaient son amie. « Que vas-tu faire ? Que vas-tu lui dire ? » Lynn ne répondait pas, ne jetait pas un regard en arrière.

Elle avançait comme un automate. Elle a repéré la sonnette et appuyé plusieurs fois. Derrière elle, son amie lui répétait les mêmes questions. Lynn continuait d'appuyer sur la sonnette. Une voix s'est élevée : « Qui est-ce ? » « Oh, mon Dieu, c'est Steve ! C'est lui qui répond ! Quel imbécile ! » s'est dit l'amie de Lynn. Lynn a répondu aussi calmement que si elle faisait du porte-à-porte : « C'est moi. » La porte s'est ouverte et elle est entrée dans l'immeuble. Bouche bée, son amie est restée pétrifiée. Puis Lynn s'est engouffrée dans ce maudit appartement, qui se trouvait au rez-de-chaussée à moins de dix mètres de la porte d'entrée !

Quarante-cinq secondes plus tard — quarante-cinq secondes ! —, Lynn est ressortie avec Steve. Une chemise blanche était jetée en travers de son épaule gauche. (Il est étonnant de voir quels détails vous frappent lorsque vous êtes en état de choc !) Il a suivi Lynn hors de l'immeuble. Au passage, Lynn a saisi la main de son amie tétanisée. Et pour la première fois depuis le début de la journée, elle lui a adressé la parole : « Je rentre à la maison trier mon linge. »

Comment réparer un cœur, une âme, ou un esprit brisé ?

La vérité est la mère de l'amour. Or nous savons tous qu'il est imprudent de mentir à une mère qui, de toute manière, finit toujours par découvrir la vérité et nous le fait payer ! La capacité de se regarder avec honnêteté, de reconnaître et d'accepter ce qu'on découvre est l'un des défis les plus difficiles que la vie ait jamais donnés à l'être humain. Ce qui rend la tâche plus difficile encore est notre propension à traduire cette découverte par : « Quel est mon problème ? » Aucun ! Si ce n'est que certains aspects de notre vie exigent que nous leur accordions une attention particulière. Certains nécessitent un travail de fond, d'autres un soin attentif. Cette réalité étant la même pour tous, il n'y a rien dont nous devions avoir honte ou nous sentir coupables. Mais tant que nous ne sommes pas en mesure de reconnaître notre vérité sans honte ni reproche, nous nous tenons du mauvais côté de la vérité. Il devient dès lors essentiel, pour notre survie et notre évolution, de jeter tous les jours un regard sur nous-mêmes, sur nos actes et les raisons qui nous ont poussés à agir. Si nous ne le pouvons pas, et si, tout simplement, nous refusons de le faire, le véritable sens de l'amour continuera à nous échapper.

Si vous vivez dans la confusion, peut-être avez-vous besoin d'affronter la vérité. L'incapacité d'accepter, d'exprimer et d'entendre la vérité entraîne une grande confusion mentale et émotionnelle. Trop souvent, dans les liaisons amoureuses, nous la taisons de peur de faire souffrir l'autre ou de trop nous dévoiler. Parfois aussi, nous pensons que notre vérité est *inexacte, qu'il est impropre de ressentir ou d'exprimer tel ou tel sentiment.* Or toute vérité est juste dans la mesure où elle l'est pour vous-même et résulte d'une réflexion approfondie de vos sentiments. Elle est basée sur vos expériences personnelles et peut tout au plus être floue et alors nécessiter une mise au point, ce qui ne la rend en aucun cas inexacte. La vérité est toujours la vérité et l'amour issu de cette vérité nous permet de reconnaître, d'accepter et d'exprimer sans crainte « notre » vérité, laquelle nous permet de recevoir celle des autres sans souffrir.

Il n'est pas toujours facile d'exprimer sa vérité, mais cette vérité qui était la nôtre hier ne l'est peut-être plus aujourd'hui. Souvent, nous n'aimons pas entendre cette vérité de la bouche des autres, mais nous devons être prêts à le faire. L'exprimer et l'écouter est une autre façon de l'accepter. Si nous voulons découvrir la véritable signification de l'amour, nous devons être prêts à reconnaître cette vérité qui nous vient des autres. Si nous n'en sommes pas capables, l'amour ne sera pas au rendez-vous et nous agirons dans la peur. C'est alors qu'il nous faudra prier pour notre guérison.

Cher Dieu,
Guide mes mots afin que je puisse exprimer la vérité dans la conscience de l'amour. Ouvre mon esprit et emplis-le d'amour. Ouvre ma bouche et emplis-la d'amour. Fais que mes paroles soient perçues par des oreilles aimantes. Maintiens-moi dans un état d'amour conscient et constant afin que je puisse laisser parler mon cœur avec amour, avec le désir de guérir. Je sais que mes paroles viennent de

mon expérience. Je prie pour pouvoir les prononcer avec amour et recevoir l'amour en les exprimant. Merci, mon Dieu ! Je sais que tu entends ma prière !

Ou :

Cher Dieu,
Ouvre mes oreilles afin que je puisse entendre dans la conscience de l'amour. Emplis mon esprit d'amour. Emplis mon cœur d'amour. Fais que l'amour m'imprègne pour que je puisse entendre avec clarté et amour. Je respecte les paroles que j'entends dans la conscience de l'amour, pour qu'elles deviennent une expérience de guérison et d'amour. Je sais que ces paroles reflètent la vérité de l'expérience des autres. Je prie pour être capable de les entendre avec amour, et pour que le courage de la sagesse divine m'emplisse. Merci, mon Dieu ! Je sais que tu entends ma prière.

Une dose quotidienne de sérum de vérité nous permet de dire et d'entendre la vérité sans crainte. Si nous y parvenons, c'est que nous sommes prêts à reconnaître et à exprimer les émotions tirées de nos expériences, mais aussi à permettre aux autres d'agir de la même manière. En révélant aux autres la vérité de nos expériences, nous comprenons que leurs réactions sont des *choix* personnels qui ne relèvent en aucun cas de notre responsabilité. En effet, réagir avec amour ou dans la crainte est un choix. En écoutant la vérité issue de l'expérience des autres, nous prenons conscience que cette vérité n'est pas la nôtre. Si nous parvenons à écouter avec un esprit ouvert et un cœur aimant, la vérité nous mènera sur le chemin de la guérison et non de la souffrance. La construction d'une liaison durable et empreinte d'amour, que ce soit avec nous-mêmes ou avec autrui, n'est possible qu'à partir d'un état conscient où règnent la vérité et le désir de l'exprimer et de la reconnaître. Sinon la peur, et non l'amour, sera au rendez-vous.

Il s'est écoulé trois jours d'enfer silencieux avant que Lynn ait le courage de poser à Steve les questions fatidiques : Depuis combien de temps ? Quand ? Pourquoi ? Qui est-ce ? Il a répondu à tout ce qu'elle a fini par oser lui demander — avec honnêteté, en soutenant son regard. Il a endossé l'entière responsabilité de ses actes, tout en commençant par lui dire qu'elle était trop affairée pour se soucier de quoi que ce soit. L'infidélité de notre partenaire peut induire un sentiment de trahison et de blessure, donner à penser que nous l'indifférons et qu'il bafoue notre estime. Toutefois, il ne faut jamais laisser l'autre rejeter sur soi la responsabilité de ses actes. Jusqu'ici, Lynn s'était tue parce qu'elle refusait d'accuser Steve sans preuve — elle était étudiante en droit criminel ! Surtout, elle n'avait pas voulu courir le risque d'affronter son mensonge. S'il lui avait menti, elle aurait cessé de le respecter et elle savait combien il est difficile d'aimer un menteur. Mais elle était prête à assumer sa part de responsabilité. Lorsque vous endossez la responsabilité de vos actes ou de votre inertie, de vos désirs — sans les juger —, lorsque vous êtes prêt à dire la vérité, vous savez si oui ou non vous devez rester.

Ayez une meilleure opinion de vous-même

Lorsque j'occupais le rez-de-chaussée de la maison de l'amour, j'étais encore préoccupée par l'amour physique et la satisfaction qu'il engendre. Non pour des raisons de survie mais simplement parce que je ne connaissais rien d'autre. Je ne cessais de me demander pourquoi je n'étais pas assez jolie et désirable, pour quelle raison je ne parvenais pas à trouver un homme qui m'aime, un homme qui me considère comme unique et pour lequel je me sentirais unique. En l'absence d'une vraie liaison amoureuse, j'avais le sentiment d'être aussi imparfaite qu'inutile. Bien sûr, je n'en parlais à personne. J'en étais incapable, essayant par tous les moyens de me convaincre que j'étais une fille charmante, qu'on pouvait et qu'on devait aimer. Avec un problème à la clé : je n'en pensais pas un traître mot ! D'une certaine façon, j'étais persuadée d'être détruite. Je n'*accusais* pas mon enfance, même si je ne pouvais pas m'empêcher de penser qu'elle avait fortement contribué à m'amener là où j'en étais. Je n'avais jamais vu mes parents dans de vrais échanges affectifs et ils ne m'avaient que trop rarement manifesté leur affection. Une fois encore, j'étais seule pour comprendre. Et je dois avouer que je n'étais pas très douée.

Ai-je mentionné que j'étais grosse ? Lorsque je vivais dans le sous-sol, j'essayais d'oublier mon malheur en mangeant. Je voulais mettre fin à ce cercle infernal, mais j'en étais incapable. En me jetant sur la nourriture, je tenais l'excuse idéale pour expliquer le fait qu'on ne m'aimait pas. N'ayant trouvé aucune autre raison, j'en avais fabriqué une : si je grossissais, il était évident que les autres ne pourraient pas s'intéresser à moi. Je me persuadais que les « gros » ne méritaient pas d'être aimés. Ne vous inquiétez pas, je n'ai jamais fait ouvertement part de mes réflexions, je me contentais de penser et d'agir inconsciemment en fonction de cet état de fait. Quelle perte de temps ! Le fait de grossir n'arrangeait rien, mais me permettait au moins de détenir une explication plausible. En revanche, ça ne m'empêchait pas de continuer à m'interroger. À interroger Dieu. Je ne pensais pas recevoir de réponses, mais j'ai appris depuis que la réponse était toujours contenue dans la question.

Onze ans plus tard, Lynn et Steve étaient toujours ensemble. Il leur avait fallu tout ce temps pour nettoyer leur « linge », mais cet *intervalle* interminable avait fini par porter ses fruits. L'épreuve leur avait beaucoup appris et ils étaient tous deux prêts à accomplir le travail nécessaire pour débarrasser leur relation de tous les nuages qui l'avaient assombrie. Ils étaient prêts à guérir. Pendant longtemps, Lynn avait évité les problèmes et elle reconnaissait finalement avoir vécu dans le refus : le refus d'admettre qu'elle ne satisfaisait peut-être pas tous les besoins et les désirs de son mari. Plutôt que d'affronter cette vérité, elle avait préféré vivre dans le flou artistique, une réaction instinctive et non intentionnelle. Son mari, son meilleur ami, avait eu des soucis — non seulement des soucis liés à la drogue, mais aussi des soucis moraux, émotionnels et spirituels — et elle s'était sentie démunie devant lui. Elle avait pourtant fait de son mieux pour endosser sa part de responsabilités, mais pas une fois ils n'avaient réellement abordé le problème de la drogue. Lynn ne connaissait toujours pas les raisons qui avaient poussé Steve à en consommer. Il refusait de partager ces détails avec elle. Lorsqu'elle repensait à ce qui s'était passé, elle admettait qu'elle n'avait tout simplement pas su comment l'aider. Elle avait déjà été confrontée à ce type de difficultés : avec sa mère face à son père alcoolique, avec sa sœur mariée à un homme violent, avec la femme de son frère, aussi, dont les enfants étaient nés hors mariage. Lynn avait vu ces trois femmes vivre ces épreuves dans la douleur et les larmes, pour finalement voir leur mariage se disloquer, tout en éprouvant de pénibles souffrances morales. Elle était déterminée à ne pas suivre leur exemple. Et elle était prête à jongler afin de sauver sa famille et se sauver elle-même.

Lynn a pris conscience qu'elle et Steve n'avaient jamais affronté leurs responsabilités et leurs rôles au sein de leur couple, qu'ils n'avaient jamais discuté de rien. Ils s'aimaient, appréciaient la compagnie l'un de l'autre, et pensaient que le reste devait suivre tout naturellement. Il avait fallu l'émergence d'un problème pour qu'ils se mettent enfin à discuter. Lorsque tout allait bien, aucun d'eux n'avait jamais pris la responsabilité de s'investir dans leur mariage. Steve avait éviter de se remettre en question, comme Lynn avait esquivé l'évocation de leurs problèmes. Lorsque la crise a éclaté, ils ont dû trier leur linge sale — les sentiments difficiles, les déceptions, les sentiments d'échec et les faiblesses de chacun. Lynn a dû travailler dur pour pardonner à Steve. Surtout, et sans doute est-ce plus important encore, elle a dû se pardonner à elle-même d'avoir été négligente, de ne pas avoir pris la responsabilité de son propre bonheur, et de ne pas avoir su dire « STOP » à Steve. Si elle l'avait fait, peut-être la situation ne lui aurait-elle pas échappé. Elle ne le saurait jamais. Mais une chose est certaine, l'histoire de Lynn et Steve démontre qu'il est possible de sauver une relation si l'on est prêt à faire ce dur et ingrat travail sur soi. Ça demande beaucoup de volonté, en particulier, ici, de la part de Steve qui a dû accepter d'affronter la vérité et de l'exprimer sans penser aux risques que ce type de comportement pourrait engendrer. Lui aussi considérait Lynn comme sa meilleure amie. Avec elle, il a utilisé ce nettoyant spirituel qu'on nomme *responsabilité,* afin d'éliminer toutes les taches et les blessures qui s'étaient accumulées au cours de leur mariage. La vérité les a aidés à clarifier leur relation et à guérir.

Mais ce qui a rendu cette guérison possible est qu'au-delà de tout, ils s'aimaient réellement — leur liaison n'était pas basée sur le besoin, le rêve ou la peur, mais sur l'amour. Comme vous l'avez constaté, ça ne les avait pas empêchés de commettre des erreurs, mais sans cet amour leur couple aurait éclaté. Lynn a comparé cette remise en ordre de dix-neuf années de vie à un tri de linge : comme s'ils avaient dû séparer le blanc de la couleur en disant : « Ça c'est à toi, ça c'est à moi, et ça, qu'est-ce que ça fait là ? » Une tâche difficile, mais à laquelle ils avaient tous deux voulu s'atteler. Ce qui, malheureusement, n'a pas été le cas de JoAnn et Paul.

UNE PARTIE DU PROBLÈME !

JoAnn et Paul étaient mariés depuis trois ans — trois années courtes mais intenses. Ils s'étaient connus à l'école primaire. Ils travaillaient tous les deux à plein temps. Ils avaient un bel appartement, deux voitures, et un souci : JoAnn n'arrivait pas à couper les ponts avec son ancien copain. Chaque fois que Paul arrivait, elle était au téléphone avec lui, l'aidait dans la mise en place d'un projet, emmenait sa mère ici ou là. Parfois, il lui arrivait même de disparaître pendant des heures avec lui ! Paul faisait de son mieux pour essayer de comprendre, il se disait qu'ils n'étaient qu'amis, qu'ils l'étaient depuis plus de quinze ans. Cependant, aucun homme sain d'esprit ne peut accepter que sa femme fréquente aussi assidûment un homme avec qui elle a vécu. Ou peut-être un homme sain d'esprit l'aurait-il pu. Pas Paul.

« C'est mon ami ! » lui répétait JoAnn chaque fois qu'il s'emportait. « C'est toi que j'ai épousé ! Je t'aime ! Je l'aime, lui aussi, mais il est mon ami. Toi, tu es mon mari ! » Paul se calmait jusqu'au coup de fil suivant. La tension montait alors d'un cran. Un jour, JoAnn s'est mise à pleurer. « Tu n'es pas mon geôlier ! Tu es mon mari et tu n'as pas le droit de me dire qui je peux avoir comme ami ! » Paul a insisté sur le fait que non seulement il pouvait mais qu'en plus, il allait le faire. Il lui a interdit de le revoir. Mauvais départ ! Dans une relation, les ultimatums n'ont jamais résolu aucun problème.

Lorsque l'autre vous irrite, vous contrarie ou vous met en colère, c'est un peu comme si vous receviez des phares en pleine figure — vous êtes aveuglé ! Et ce que l'autre fait vous paraît toujours beaucoup plus choquant que tout ce que vous pourriez lui faire. Vous ne pensez pas lui rendre la pareille, mais pourtant vous le faites, car les phares vous aveuglent. Sans le savoir, vous lui faites le même numéro. C'est l'un des problèmes majeurs dans nos relations — le fait de ne pas voir, de refuser d'entendre, de ne pas nous apercevoir que nous rendons aux autres ce que nous imaginons qu'ils nous ont fait. Généralement, nous les critiquons pour ce que nous faisons nous-mêmes, pour des comportements que nous adoptons et n'aimons pas. Nous sommes tellement occupés à regarder autour de nous et à les observer, que nous sommes incapables de discerner ce que nous sommes en train de faire, et par conséquent d'en endosser la responsabilité.

C'était le cas de Paul. Au cours de ses trois années de mariage avec JoAnn, il a eu deux aventures. L'une avec une de ses anciennes amies de collège, l'autre avec son ex-copine. Bien sûr, il n'en a jamais parlé à JoAnn, mais par peur de la voir adopter la même attitude, il l'a inconsciemment poussée à agir comme lui. JoAnn se sentait responsable de son mariage et aussi d'elle-même. Elle connaissait son ancien copain depuis toujours. Ils se soutenaient mutuellement. Oui, ils avaient été amants. Maintenant, par consentement mutuel, ils étaient devenus amis. Il était resté très proche de la famille de JoAnn, comme de la sienne. Il savait tout sur la jeune femme, y compris que leur amitié perturbait Paul. Il lui a donc conseillé d'écouter son mari, de faire ce qu'il lui demandait de faire, et si elle ne l'avait pas oublié, de lui envoyer une petite carte pour Noël !

Cessez de lutter !

Peut-être que le schéma de notre naissance a un lien avec ce sentiment commun que nous devons lutter, probablement parce que la naissance est entourée de violence, d'agitation, de cris, de pleurs. Il est particulièrement intéressant que nous pensions devoir *lutter pour obtenir* l'amour, et *lutter pour le garder*. La lutte est douloureuse. L'amour ne l'est pas. Ou, tout du moins, il ne devrait pas l'être. L'amour devrait être seulement synonyme de délicatesse, de bonté, de sensibilité, de soutien. C'est nous qui, en le soumettant à tant de conditions, le rendons violent. Ce sont nos actes, et non l'amour lui-même, qui nous poussent à croire qu'il peut nous faire souffrir. Avec cette croyance pour suite logique : *plus on aime, plus on souffre !* Pour éviter cette souffrance, nous nous imaginons devoir lutter. Cela n'a aucun sens ! Si nous ajoutons à ça un élément ou une personne qui menace cet amour, alors nous déclarons la guerre ! Inconsciemment, nous régressons et devenons des combattants prêts à tout pour assurer la survie de l'amour ou de la vie.

Or, si nous voulons guérir lors de notre voyage dans la maison de l'amour, nous devons abandonner la lutte. Certains d'entre nous y sont tellement habitués pour obtenir ce qu'ils veulent et ce dont ils ont besoin, pour avancer et rester au sommet, qu'ils se comportent sans cesse comme des soldats sur le champ de bataille : ils recherchent l'ennemi sous toutes les pierres ! La lutte se tisse alors dans chaque propos, dans la façon de les exprimer comme dans l'énergie qui s'y cache. Parfois, quand nous demandons quelque chose dont nous avons besoin ou que nous désirons, nous attendons la riposte. Si elle n'est pas au rendez-vous, nous la provoquons. D'un mot, nous faisons en sorte qu'elle devienne la seule issue possible. Lorsque la personne avec qui nous avons envie de lutter se dérobe, nous partons à la recherche d'une autre avec qui déclencher un conflit ! Et quand nous la trouvons, nous refusons d'assumer la responsabilité de ce conflit.

De la même façon que nous luttons avec les autres, nous luttons avec nous-mêmes. Je dois l'avouer, je me suis sentie coupable de vivre ce combat intérieur ! Je luttais sans cesse avec moi-même, pour ce que j'avais fait ou n'avais pas fait. Si je perdais, je critiquais ma manière d'agir ! Quand cette lutte me fatiguait, j'entamais un nouveau combat pour savoir si je devais répéter, ou au contraire cesser à jamais d'adopter ce comportement. Le plus triste est que je ne gagnais jamais ! Comment triompher de soi-même ? Généralement, je terminais le combat profondément blessée, jusqu'à ce que je trouve un autre cheval de bataille. De la même façon, je luttais alors contre mes pensées et contre mes sentiments. Je m'interdisais d'en éprouver. Je luttais pour les contenir, pour les taire. Je préférais le combat à l'aveu de ces sentiments, sachant que je pourrais survivre aux blessures que je m'infligeais. En revanche, j'ignorais si je pourrais survivre en plongeant au cœur de mes émotions — une expérience qui, m'avait-on dit, pouvait être difficile à supporter.

Ce qui m'a fait cesser de me battre, mentalement et physiquement, c'est un argument de mon cher ami, collègue, et professeur, Ken Kizer : « Si tu le Lui demandes, Dieu acceptera de t'aider à lutter. » Chaque fois que nous agissons sur une impulsion autre que l'amour, nous demandons à Dieu de nous aider à combattre la culpabilité, la honte, la peur et la malhonnêteté. Combattre pour ne pas être découverts, ne pas avoir tort. Quand nous accomplissons un geste dont nous ne sommes pas fiers, comme Paul, nous devons en assumer l'entière responsabilité, comme Steve, et dire la vérité. La vérité est un guerrier invisible qui nous sauve du champ de bataille !

Paul n'a pas dit la vérité. JoAnn n'était pas prête à lutter. Elle a menti. Elle a continué à voir son ami et sa colère à l'encontre de Paul n'a pas faibli. Comme il insistait et ne cessait de répéter qu'il savait qu'elle le voyait encore, elle a fini par faire ce qu'il l'accusait de faire depuis le début : elle a couché avec son ex. Je ne dis pas qu'il l'a contrainte à adopter un tel comportement. Je ne dis pas non plus que le geste de JoAnn soit le reflet de la plus haute identité d'elle-même. Je dis seulement qu'au bout du compte, elle a répondu sur le même ton à la provocation de Paul. Deux jours avant leur diplôme, elle lui a avoué ce qu'elle avait fait.

Inutile de dire que Paul était loin d'être satisfait ! Bien que JoAnn l'ait supplié de lui pardonner, il est parti — sans dire un mot sur ses propres erreurs. La dernière fois que j'ai entendu parler d'eux, ils divorçaient, la lutte était ouverte et Paul cherchait à récupérer le mobilier qu'il avait acheté pour leur si joli petit appartement.

Chapitre 5
Le nettoyage du réfrigérateur

Bruce et David étaient amoureux. Amoureux du bon vin, de la course à pied, de l'art, et amoureux l'un de l'autre. Bruce pensait que leur histoire était une union bénie des dieux. Ils avaient toutefois un problème — quasi insignifiant : David n'était pas ouvertement homosexuel, alors que Bruce l'était. Plus exactement, David était toujours dans le « placard » et vivait depuis quatre ans une liaison avec une jeune femme tout à fait hétérosexuelle. Sachant que cet obstacle menaçait leur relation, Bruce essayait par tous les moyens de convaincre David d'avouer son homosexualité, que ce soit à lui-même ou aux autres. Bruce est parti en campagne pour affronter ce petit défaut de l'homme qu'il aimait. Chaque fois, la réponse de David était la même : « Je vais bientôt le dire à ma famille et à Diana. »

Pendant un moment, les mots peuvent apaiser l'esprit mais en cas de crise, l'esprit ne se contente plus de paroles, il réclame de l'action. Toute parole doit alors être appuyée par un acte — particulièrement si vous entendez les mêmes mots depuis deux ans. Ce refus d'agir de David créait un malaise dans une histoire qui, par ailleurs, était parfaite. C'est devenu un vrai problème le jour où Bruce et David ont rencontré la sœur de David dans un grand magasin. David s'est comporté comme s'il ne connaissait pas Bruce. Lorsque ce dernier lui a demandé s'il allait le présenter, David lui a lancé un regard noir accompagné d'un « je vous connais ? » glacé. Sa sœur s'est étonnée qu'un « gay » tente de l'aborder ainsi en plein jour, trouvant cela répugnant. David a approuvé, et a abandonné Bruce, stupéfait, au comptoir de la boutique Dior !

Quelques jours plus tard, lorsque David a fini par avoir la décence d'appeler, Bruce lui a dit ce qu'il avait sur le cœur. Il trouvait déjà assez lamentable que David nie son homosexualité, mais comment osait-il le renier, lui ? À son âge — il avait dépassé la trentaine —, ne devait-il pas se montrer suffisamment adulte pour assumer ses choix ? Pourquoi les reniait-il ? Pour protéger sa famille ? De quoi la protégeait-il ? L'homosexualité n'est pas une maladie, c'est un style de vie. Le style que Bruce avait choisi (ou peut-être était-ce génétique), il n'en éprouvait aucune honte. Laisser l'homme qu'il aimait vivre et coucher avec une femme était déjà en soi une épreuve difficile, mais que cet homme — qui était son amant depuis deux ans — le répudie publiquement était une abomination. David s'excusa, le supplia de lui pardonner. Profondément blessé, Bruce insista : « Tu dois le leur dire ! Si tu veux que nous fassions notre vie ensemble, parle ! Je ne veux pas vivre dans le refus et je t'aime trop pour te permettre de le faire. » Le ton de la conversation est monté d'un cran quand Bruce a annoncé à David que s'il n'avouait pas la vérité à sa famille, il s'en chargerait lui-même !

Cette menace a alerté David. Ne vous méprenez pas. David éprouvait pour Bruce de réels sentiments. Lorsqu'il était avec lui, il se sentait mieux et plus à l'aise qu'avec n'importe qui, mais il estimait avoir une responsabilité envers Diana. Et surtout envers sa mère. Bruce connaissait la vérité. Le jumeau de David était mort à l'âge de quatre ans, renversé par une voiture conduite par un homosexuel ivre qui venait de se disputer avec son amant. David était aujourd'hui le fils unique de la famille. Cette triste histoire comportait de nombreux paramètres — le trouble émotionnel du conducteur, l'alcool, le feu rouge cassé —, mais la seule chose que la mère de David avait retenue était que l'homme qui avait tué son fils était homosexuel. Le pire est que cet homme s'était suicidé en laissant un mot dans lequel, selon la police, il n'éprouvait aucun remords d'avoir tué l'enfant, mais pleurait sur le fait de ne pouvoir supporter la vie sans son amant. Pendant deux ans, la mère de David avait perdu pied. Une fois remise de sa dépression, elle était partie en croisade contre l'homosexualité, jusqu'à affirmer que si elle se réveillait un matin et découvrait que son fils, son frère, son mari ou n'importe quel homme l'ayant jamais touchée était homosexuel, elle se tuerait. C'était une tragédienne. Le problème, c'est que David avait été bercé toute son enfance par ce discours homophobe.

Fermez les portes pour conserver la fraîcheur !

Est-ce qu'il est déjà arrivé que vous preniez une décision puis qu'un événement ou une personne vous la fasse oublier ? Cela m'est arrivé plusieurs fois pendant mon séjour au rez-de-chaussée, dans des situations variées. Certaines informations semblaient enclencher dans mon cerveau un processus d'élimination. Lorsque j'étais confrontée à certaines données, j'avais l'impression que des êtres minuscules venaient gommer mon bon sens. J'aurais tellement aimé que ce soit aussi simple ! En réalité, lorsque je refusais farouchement de faire quelque chose, ou que j'avais peur de ne pas voir les événements se dérouler selon mes désirs, je cherchais toutes les excuses possibles pour obtenir ce que je voulais, comme je voulais. À l'époque, je ne savais pas que ce que je voyais, ou entendais, constituait des indices. Je l'ai compris le jour où mes sentiments blessés et mon cœur brisé m'ont forcée à réfléchir. Auparavant, ces signes étaient trop accablants ou dérangeants pour que je puisse les gérer et mon cerveau préférait les ignorer. Et c'est seulement le jour où ils sont devenus trop aveuglants que j'ai trouvé le courage de fermer la porte et de réécrire le scénario, de tout arrêter. Bien sûr, je sais que vous ne feriez jamais une chose pareille ! Malheureusement, Bruce l'a fait.

En réécoutant l'histoire, Bruce s'est calmé et ils ont à nouveau pu discuter. Finalement, David a promis à Bruce qu'il allait parler à Diana, puis revenir avec ses affaires et s'installer définitivement avec lui. À partir de là, ils se débrouilleraient. Rien n'arrive jamais sans raison. David a répété son discours pendant deux heures. Il a dressé la liste de tout ce qu'il allait dire à Diana avant de faire ses valises. Il se sentait prêt. Mais lorsqu'il est arrivé chez lui, armé de ses résolutions, des sanglots étouffés l'ont accueilli. Dans le salon, Diana consolait sa mère qui semblait ravagée de douleur. Sans avoir réellement envie de connaître la réponse, David a demandé : « C'est papa ? » Sa mère a relevé la tête le temps de lui lancer avec une précipitation fébrile : « David, j'ai dit à ces médecins que Jimmy n'était pas homosexuel et qu'il ne pouvait pas avoir attrapé le sida en couchant avec un homme. C'est un drogué ! Et tout ce qu'ils ont trouvé à dire, c'est de me calmer ! Tu peux le croire ? Me calmer ? »

Les mots ont pénétré dans le cœur de David comme une lame chauffée à blanc. Ce n'était pas le fait que son oncle Jimmy, un drogué notoire, ait été contaminé par le virus du sida : c'était la réaction de sa mère. À ses yeux, il valait mieux être drogué qu'homosexuel. Bien sûr, les aveux qu'il avait préparés avec soin et la décision qu'il s'apprêtait à annoncer se sont transformés en paroles d'apaisement et de consolation à l'adresse de sa mère, et en de discrets remerciements à Diana. Au lieu de faire ses valises, il a raccompagné sa mère chez elle et s'est assuré que son oncle allait bien recevoir le traitement approprié dès la semaine suivante, oubliant Bruce qui l'attendait chez lui avec un canard rôti, une bouteille frappée de Chardonnay et un placard vide pour qu'il puisse ranger ses affaires !

QUI A MANGÉ LE GÂTEAU QUE J'AVAIS LAISSÉ DANS LE FRIGO ?

Je sais que vous le savez, mais je ne le répéterai jamais assez : plus on diffère ce qu'on a à faire, plus la situation empire et plus il devient difficile d'agir. Vous en avez parfaitement conscience, mais combien de fois avez-vous laissé votre linge sale s'accumuler au point d'être obligé d'aller vous racheter des sous-vêtements ? Combien de fois avez-vous attendu que l'odeur vous incommode pour nettoyer le réfrigérateur ? Combien de fois avez-vous remis au mois suivant ce que vous pouviez faire le jour même ? Nous en avons conscience, mais nous n'agissons pas. Nous avons envie d'agir, mais nous ne le pouvons pas. Nous connaissons le problème, mais nous ne cessons de le retourner dans notre tête au lieu de l'affronter. Or ce type de dérobade n'a jamais un effet aussi dévastateur que dans nos relations. Lorsqu'un élément commence à se dégrader, le malaise surgit très vite et si nous ne nous y attaquons pas rapidement, le régler devient non seulement une tâche difficile, mais une véritable corvée devant laquelle nous fuyons. Ce qui constitue la pire des erreurs.

David n'a pas pu affronter Bruce pendant des semaines. Après avoir reçu de sa part plusieurs coups de fil larmoyants, il l'a appelé pour lui dire qu'il allait bien. Puis, après lui avoir assuré qu'il ne s'était pas « débarrassé » de lui, il a rompu — agissant à l'encontre de ses véritables envies — mais a accepté de le revoir chez lui. Là, il lui a raconté toute l'histoire qui comprenait de nombreux acteurs et dont sa mère était le metteur en scène. Bien sûr,

Bruce l'a soutenu et rassuré. Il lui a déclaré qu'il le comprenait et qu'il lui pardonnait. Il a cherché dans son agenda les numéros de téléphone d'associations de lutte contre le Sida — c'est peut-être pour ça qu'il n'a pas entendu quand David a annoncé qu'il allait épouser Diana et cesser de le voir. Même avec David sur le pas de la porte, Bruce refusait d'affronter la réalité. Pour lui, cette épreuve n'était qu'un défi de plus qu'ils allaient devoir relever.

L'amour permet-il de tout vaincre ? Non ! L'amour ne peut pas s'épanouir dans la malhonnêteté, le refus, la peur ou le désir de contenter les autres. Il est impossible que deux éléments occupent la même place au même moment. Si la peur est au rendez-vous, l'amour sera absent. Là où siègent la malhonnêteté, le mensonge, la dissimulation et le refus, l'amour n'a pas sa place. Dans ce cas précis, le fait que les deux protagonistes soient des hommes n'a aucune incidence. L'amour est tout sauf discriminatoire ! Il existe partout où il est accepté, reconnu, respecté. Trois semaines plus tard, après de nombreux coups de fil demeurés sans réponse, Bruce a compris que David l'avait quitté, qu'il éprouvait de l'amertume, qu'il se sentait confus, égaré, et qu'il était incapable de discerner l'instant du dérapage. Il ignorait qu'il avait atteint le rez-de-chaussée de la maison de l'amour, alors que David se trouvait encore au sous-sol.

Ce cas est un exemple typique de la nécessité d'ouvrir la porte du frigidaire, d'y détecter les mauvaises odeurs et de partir à la recherche du coupable. Comme nous le savons, c'est une tâche pénible mais nécessaire. Lorsque vous les avez entreposés dans le frigidaire, tous les aliments étaient frais. Seulement à force d'avoir attendu, vous êtes maintenant confronté à un problème : identifier celui qui dégage cette odeur nauséabonde. Puis vous vous rappelez que le ramassage des ordures n'est que dans quatre jours. Peu importe, retirez ce qui est en train de se décomposer ! Il en va de même dans nos liaisons amoureuses. Lorsque nous laissons les problèmes s'installer, que nous refusons de les affronter au fur et à mesure de leur apparition, que nous laissons des choses non dites et non faites, les problèmes demeurent.

Pendant *l'intervalle*, mieux vaut ne pas compter sur son partenaire pour avoir les réactions qu'on attend ou qu'on souhaite, et se rappeler que durant cette période, souvent synonyme de peur et de confusion, il est difficile de prédire ce que l'autre va faire. Il ne le sait pas plus que vous, vous pouvez difficilement le prévoir à sa place. C'est également une période où il est permis de douter de celui qui se perd en *promesses*. En effet, celui-ci tente généralement de se convaincre qu'il peut, ou qu'il a envie de faire ce qu'on attend de lui. Si vous entendez ces mots : « Je promets… » ou « Je jure que… », attention ! Ne vous laissez pas bercer par votre habitude d'ignorer la vérité. Ce type de comportement démontre que vous ne pouvez pas faire confiance à ce qui vous est dit à ce moment précis. Bien sûr, vous ne voulez pas l'admettre, pas plus que vous ne pouvez avouer vos doutes à votre partenaire. Alors un conseil, respirez un grand coup et battez en retraite !

Dans l'*intervalle*, promettre et jurer sont les signes infaillibles de l'absence de confiance nécessaire à toute relation saine. Il y a toutes les chances pour que *vous* ayez un problème de confiance dont vous n'êtes pas conscient. Ou que votre partenaire ne soit pas digne de confiance et ait peur parce qu'il est sur le point d'être découvert. Rien n'est plus commun, dans *l'intervalle,* que d'attendre ou de demander à l'autre de faire ce qu'on sait pertinemment qu'il sera incapable, ou qu'il refusera, de faire. Ça ne peut qu'engendrer de la souffrance. C'est une façon de nous prouver que nos instincts et nos doutes étaient justes. Ce mélange de passivité et d'agressivité nous conduit tout droit à *l'intervalle*. Demander à quelqu'un de faire ce qu'il ne peut pas faire, ou ce que nous aimerions qu'il fasse tout en sachant qu'il a peur et/ou est en pleine confusion, est un acte dénué d'amour et cruel, que ce soit pour nous-même, ou pour l'autre.

Il faut prendre en compte ce que *fait* l'autre, pas ce qu'il dit, car c'est dans ses actes qu'il montre ses intentions et ses attentes. Votre partenaire aura beau multiplier les promesses, seuls ses *actes* importeront. Le problème, ici, n'a rien à voir avec le fait qu'il s'agit de *deux hommes*. Le problème est que Bruce attend que David réponde à ses désirs. Ça s'appelle nourrir de *fausses attentes*. L'autre problème est que Bruce refuse d'accepter ce que fait David. Il ne veut pas voir la vérité et croit ce qu'il lui dit ; il refuse de *reconnaître la vérité*. Le troisième problème à considérer, ici, est l'incapacité de Bruce d'accepter que David ne veut pas, ne peut pas, ou n'est pas prêt à rompre *ses relations familiales* pour vivre *leur relation*. C'est l'incapacité d'*accepter ce qu'on voit*, qui équivaut à l'incapacité de le gérer. Maintenant, étudions ces questions une à une.

Acceptez la réalité

Beaucoup d'entre nous nourrissent de faux espoirs lorsqu'ils commencent une relation, notamment quand ils attendent de l'autre qu'il réponde à leurs désirs alors qu'il leur indique clairement qu'il a des intentions différentes. Si David, qui a dépassé la trentaine, n'a pas encore réussi à avouer son homosexualité, pourquoi Bruce espère-t-il qu'il va le faire ? L'incapacité ou le refus d'agir de David ne signifie pas qu'il se moque de Bruce, mais simplement qu'il n'est pas prêt à reconnaître ce qu'il est et à s'accepter. Parfois, nous attendons que l'autre fasse ce qu'il n'est pas encore prêt à réaliser. Ici se situe la grande différence entre les occupants du rez-de-chaussée et ceux du deuxième étage. Au deuxième étage, l'amour n'implique plus ni demandes, ni attentes. Souvent, nos relations se dégradent parce que celui qui nous attire ne prend pas le même chemin que nous pour atteindre le sommet. Chacun, à partir de la place qu'il occupe, essaye de convaincre l'autre d'emprunter la même voie que lui. Rien n'est plus difficile, et cela nous amène à l'utilisation d'un autre « nettoyant spirituel » : la VÉRITÉ ! Pour ne pas se perdre, il faut emprunter le chemin de sa propre vérité — qui n'est pas forcément celle de l'autre. Ici, la vérité est que Bruce est sorti du placard alors que David s'y trouve encore.

On peut aimer quelqu'un profondément et accepter qu'il ne suive pas le même chemin que soi. Il peut choisir une autre route, un autre modèle, qui n'est pas forcément complémentaire du nôtre. Ceci conduit à aborder la seconde question : apprendre à affronter la vérité. Pourquoi Bruce, qui est ouvertement homosexuel, veut-il avoir une liaison avec quelqu'un qui vit avec une femme et qui a peur d'avouer la vérité à sa mère ? N'est-ce pas une forme voilée de dénégation, de reniement de lui-même ? Ne se prépare-t-il pas, en agissant ainsi, à être délaissé ? Dans une telle situation, vous ne pouvez pas être déçu si votre partenaire ne se comporte pas comme vous le souhaiteriez. En participant au refus de David d'accepter ses choix, Bruce aurait dû s'attendre à être lui-même renié. Il l'était chaque fois que David allait passer ses nuits avec Diana ! En réalité, il avait choisi de faire partie du problème et non de la solution.

Les occupants du rez-de-chaussée doivent tirer deux grandes leçons : la première est de trouver son centre et de s'y enraciner, la seconde est d'accepter que les autres suivent le chemin qu'ils ont choisi, et de les aimer quand même. Il faut être lucide : deux boutons de roses ne pousseront jamais au même rythme ! Même en avançant côte à côte, deux personnes s'épanouiront chacune à son allure, selon le dessein divin de leur vie. Bien sûr, il est tentant de freiner sa propre progression ou même de l'arrêter, et d'insister pour que l'autre nous rejoigne. La vérité est qu'il est rare que dans une relation les deux personnes évoluent à la même vitesse. Elles commencent généralement au même niveau. L'une progresse et l'autre stagne quelques pas en arrière. Il arrive que celui qui se trouve en tête se retourne et entraîne le second. Mais dans la plupart des cas, celui qui se retourne est ralenti par le second, au point parfois de devoir s'arrêter. Le principe est de trouver votre vitesse de croisière et de la respecter, tout en sachant qu'il est possible d'aimer la personne qui se trouve derrière vous, mais que si celle-ci se met à marcher, alors que vous courez, il est de *votre responsabilité envers vous-même* de continuer à courir !

Comment trouver votre rythme ? Il existe pour vous y aider quelques recettes simples que vous pouvez pratiquer régulièrement :

1. Rappelez-vous sans cesse l'expérience que vous avez envie de vivre. (Qu'avez-vous envie de ressentir ?) Ne vous imposez aucune limite. Imaginez les situations les plus agréables.
2. Imaginez-vous en train de vivre cette expérience de façon à ce que la sensation vous imprègne et devienne familière. (C'est un excellent exercice de méditation.) Très souvent, nous n'avons aucune idée de la sensation que nous éprouverons si nous parvenons à assouvir nos désirs. En conséquence, lorsqu'ils se réalisent ou se profilent à l'horizon, nous ressentons une sensation physique désagréable et pensons qu'il y a un problème.
3. Reconnaissez vos peurs vis-à-vis de vos désirs. Affrontez-les et travaillez pour vous en libérer. Désirer une chose et la craindre en même temps semble faire partie de la nature humaine. C'est l'occasion d'un excellent exercice d'écriture : consignez vos craintes sur un papier — ce qui pourrait arriver et ce que vous éprouveriez si ça arrivait, ce qui « vous » arriverait si ça arrivait et tout ce qui pourrait vous maintenir dans cet état d'angoisse. Terminez

l'exercice en écrivant : « *Je choisis de ne pas vivre cette expérience. Je choisis de...* » Complétez cette phrase en notant ce que vous désirez.

Un autre excellent exercice destiné à affronter sa peur et à s'en libérer est l'exercice de la chaise. Placez deux chaises face à face. Asseyez-vous sur l'une et imaginez sur l'autre la personne à qui vous voulez parler, ou écrivez son nom sur un morceau de papier que vous placez sur cette chaise. Vous pouvez aussi imaginer votre ange gardien, votre meilleur ami, votre prêtre, votre mentor, le Christ, ou n'importe quelle personne ou être spirituel en qui vous vous reconnaissez. Parlez-lui de vos peurs. Dites-lui tout ce qui vous vient à l'esprit. Ensuite, demandez-lui conseil.

4. Concentrez-vous sur ce que vous imaginez être votre vérité. Interrogez-vous : qui suis-je ? Qu'est-ce que je pense de moi ? Qu'est-ce que je fais pour appuyer cette opinion ? Qu'ai-je appris sur moi-même qui puisse me rendre heureux ? Qu'ai-je appris sur moi-même qui ne pourra pas me rendre heureux ? Assurez-vous d'être sincère lorsque vous répondrez à ces questions.

La majorité des affrontements dans nos relations surgissent lorsque nous oublions nos objectifs, lorsque nous occultons les leçons du passé, que nous vivons dans la peur — ce qui a généralement pour effet de provoquer précisément ce dont nous avons peur — et que nous adoptons un comportement que inconsciemment nous savons inadapté.

À la suite de la mort de ma mère — j'avais deux ans —, je me suis mis en tête, sans même m'en rendre compte, que les gens que j'aimais feraient comme elle et m'abandonneraient. En fait, je m'attendais à ce qu'ils me quittent ! Dans mes relations, cette certitude s'est traduite par une peur de l'engagement. Bien sûr, je n'en avais pas conscience. Je pensais qu'on me quittait parce que j'avais un problème ou que les autres, en l'occurrence les hommes, étaient tout simplement des êtres méprisables. La bataille faisait rage dans mon esprit. D'un côté, j'avais envie de vivre une liaison véritable et de l'autre, j'en avais peur. La part de moi-même qui désirait vivre la relation était furieuse contre l'autre part qui contribuait toujours, d'une manière ou d'une autre, à la mettre en échec.

Celle qui s'attendait au départ de l'être aimé, qui en était persuadée, avait peur de s'épanouir. Celle qui avait envie que la relation se poursuive devait lutter pour s'imposer. Dans la réalité, cette lutte se traduisait par de brusques changements d'humeur — je pouvais être chaleureuse, affectueuse, aimante et dans la seconde suivante, insupportable ! J'oscillais sans cesse entre le désir de partir, de mettre mes partenaires à la porte et de les voir rester. Malgré mes efforts, ils finissaient toujours par me prendre de court et me quitter. Beaucoup d'occupants du rez-de-chaussée de la maison de l'amour doivent travailler sur ce conflit intérieur qui consiste à désirer une relation et à s'imaginer — quelle qu'en soit la raison — ne pas pouvoir la vivre, ou ne pas la mériter. Ce qui revient à croire qu'on ne mérite pas d'être aimé. L'amour est à la fois l'attrait et l'union de deux âmes. Les personnes que nous attirons nous aiment tant — au niveau de notre âme — qu'elles s'engagent inconsciemment à mêler leur vie à la nôtre pour nous enseigner la nature de cet engagement. Bruce et David, comme n'importe qui d'autre s'engageant dans une liaison intime et sexuelle, avaient passé un tel accord.

Au rez-de-chaussée, vous commencez à bâtir votre intégrité dans les relations que vous vivez. Vous commencez à poser vos limites, à savoir quoi faire et ne pas faire et comment attirer ceux que vous voulez voir participer à votre vie ; à être clair sur la part de vous-même que vous êtes prêt à abandonner ; à savoir si oui ou non, vous allez suivre vos engagements. Dès que vous aidez l'autre à dissimuler ou à fuir, vous n'agissez plus avec intégrité ; vous agissez dans l'irresponsabilité et le refus conscients. Par exemple, si vous savez que quelqu'un se drogue mais que vous ne lui dites rien ou n'en parlez à personne, vous participez à son autodestruction. Vous pouvez appeler cela de l'aide, du soutien, de la loyauté, mais vous devez savoir quel effet ce type de comportement peut avoir sur vous-même, à savoir que vous vous mettez, vous aussi, en péril. Souvent, dans les relations, non seulement nous abandonnons notre intégrité en agissant comme nous nous étions juré de ne jamais agir, mais nous cessons de nous respecter en laissant l'autre faire ce que nous ne ferions jamais. Quand nous nous retrouvons dans une situation compromettant notre intégrité, nous devons apprendre à aimer l'autre à distance jusqu'à ce qu'il s'assume. Ça s'apparente à l'histoire de Bruce et David. Bruce savait que David avait une liaison hétérosexuelle. En insistant pour vivre avec lui une relation homosexuelle, il participait à un acte dénué de toute morale.

Parfois, nous nous retrouvons dans des situations auxquelles nous ne pouvons échapper. Mais plutôt que d'essayer de comprendre, nous les laissons s'enliser ! Le réfrigérateur de Bruce était loin d'être impeccable : on y trouvait tout ce qu'il avait renié de lui-même en voulant vivre avec David, ce qu'il n'avait cessé de se répéter pour justifier leur relation — notamment qu'ils s'aimaient. L'ennui est que si l'on ne s'aime pas suffisamment pour vivre avec intégrité, si l'on n'a pas l'estime de soi et le sens de son propre mérite bien ancré, aimer l'autre devient une tâche ardue. Il se peut que vous éprouviez le besoin de l'autre, le désir de l'autre, mais vous entrez alors dans une relation de dépendance et un système basé sur l'échange de besoins, une situation impossible à long terme. Pendant *l'intervalle,* si la relation se désagrège, il est probable que vous éprouverez une grande colère ! Si c'est le cas, assumez un peu de votre *responsabilité,* ça vous aidera à vous apaiser ; ajoutez-y une pincée de *vérité*, et en peu de temps, vous vous sentirez bien. Pour comprendre le mode de vie du rez-de-chaussée et l'efficacité des nettoyants spirituels que vous devez utiliser à ce stade de votre développement, étudions un autre scénario.

Prenez ce qui se présente, vous vous sentirez mieux !

Une histoire *classique* de rez-de-chaussée est d'aider quelqu'un à se réaliser pour ensuite voir la personne vous quitter. Dans ce cas, il se peut qu'un simple nettoyage se révèle insuffisant et que vous ayez besoin d'une remise en état générale ! Voici l'histoire d'une femme qui n'a pas respecté ses engagements, qui a occulté les premiers signes de malaise et agi malgré son conflit intérieur, refusant ou étant incapable d'affronter la vérité. Cette femme séduisante, cultivée et gagnant bien sa vie, est tombée amoureuse d'un homme qui n'avait pas fait d'études supérieures et aimait l'horticulture. Une passion digne mais difficile à assouvir pendant les mois d'hiver. Sans en être consciente, cette femme recherchait l'acceptation et refusait la solitude. Parce qu'aucun homme ne restait avec elle, elle s'imaginait *ne pas être assez bien.* Le poids de ses liaisons passées la poussait à croire que si elle aidait cet homme, il lui offrirait en retour ce qu'elle recherchait et dont elle avait désespérément besoin — son épanouissement personnel. La pauvre femme avait besoin de nettoyer son ego en profondeur ! Elle ne comprenait pas qu'elle était assez bien et que même si elle ne l'était pas, aucun homme ne pourrait lui venir en aide. Elle prétendait en avoir conscience, mais comme la plupart de ceux qui sont écrasés par le poids de leur vécu et ont besoin d'un nettoyage en profondeur, ses actes démentaient ses propos.

Il était en quête de soutien et d'acceptation, le tout nuancé d'une pointe de peur et de déloyauté. Dans certains milieux, on aurait dit de lui que c'était un pique-assiette ! En toute honnêteté, il n'était pas foncièrement mauvais, mais simplement, il ne croyait ni en lui-même ni en son rêve. Il avait besoin que les autres y adhèrent, ce qui était pour lui une façon de l'accepter. Plus prosaïquement, il désirait une aide financière pour le réaliser. De cette façon, s'il échouait, il n'aurait rien à perdre. Cela peut paraître mesquin, mais nous avons tous, d'une manière ou d'une autre, à un moment de nos vies, adopté dans nos relations cette attitude qui conduit à l'échec. Parce que nous ne croyons pas en nos rêves, il nous arrive de ne pas dire ce que nous voudrions dire, et parallèlement de dire des choses que nous ne pensons pas. Cette attitude est celle des occupants du sous-sol de la maison de l'amour, où résident cette femme et cet homme ! Et nous savons tous que les sous-sols sont souvent tellement encombrés et poussiéreux que personne n'a envie d'aller y mettre de l'ordre !

Pour vivre un amour absolu, il faut savoir donner sans rien attendre en retour. Pas même l'amour. Marianne Williamson, auteur du livre *Un Retour à l'amour* a écrit : « Aimer, c'est donner sans se souvenir. Recevoir sans oublier. » Ça ne veut pas dire qu'il faut laisser les autres agir comme ils veulent dans nos vies, ni les laisser nous faire ce qu'ils désirent. Mais qu'il faut vivre chaque jour comme une expérience de partage sans aucune intention cachée et sans s'attendre à recevoir en retour ce que nous donnons. L'amour demande un partage honnête du temps, de l'espace, des ressources et de la vie, pour le plaisir pur, et tant que cela demeure un plaisir. Si on en est conscient, l'amour nous récompense. Il révèle et amplifie tout ce qui n'est pas amour. Il fait apparaître la malhonnêteté et la peur. Lorsqu'il arrive et que nous nous en rendons compte, nous devenons capables d'exprimer nos inquiétudes car nous ne nourrissons plus aucun espoir secret dont nous pourrions nous sentir coupables. Quand vous n'éprouvez aucune culpabilité, vous pouvez choisir de renoncer à la malhonnêteté et à la peur qui se sont immiscées dans votre vie, sous la forme souvent pernicieuse d'êtres humains. Le fait de renoncer, qui peut s'assimiler à une forme de nettoyage, ne signifie pas que vous cessez d'aimer, mais que vous allez désormais décider consciemment de la façon dont vous allez aimer votre partenaire — y compris à distance. Malheureusement, quand vous vivez au sous-sol — avec le sentiment d'être une victime, de ne pas être assez bien ou de ne pas croire en vous —, vous ne pouvez rien voir, ni gérer. Et cet aveuglement vous fait croire qu'un autre pourra réaliser votre rêve à votre place. Cette réticence à nettoyer son espace relationnel est une attitude classique des habitants du sous-sol.

Durant les quatre années où ils ont vécu ensemble, elle a subvenu aux besoins de leur couple tandis qu'il reprenait ses études pour obtenir un diplôme de botanique et de gestion. Elle travaillait pendant la journée. Il suivait des cours du soir. Tablant sur les retours de son investissement, elle donnait son temps, son argent, son énergie, et bien sûr, son *amour,* afin de lui rendre la vie aussi facile que possible. Lui occupait ses journées à des activités parallèles, comme de fréquenter une femme qui lui apportait ce qu'il ne trouvait pas avec la sienne. Il aurait pu lui dire la vérité, mais il est difficile d'avouer la vérité à une personne dont on a peur ou dont on est dépendant. Il aurait aussi pu partir avec cette autre femme, mais elle n'avait pas l'argent nécessaire à la réalisation de son rêve. Que faire dans un cas comme celui-ci ? Il fit le choix d'aimer malhonnêtement.

En cours de route, elle a repéré de petits détails qui l'ont mise mal à l'aise et ont éveillé ses soupçons, tels que des numéros inconnus sur la note du téléphone mobile. Elle s'est dit que ça devait être des appels professionnels. Elle a aussi remarqué, sur les relevés de cartes de crédit, de mystérieuses dépenses qu'elle a mises sur le compte d'achats personnels ou professionnels. Elle mourait d'envie de le questionner, mais elle a choisi de se taire. Elle se souvenait de ce qui était arrivé dans sa dernière liaison, lorsqu'elle avait évoqué ses doutes. Encore prisonnière de ses problèmes irrésolus, elle préférait s'interroger en silence. Elle se sentait aussi coupable de le soupçonner puisque c'était elle qui tenait les cordons de la bourse. Comme il travaillait dur pendant les mois d'été pour se construire une clientèle, elle a décidé d'ignorer ces petits désagréments et d'accepter des explications qui, pourtant, tenaient difficilement la route.

Ayant été élevé dans une famille monoparentale, il avait l'habitude qu'une femme subvienne à ses besoins. Il n'aimait pas particulièrement cette situation, mais il y était habitué et cela lui paraissait surtout beaucoup plus simple que de le faire lui-même. Il savait ce qu'il fallait dire et faire pour la tenir à l'écart de ses affaires. Il suffisait de lui glisser combien il trouvait difficile d'accepter son aide, combien ça froissait sa virilité de la voir travailler si dur pour lui : cela la plongeait dans les affres de la culpabilité. Si vous voulez un jour faire taire une femme, dites-lui qu'elle froisse votre virilité ! Elle se taira dans la seconde. Les occupants du sous-sol ont beaucoup de problèmes de maturité et de confiance, et de difficultés avec la réalité et l'existence. Une fois qu'il avait réussi à la faire taire, il savait qu'il pouvait apaiser sa colère en lui promettant un merveilleux avenir. Ça avait toujours marché avec sa mère et ça marchait comme un charme avec la plupart des femmes. Particulièrement celles qui étaient aveuglées par la culpabilité et le poids de leur vécu.

Ils ont travaillé ensemble à la mise en place de *son* affaire. Elle l'a aidé à s'installer et a partagé avec lui ses contacts professionnels. Ils ont parlé de sa future réussite et de la satisfaction qu'il en éprouverait — et comme ça serait merveilleux pour *lui*. Elle se disait qu'après tout ce qu'elle lui avait donné, il allait forcément l'inclure dans ses projets. Elle pensait « savoir » mais elle ne savait pas, les occupants du sous-sol étant incapables de voir au-delà de la confusion de leur propre histoire ! Il était impatient de faire ses preuves. Elle aimait le lui entendre dire. Alors il le lui disait, lui répétant à satiété que la tâche serait difficile mais qu'il était capable de tout si elle était à ses côtés, qu'elle était merveilleuse, qu'elle était son ange. Elle en concluait qu'elle était en train d'acquérir l'acceptation dont elle avait besoin et que ses efforts, son don d'elle-même, allaient enfin payer. Puis il a prononcé le mot avec le grand « A ». Il lui a dit qu'il l'*aimait*. Cette parenthèse enchantée, suivie de quelques heures d'amour fou, a suffi à refouler ses derniers doutes. Ils ont prévu de se marier dès qu'il aurait son diplôme. Il l'a eu mais ils ne se sont pas mariés. Il voulait lancer son affaire et la *rembourser* pour tout ce qu'elle avait fait. Cela semblait logique, particulièrement avec le problème de sa virilité remise en question. Elle a senti poindre la peur mais elle n'a pas protesté et elle a accepté d'attendre. Trois années ont passé et comme ils l'avaient prévu, son affaire prospérait.

Elle insistait, et le mariage a finalement eu lieu. Un grand mariage, qu'elle a quasiment financé seule. Environ un mois après leur lune de miel, elle a de nouveau remarqué une importante note de téléphone mobile. Maintenant il gagnait sa vie, mais c'était toujours elle qui tenait les cordons de la bourse. Il est difficile pour les occupants du sous-sol de changer leurs habitudes. Un jour, elle a décidé de vérifier le numéro le plus appelé. Le *plaisir* de son mari lui a répondu et lui a annoncé qu'elle était la mère de son enfant. Madame « Je vais t'aider à t'en sortir ! » était anéantie, atterrée d'avoir mis une telle part d'elle-même dans cette relation et d'avoir été trahie. Elle avait le sentiment d'être une ratée. Comment ne l'avait-elle pas vu venir ? Comme elle n'avait rien vu et rien compris, elle était en plus dévorée par la honte d'avoir été aussi crédule. Elle avait fait vivre un homme, et visiblement son enfant, pendant sept ans. Le fait de l'entretenir avait toujours été pour elle une source de malaise. Elle avait donc menti à ses amies en leur expliquant qu'il donnait des cours du soir dans une école, d'où ses absences nocturnes répétées. Le souvenir de sa mère entretenant pendant des années un mari alcoolique l'avait aidée à justifier son propre comportement, qui pourtant était loin de la satisfaire. Maintenant, elle allait tout perdre — lui, son image personnelle et le contrôle de sa vie. *Il avait profité d'elle !* Une fois cette notion ancrée, elle entama l'*intervalle* de sa vie, animée d'une sombre colère. Elle se sentait tellement ridicule ! Non. Elle se sentait en pleine confusion ! Elle était folle de rage ! Elle a vécu son *intervalle* en essayant de comprendre ce qui était arrivé, comment et pourquoi ça lui était arrivé à elle, une fois de plus. Elle ne voulait pas entendre parler de nettoyage. Elle avait tout simplement des envies de meurtre !

L'explication est que ni cet homme ni cette femme ne connaissaient leur vérité, d'où leur incapacité de l'exprimer à l'autre. Si elle avait connu la vérité sur ses intentions, cela aurait sans doute été pénible, mais elle se serait facilité la vie en disant : « Écoute, j'ai un bon job, une vie agréable, mais je suis seule. J'ai besoin d'un compagnon, d'une vie sexuelle et d'un homme avec qui sortir. Pour la moitié du loyer et des frais de nourriture, je t'offre la place. » Lui, aurait pu répondre avec la même honnêteté : « J'ai un rêve et très peu d'argent. Je payerai la moitié du loyer, je t'offrirai une compagnie et une vie sexuelle sans aucune condition, et je laverai mon linge. Puis-je rester trois ans avec toi ? » Une telle attitude peut sembler très cruelle et irrespectueuse, mais s'ils l'avaient adoptée, elle leur aurait épargné à tous deux du temps, de l'argent et de la douleur. À présent, elle devait suivre une thérapie. Lui avait entamé une procédure de divorce et ils luttaient pour recoller les morceaux de vies qu'ils avaient laissé échapper !

J'entends déjà vos objections : « Personne n'agit jamais ainsi ! » ou « On ne peut pas dire de telles horreurs à quelqu'un ! » En réponse à ces objections, je vous rétorquerai : pourquoi pas ? Pourquoi ne pas avoir le courage d'avouer ses attentes, ses désirs, ses besoins ? N'avons-nous pas encore compris qu'en occultant la vérité, nous courons droit au désastre, à ces chagrins et à ces traumatismes que nous jurons vouloir éviter ? Ceux qui vivent au sous-sol peuvent être incapables de dire la vérité. Ceux qui sont passés au rez-de-chaussée doivent apprendre à l'exprimer. Laissez-moi vous faire part de ce que j'ai pu apprendre : lorsque nous savons nous aimer et nous respecter, nous sommes à même de tout dire, de tout faire et de tout obtenir à moins d'en décider autrement. Je sais aussi que lorsque l'amour est en nous, la vérité, aussi choquante soit-elle, finit toujours par nous épargner de grandes souffrances ; que lorsque nous apprenons à vivre consciemment dans la vérité, la responsabilité, l'intégrité et l'amour inconditionnel, nos désirs d'antan ne nous satisfont plus. Nous sommes alors capables d'ouvrir le réfrigérateur, de sentir que quelque chose est en train de pourrir et de nous en débarrasser !

RESPECTEZ-VOUS ! RESPECTEZ LES AUTRES !

Nous reproduisons toujours le même schéma. Nous rencontrons une personne qui nous attire ou nous intrigue. Elle peut être séduisante, ou dotée d'un ravissant visage, d'un corps admirablement proportionné ou de n'importe quel autre attrait qui attise notre convoitise. Peu importe. C'est elle que nous voulons. Nous la poursuivons de nos assiduités. N'avez-vous jamais dit, ou entendu quelqu'un dire : « Je vais l'amener à m'aimer ? » C'est exactement le type de situation auquel je fais référence ici. Vous partez en croisade pour attirer le regard de cette personne et capturer son cœur. Pendant que vous vous perdez dans cette quête brûlante, vous allez jusqu'à oublier qui vous êtes et la nature de vos désirs. Vous faites ce qu'il ne faut pas faire, vous dites ce qu'il ne faut pas dire et vous en avez conscience. Vous n'avez plus de repères. Vous êtes en mission. Une mission qui vous mènera tout droit au déshonneur !

Il y a de grandes chances que la personne que vous poursuivez soit exactement celle qu'elle paraît être. Vous n'y prêtez aucune attention. Vous donnez à ses vilaines petites habitudes des noms exquis. Vous trouvez des excuses à son comportement et ses actes. Dans *l'intervalle,* vous faites tout le travail, vous donnez tout l'argent, vous faites tous les arrangements. Vous faites un si bon travail que vous ne remarquez même pas que l'autre ne fait que passer. De plus, vous n'avez fait aucune enquête. Vous n'avez aucune information sur son passé amoureux ou sa famille. Elle pourrait être la personne la plus recherchée de la terre, vous ne le sauriez même pas ! Vous continuez joyeusement votre route en laissant s'accumuler les paroles non dites et les actions non accomplies qui, un jour, se décomposeront et vous laisseront un énorme désordre à nettoyer ! Quand nous refusons d'accepter que les autres puissent suivre un chemin différent du nôtre, ou quand nous essayons de les entraîner sur notre route, nous ne les respectons pas, pas plus que nous ne nous respectons nous-mêmes.

Beaucoup recherchent ce dont ils ont besoin et ce qu'ils désirent dans une relation en étant aveuglés par de mauvaises informations. Ce que vous croyez que l'autre va pouvoir faire pour vous ou vous offrir, le sentiment qu'il va vous donner de vous-même, tout cela évoluera quand vous accepterez votre véritable identité et commencerez à vous aimer vous-même pour ce que vous êtes — un être entier et parfait. Alors, quand vous serez totalement conscient de votre identité et de votre entité, ce que vous recherchez au sein de vos relations se transformera. Le choix de vos partenaires sera fondé sur de nouveaux critères, vos besoins évolueront. En conséquence, vous n'aurez plus ces peurs sous-jacentes. Et en l'absence de peur, l'amour, la joie, la paix et la vérité régneront enfin. C'est pour éliminer la peur que vous devez décider d'entreprendre le nettoyage de la baignoire !

LE PREMIER ÉTAGE

Il est affolant de voir à quelle vitesse le désordre peut s'accumuler ! Vous tournez la tête une minute et une montagne recouverte de poussière apparaît sous vos yeux ! Vous n'arrivez pas à remettre la main sur les chaussures que vous avez retirées la veille, pour la simple raison qu'elles sont enfouies sous une pile de choses. Vous savez que vos clés sont sur la table, mais impossible de les retrouver au milieu de tous ces papiers ! Il faut tirer le rideau de douche pour dissimuler les auréoles dans la baignoire. Vous avez encore oublié d'acheter des sacs-poubelles et les ordures s'empilent. De même dans notre vie, nous créons des problèmes et les laissons s'accumuler.

S'il est possible d'échapper au désordre dans notre environnement, il n'en va pas de même dans nos relations. Pour savourer pleinement les fruits de l'amour, il faut procéder à l'élimination de tout ce qui nous encombre. Le nettoyage de notre désordre amoureux peut s'avérer pénible, mais tôt ou tard nous sommes tous contraints de l'entreprendre !

CHAPITRE 6
Le dépoussiérage

Vous êtes là-haut, à 30 000 pieds dans les airs, survolant le pays tout en sachant que c'est une erreur. Brusquement, alors que vous attaquez votre troisième paquet de cacahuètes, l'avion plonge dans une zone de turbulences ! Votre canette de coca se renverse, les cacahuètes se répandent sur votre chemise. Vos genoux heurtent le plateau et votre voisin se met à hurler ! Le pilote rassure les passagers : ce n'est qu'un trou d'air et il n'y a aucune inquiétude à avoir. Tout en nettoyant votre chemise, vous tentez de vous souvenir de la prière qu'on vous a apprise lorsque vous aviez six ans. À cet instant, l'avion plonge à nouveau ! Une prière vous revient : « À présent, je ferme les yeux… » Non, pas celle-ci ! Il n'est pas question de fermer l'œil maintenant ! Les turbulences du ciel ressemblent à celles de votre vie. Vous êtes dans *l'intervalle* et vous vous sentez impuissant. À vrai dire, tout ce que vous pouvez faire est de prendre votre mal en patience et de réfléchir — à ce qu'il faudra faire une fois que vous serez à terre.

Au premier étage, vous allez étudier la relation la plus importante de votre vie, celle qui vous unit à vous-même. Cette relation, qui s'est développée quasi exclusivement en réaction à votre vécu, servira de modèle à toutes les liaisons amoureuses que vous aurez ultérieurement. Comment s'aime-t-on ? Procédons à un petit récapitulatif. Nous nous aimons comme nous avons été aimés à notre naissance, comme nos parents, nos frères et sœurs, nos amis nous aiment. Nous nous aimons selon les modèles que nous offrent les personnages que nous voyons à la télévision — mais attention, ces derniers changent toujours d'avis sur celui ou celle qu'ils aiment et la façon dont ils l'aiment ! Nous nous aimons à travers la perception des médias, avec des attentes et dans des conditions liées à notre environnement. Nous nous aimons selon la façon dont les autres nous prouvent leur amour. Nous nous aimons de mille manières différentes qui, toutes, dépendent de notre environnement et du souvenir que nous gardons de nos anciennes histoires d'amour. Ainsi, nous nous aimons souvent dans la confusion et la peur, avec tant de colère qu'il nous arrive parfois de croire que personne ne pourra jamais nous aimer. Pendant *l'intervalle,* alors que nous cherchons l'amour et que nous en rêvons, alors que nous l'attendons, nous nous reprochons d'être incapables de le trouver ou d'être aimés comme nous le souhaiterions !

Elle avait une trentaine d'années quand elle a décidé d'apprendre à s'aimer. À s'aimer suffisamment pour cesser de lutter, de souffrir, d'éprouver ce sentiment odieux d'être démunie, perdue et écrasée. S'aimer suffisamment pour ne plus adopter tous ces comportements qui l'entraînaient immanquablement dans la douleur et le conflit. Dans ses prières silencieuses, Rhonda demandait à Dieu de l'aider à changer afin d'accéder au bien-être. Ses enfants grandissaient et elle voulait être pour eux le meilleur des modèles. Elle se sentait vieillir et elle ne voulait pas rester celle qu'elle était jusqu'à la fin de ses jours. Elle avait réalisé que ces sensations s'amplifiaient toujours à la fin d'une liaison, ce qui était le cas aujourd'hui. Elle avait également compris qu'on refusait souvent d'affronter certaines situations, jusqu'à ce que la pression vous y contraigne. Or, aujourd'hui la pression l'y contraignait.

Comment en était-il encore arrivé là ? Il s'était pourtant juré que même si la fille était superbe et la situation excitante, il ne jonglerait plus jamais avec deux femmes à la fois. « Tu mérites ce que tu as se répétait James. C'est absurde ! » Pourquoi était-il incapable de dire non ? Pourquoi, lorsqu'il se montrait agréable avec une femme, fallait-il qu'elle tombe follement amoureuse de lui, au point qu'il se sente obligé de rester avec elle ? Pourquoi, alors qu'une fille était chez lui, l'autre surgissait-elle pour lui faire une scène ? Pourquoi les femmes devinaient-elles ses mensonges ? Résultat, il se retrouvait aujourd'hui avec, d'un côté de la ville, Jean qui pleurait toutes les larmes de son corps, et de l'autre, Paula qui menaçait de crever les pneus de sa voiture ! Et lui, au beau milieu de ce désastre, dans une situation qu'il n'avait jamais cessé de fuir : la solitude.

Comment vous débarrasser de la poussière et de la saleté ?

Où se situe le point de départ de ces modèles que nous ne cessons de reproduire, de ces sentiments contre lesquels nous ne cessons de lutter ? Est-ce notre alimentation ? Ou sommes-nous tout simplement bêtes ? Assez bêtes pour répéter toujours les mêmes erreurs. Il existe forcément une réponse et un moyen de nous sauver de nous-mêmes. Nous devrions peut-être avoir des lumières sur le front, comme sur le tableau de bord d'une voiture, pour nous avertir lorsque nous dévions de notre route ou que nous dépassons la vitesse autorisée, lorsque que nous devons nous arrêter, nous mettre au point mort ou faire marche arrière. Il est en effet impératif de savoir si nous retournons sur un terrain déjà foulé. Ces lumières seraient activées par nos pensées et nos sentiments, notre corps générerait l'énergie qui les allumerait et déclencherait les signaux d'alarme dans nos têtes et dans nos cœurs. La solution serait alors de se rendre chez un « mécanicien » de la vie pour qu'il diagnostique la maladie : vous replongez dans le désespoir, dans le besoin ! Vous allez avoir un accident ! La révision suivrait avec remise à niveau de la volonté, mise au point de la responsabilité et réglage de la vérité dans la conscience.

Cela vous semble peut-être exagéré, mais Rhonda aurait pu faire appel à un mécanicien de la vie. Elle avait besoin d'aide pour une évaluation tant personnelle que de sa vie amoureuse. Chaque fois qu'elle pensait réussir, un événement ou une personne surgissait, la contraignant à faire machine arrière et à revenir sur un terrain émotionnel qu'elle connaissait déjà. Parfois, elle s'en sortait avec de simples égratignures. Comme l'avant-dernière fois. Le type était superbe, absolument charmant. Il l'avait poursuivie de ses assiduités et elle avait fini par se laisser séduire. Ils avaient passé de merveilleux moments ensemble, mais un détail ne collait pas. Il restait toujours vague et ne fournissait jamais aucune explication sur ses multiples activités. Il a fallu trois mois à Rhonda pour découvrir qu'il vivait toujours avec la mère de sa fille, et six mois supplémentaires pour comprendre que sa relation avec cette femme était du type accordéon : « On se quitte, on se retrouve. » Les semaines où ils étaient *ensemble,* Rhonda le trouvait absent, les semaines où ils ne l'étaient *pas*, infiniment présent !

Quand il a fini par craquer et qu'il lui a raconté toute l'histoire, elle semblait parfaitement crédible et raisonnable — comme Alice au Pays des Merveilles ! Mais Rhonda était amoureuse. Elle a essayé de prolonger leur relation et s'est mise à l'appeler tard le soir, simplement pour s'assurer qu'il répondrait et accepterait de lui parler. Ce qu'il a fait à chaque fois. Elle lui a demandé de l'accompagner dans ses sorties. Il n'a jamais refusé. Mais il est resté ferme sur un point : il ne passerait jamais la nuit chez elle. Il ne voulait pas que sa fille se réveille et découvre qu'il n'était pas à la maison. Il ne voulait pas non plus que la mère de sa fille soit furieuse et parte avec l'enfant. Il ne voulait pas s'impliquer dans une liaison sérieuse avant d'avoir divorcé. De qui ? Sa femme vivait au Texas.

Rhonda avait appris une leçon : un homme marié est, et demeure, un homme marié ! Même séparé de sa femme depuis cent ans, si celle-ci est toujours vivante, il reste son mari. Elle savait qu'elle avait mieux à faire que de se lancer dans ce type d'aventure. Un homme marié peut vous bercer de fausses illusions pendant des lustres. Il peut vous dire n'importe quoi. Il dit n'importe quoi ! Rhonda savait que même si elle avait encore un pied au sous-sol et les deux mains au rez-de-chaussée, elle ne voulait, ne pouvait, en aucun cas, s'engager dans une telle relation — elle avait déjà tenté l'expérience et ça ne l'avait menée nulle part. Ils ont rompu d'un commun accord. Comme c'était elle qui appelait la plupart du temps, elle a cessé d'appeler. Il a fallu deux semaines à son amant pour le remarquer. À ce moment-là, il lui a téléphoné. Mais Rhonda n'était plus chez elle. Elle n'y est pas revenue pendant un an. Ça lui a fait du bien qu'il mette si longtemps à cesser de vouloir la contacter. D'une certaine façon, ça l'a aidée à apaiser la douleur de la séparation.

James aurait pu, lui aussi, remarquer les lumières clignotantes sur son front et se rendre chez un mécanicien de la vie. Jean était sa petite amie depuis un an et il se disait souvent que s'il n'avait pas l'esprit aussi confus, il aurait pu s'installer avec elle. Elle possédait tout ce dont un homme pouvait rêver : elle était belle, elle aimait faire l'amour et elle avait une personnalité suffisamment forte pour exercer un contrôle sur lui. Ce qui le surprenait toujours était qu'elle ne voulait rien de lui. Elle ne demandait d'argent ni pour son coiffeur, ni pour sa voiture, ni pour son shopping ; elle n'insistait jamais, non plus, pour qu'il parte en vacances avec elle. Elle ne cherchait pas à le présenter à ses amies et ne le brandissait pas tel un trophée. Elle était indépendante, ce qui avait tendance à rassurer James. Mais son recul venait peut-être aussi de là. Elle était peut-être trop solide, trop équilibrée, trop parfaite. Combien de fois s'était-il répété qu'il ne la méritait pas ? Cette fille était beaucoup trop bien pour lui. Combien de fois le lui avait-il dit ? Paula, elle, était à l'opposé.

Elle ressemblait à une enfant sauvage. Elle aimait faire la fête et s'amuser, et il était évident qu'elle recherchait un compagnon ayant les mêmes désirs. Si elle n'avait pas passé son temps à l'appeler et à lui courir après, il aurait parié qu'elle aurait au moins trois ou quatre hommes pour subvenir à chacun de ses besoins — coiffeur, manucure, pédicure et bien sûr, loyer ! Ça ne le dérangeait pas d'aider une femme en cas de nécessité ou d'imprévu, mais il refusait de le faire en échange de ses faveurs. Ce qui semblait être la devise de Paula dès le début de leur liaison. Elle ne cessait de quémander — de l'argent, de l'attention, du temps. Les femmes ne comprennent-elles pas combien cette attitude peut être irritante pour un homme ? Ne savent-elles pas que la plupart d'entre eux arrivent à peine à s'en sortir seuls ? Pourquoi un homme devrait-il faire ses preuves auprès d'une femme en termes d'argent ? Indépendamment de cela, il n'avait jamais eu l'intention de vivre avec Paula une relation sérieuse. Il recherchait avec elle une simple aventure, la possibilité de passer des moments agréables pendant que Jean était en voyage d'affaires. Une nuit de plaisir, et dans la minute vos pneus sont menacés ? Comment en était-il arrivé là ?

EST-CE QUE C'EST LE BON ?

Dans *l'intervalle,* vous pouvez vivre des liaisons. Des relations distrayantes ou même satisfaisantes. Vous ne les vivez pas par besoin mais par choix. Vous savez pertinemment que cette relation n'est pas la *bonne*, mais c'est celle du moment. Une liaison *d'intervalle* ne doit pas vous diminuer ni vous épuiser. Elle doit vous occuper, vous aider à garder le moral et vous préparer à vivre une plus belle expérience. Vous saurez que vous êtes en train de vivre une relation *d'intervalle* si vous appréciez la personne avec qui vous êtes, mais pas au point de lui prêter votre bien le plus cher ; si vous aimez passer du temps avec elle, mais n'envisagez pas votre vie avec elle. Dans ce type d'expérience, vous êtes en quête d'une relation basée sur le désir sexuel et non d'un lien véritable, mais ce peu que vous recherchez peut apporter beaucoup. Si vous avez conscience de vivre une relation *d'intervalle*, détendez-vous et profitez de ce qui s'offre à vous. Ne dépensez pas toutes vos économies — je veux dire par là qu'il est inutile de commander les alliances et les faire-part ! Regardez la vérité en face ! Prenez conscience de ce que vous connaissez ! Acceptez le fait que la relation dont vous rêvez est en préparation, comme le serait un bon repas. Et en attendant, contentez-vous d'une collation !

Malheureusement, nous avons souvent tendance à abuser des collations et par conséquent, à ne plus parvenir à savourer le dîner. Nous acceptons trop de choses. Nous nous investissons et nous attendons trop. Nous nous obstinons à essayer de faire de *la personne que nous avons rencontrée celle dont nous rêvons.* Ce syndrome est typique d'un comportement de sous-sol. À ce stade de notre développement, nous avons une telle envie d'échapper à ce que nous sommes, que la première personne qui surgit devient celle de nos rêves. Le problème se situe en nous-mêmes, mais nous ne le savons pas. Étant préoccupés par la satisfaction physique, nous soumettons nos relations à des conditions et des demandes. N'oubliez pas vos expériences de rez-de-chaussée ! Vous avez déjà procédé au nettoyage du sous-sol. Entraînez-vous à faire clignoter une petite lumière dans votre tête qui va vous dire : ATTENTION ! REGARDE OÙ TU METS LES PIEDS ! TU VAS TROP LOIN !

Rhonda était consultante indépendante et jouissait d'une excellente réputation dans son domaine. Pourtant, sa situation évoluait très lentement. Elle n'avait pas travaillé depuis des mois et connaissait de gros problèmes financiers. Elle avait accepté un projet à long terme qui tardait à se réaliser. Si elle parvenait à le terminer, elle aurait enfin suffisamment d'argent pour régler ses factures, acheter aux enfants ce dont ils avaient besoin. Peut-être même lui en resterait-il assez pour s'offrir un voyage, n'importe où, juste histoire de s'offrir une pause. Mais il y avait peu de chances que cela arrive ! Elle connaissait le processus : l'argent entrait et sortait de votre porte-monnaie avant que vous ayez pu faire le dixième de ce que vous aviez besoin ou envie de faire. Il en allait de même avec les hommes. Ils entraient et sortaient de sa vie au même rythme. Rhonda avait encore des leçons importantes à apprendre.

Et puis il y avait le problème du logement. Il fallait qu'elle déménage. N'ayant pas assez d'argent, elle avait mis ses recherches en attente. Elle avait fait la sourde oreille à son propriétaire aussi longtemps qu'elle avait pu, mais il commençait à se montrer menaçant : il voulait la mettre à la porte et la poursuivre en justice ! De quoi ajouter à la pression qui, déjà, pesait sur les épaules de Rhonda. Elle se disait que si seulement elle pouvait terminer ce projet, elle aurait assez d'argent pour déménager et qu'alors, la pression s'évanouirait ! Mais cette pression semblait faire partie de sa vie et surgissait chaque fois qu'elle avait quelque chose d'important à réaliser. Comment faire des projets, travailler, chercher une maison quand les huissiers et votre propriétaire vous guettent ? Inutile de préciser que Rhonda se mettait cette pression toute seule ! Sa dernière liaison venait de se terminer, mais cette fois, l'issue avait été différente : c'était elle qui était partie. À trente ans, elle venait pour la première fois de sa vie de quitter un homme, ce qui représentait pour elle un élément nouveau. Malheureusement, le fait d'être seule *une fois encore* relevait d'un scénario désormais familier. Pendant *l'intervalle*, lorsque vous vous retrouvez seul sans l'avoir souhaité, peu importe la manière dont c'est arrivé. Pendant un moment, le fait d'être parti et, donc, de souffrir moins que si vous aviez été quitté, peut être réconfortant. Mais une fois que vous avez pris conscience que celui qui avait mis si longtemps à entrer dans votre vie n'est plus là, *la façon* dont il a disparu importe beaucoup moins que la *réalité* de son absence.

Rhonda avançait dans l'existence d'un pas régulier. Elle travaillait, gagnait correctement sa vie et savait s'amuser. Sans être une fanatique du *new age*, elle commençait à s'intéresser à la spiritualité et éprouvait l'envie d'étudier ces sujets qui touchaient au corps, à la pensée et à l'esprit. Domaines qu'elle prenait en compte lorsqu'un homme l'attirait.

Ils se sont rencontrés par hasard. La première fois qu'elle l'a vu, elle était en voyage d'affaires. C'est lui qui a entamé la conversation. Ils ont dîné ensemble et passé un merveilleux moment. Puis ils se sont séparés sans échanger leurs numéros de téléphone. De retour dans sa chambre d'hôtel, Rhonda se sentait voler. Voilà comment elle entendait la vie ! Elle avait rencontré un homme qui l'avait invitée à dîner sans lui demander son numéro de téléphone — peut-être était-elle morte, et au paradis !

James, qui savait exactement comment il en était arrivé là, est revenu sur ses pas en pensant : « Si ce n'était pas aussi pathétique, ce serait presque drôle. » Il aurait dû suivre sa première idée, ne pas replonger une seconde fois avec Paula. Il avait été à deux doigts de réussir, puis elle avait proposé de lui mitonner un bon petit plat, le type même de proposition à laquelle il était incapable de résister — d'autant que Paula, il fallait le reconnaître, était un parfait cordon bleu. Alors que Jean, et Dieu sait pourtant qu'il l'aimait — non, qu'il aimait être avec elle —, était à peine capable de faire cuire un œuf ! Bref, non seulement Paula lui faisait passer des nuits torrides, mais elle lui préparait aussi les meilleurs petits-déjeuners qu'un homme pouvait vouloir : bacon, frites maison, crêpes, céréales fourrées aux fraises ! Le rêve. Après l'un de ces fameux petits-déjeuners, James s'est brusquement aperçu que six mois s'étaient écoulés et que Paula venait de lui donner une clé de son appartement. Le jeu en valait presque la chandelle. Presque, mais pas tout à fait.

Jean était rentrée tôt et était impatiente de le voir. Elle lui avait acheté des cadeaux et voulait les lui apporter. Très vite, James avait compris le danger d'amener Paula chez lui, alors il avait pris l'habitude de se rendre systématiquement chez elle, en priant le ciel pour qu'elle oublie son adresse — elle n'était venue qu'une seule fois ! Et il s'était donné une règle : ses aventures importaient peu, sa première femme était et demeurait sa première femme. Les autres n'avaient qu'à attendre ! Et lorsque la première appelait, il lâchait tout. Il a terminé sa conversation téléphonique avec Jean et appelé Paula pour lui expliquer qu'un imprévu l'empêcherait de l'accompagner le soir même au cinéma. Ils iraient un autre jour. Elle a commencé à se plaindre. Il lui a rétorqué qu'il venait à peine de la quitter, que tout allait bien et qu'il lui téléphonerait plus tard. Là encore, il aurait dû suivre sa première idée ! Au cours de la journée, son intuition lui a soufflé d'appeler Paula pour s'assurer qu'elle ne se doutait de rien, mais il avait un travail fou et il a oublié. D'autant qu'il était très excité à la pensée de revoir Jean.

Lorsqu'il est arrivé chez lui, Jean l'attendait. Après les retrouvailles, ils ont commandé un repas chinois. Il a ouvert ses cadeaux, ils ont parlé et dîné. Ils allaient prendre un bain quand on a sonné. Paula ! Elle était en bas ! En reconnaissant sa voix, James a cru avoir une attaque. « Je pensais que tu avais quelque chose à faire, conn… ! » Il a relâché le bouton, mais trop tard, Jean avait entendu l'insulte. « Qui est-ce ? » « Je ne sais pas ! » a sèchement répondu James en se dirigeant vers la salle de bain. Erreur ! Un homme sur la défensive éveille instantanément le doute chez une femme. On a sonné à nouveau. Que faire ? « Commence à faire couler le bain, » a-t-il dit à Jean en retournant vers l'interphone. Jean s'est dirigée vers la salle de bain puis s'est arrêtée et est revenue vers lui avec, au fond des yeux, une lueur qui laissait entrevoir à James le début de ses soucis. « Laisse-la monter, c'est moi qui pars ! » Incapable de réfléchir, sans même s'en rendre compte, il a ouvert la bouche et lancé : « Laisser monter qui ? » Question stupide !

LE TEMPS EST VOTRE ALLIÉ

Il n'existe malheureusement aucun chemin aisé pour découvrir la vérité sur l'amour. Mais l'*intervalle* est là pour nous aider : les expériences que nous vivons tout au long de notre quête de l'amour nous apprennent à comprendre notre mode de fonctionnement. Ces expériences viennent des relations grâce auxquelles nous finissons par venir à bout de nos idées fausses, de nos perceptions mal interprétées, de nos peurs et de nos jugements concernant cet amour vers lequel nous marchons. Pour certains d'entre nous, *l'intervalle* peut paraître interminable. Ils ne peuvent pas trouver la personne idéale ! Ils ne peuvent pas être la personne idéale ! Ils ne parviennent pas à saisir les bons sentiments ! Ou alors ils sont trop fugaces pour leur apporter le bien-être qu'ils recherchent ! Dans l'*intervalle,* il ne s'agit pas d'*apprendre*, mais de *désapprendre*. La vie nous l'offre pour réfléchir, réévaluer et nous rappeler la vérité sur nous-mêmes, sur ce que l'amour accorde à notre identité. Il nous fournit de nouveaux éléments sur lesquels réfléchir, et de nouveaux outils destinés à parfaire cette réflexion et à évaluer la situation. Durant cette période, vos expériences vont vous aider à réveiller votre mémoire et à faire ressurgir le souvenir de votre première expérience de l'amour véritable, pour vous permettre de savoir plus précisément si vous vous rapprochez, ou si vous êtes encore loin de la réalité de cet amour. Il faut souhaiter que vous gardiez ce souvenir à l'esprit assez longtemps pour l'intégrer à votre âme et vous en servir dans vos liaisons futures.

Vous pouvez alors découvrir qu'il vous faut repartir de zéro en construisant de nouvelles relations où l'amour tiendra davantage de place. Cela représente un vrai travail ! Dans *l'intervalle*, il y a toujours une liaison en cours. Comment allez-vous la gérer ? Qu'allez-vous faire d'une relation construite sur de mauvaises bases, des notions dépassées et un comportement *d'intervalle* qu'on peut qualifier d'hystérique ? Vous pourrez peut-être vous aimer au travers de ces liaisons. Certaines d'entre elles survivront. D'autres pas. Mais lorsque vous vous souviendrez de ce qu'est l'amour, de sa vérité, il y a toutes les chances que vous vous inondiez de cet amour, que vous en inondiez les autres, que vous désiriez connaître plus d'amour, et en donner bien plus encore.

Le dîner était un souvenir agréable que Rhonda commençait à oublier lorsque, un mois plus tard, elle est repartie en voyage d'affaires. Elle venait de s'installer dans sa chambre, s'était changée et redescendait dans le hall de l'hôtel pour vérifier l'heure de la conférence quand elle a entendu sa voix. Elle s'est retournée, il était là. Il s'est remis à lui parler comme s'ils s'étaient quittés la veille. « Comment allez-vous ? » Rhonda était agréablement surprise. Allait-elle, ce soir encore, avoir droit à une nouvelle tournée de beignets au crabe ? « Vous êtes ici pour la conférence ? » Tout a recommencé. Ils se sont promenés, ont parlé et ont prévu de passer le week-end ensemble.

Ils l'ont passé ensemble. Le dernier soir, ils ont dîné dans un restaurant grec. Il connaissait la ville et savait exactement où aller. Comme ils partaient tard le lendemain, ils ont décidé de prendre leur petit-déjeuner ensemble, puis de jouer les touristes. Il l'a raccompagnée à la porte de sa chambre, l'a embrassée sur la joue en lui lançant seulement un regard rapide lorsqu'il est retourné vers l'ascenseur. À cet instant, Rhonda s'est demandé s'il avait un problème — ou était-ce elle ? La situation commençait à lui sembler curieuse. Pourtant, elle vivait exactement ce qu'elle avait envie de vivre : elle passait d'excellents moments avec un homme, sans aller trop vite, sans s'engager, mais la situation était tellement inhabituelle qu'elle ne pouvait s'empêcher d'éprouver un malaise. Soyons clairs, vous vous dites forcément que si elle lui plaisait, il l'aurait embrassée ou lui aurait demandé d'entrer dans sa chambre. À la minute même où cette pensée a traversé l'esprit de Rhonda, un signal d'alarme a retenti dans sa tête. « ADOPTE UN NOUVEAU COMPORTEMENT ! Si tu veux un autre résultat, tu dois avoir un autre comportement ! »

Paula avait dû coller un morceau de scotch sur la sonnette, qui n'arrêtait plus de sonner. Jean était en train de rassembler ses affaires. « Qu'est-ce que tu fais ? » James, affolé, n'arrivait pas à décrypter ses pensées. Était-elle folle de rage ? Blessée ? Elle était si calme qu'il était incapable de le déterminer. « Écoute, ce n'est rien. Je vais m'en occuper. Va dans la salle de bain. Ce n'est rien, tu entends. Rien ! » Il s'entendait lui répéter les mêmes mots. En réalité, il la suppliait presque. Jean s'est mise à trembler. Il se disait :

« Elle est furieuse. Non, elle souffre ! » Elle s'est dirigée vers la porte. Ça sonnait toujours. « Tu ne manques pas de culot, » lui a-t-elle dit. C'était pour cela qu'il l'aimait — non, qu'il aimait être avec elle. Une autre femme l'aurait traité de tous les noms. Mais Jean, belle, sensible, lui disait simplement qu'il exagérait. Comment pouvait-il être aussi stupide ? Il a essayé de la retenir. Un geste ridicule !

Au premier étage de la maison de l'amour, il est probable que vous verserez beaucoup de larmes. D'une part, parce que vous vous direz que les efforts pour toucher au but sont encore trop nombreux et que vous n'y arriverez jamais, d'autre part parce que vous serez reconnaissant de vous trouver, enfin, sur le chemin de la guérison. Quand vous ne pleurerez pas, vous essayerez de vous *corriger*. Vous vous écouterez parler, étudiant chacune de vos paroles, chacune de vos pensées. Vous aurez envie de maigrir, de changer de coupe de cheveux pour montrer que vous savez parfaitement ce que vous faites. Un jour, au sommet de votre expérience du premier étage, vous prendrez conscience qu'au fond, vous ne savez pas ce que vous faites et qu'il y a de fortes chances que vous ne fassiez pas du tout ce qu'il faut. Dites-vous qu'une nouvelle crise de larmes ponctuera probablement cette révélation. Car si la situation évolue, elle est encore loin d'être parfaite, et si vous commencez à vous sentir mieux, la guérison est encore incomplète. À ce moment-là, vous aurez l'intention de bien faire et de vous soigner, mais toujours sans savoir comment y parvenir. Vous serez en pleine confusion. En réaction à cette confusion, vous vous agenouillerez et prierez : « Mon Dieu, je vous en prie, aidez-moi ! » Soyez alors certain que dans un laps de temps relativement court, vous obtiendrez l'aide et les réponses dont vous avez besoin.

Je me souviens du jour où quelqu'un m'a dit : « Dieu t'aime telle que tu es. » J'étais sous le choc, et soulagée à l'idée d'avoir finalement fait ce qu'il *fallait*. J'étais effrayée, aussi, de ne pas m'en être aperçue. Mais le plus important de tout, ce qui m'a réconfortée et fait venir des larmes de soulagement, a été d'apprendre que Dieu m'aimait. Lors d'une expérience *d'intervalle* au premier étage, rappelez-vous toujours que vous personnifiez l'amour, que vous êtes l'essence même de cet amour. Si vous ne vous en souvenez pas tout seul, vous le trouverez dans un livre, ou dans un groupe de soutien. Peu importe. Ce qui compte est que vous preniez conscience de cette réalité. À ce stade, j'espère que vous pleurerez encore, car pleurer au premier étage de la maison de l'amour est à la fois utile et significatif.

Lorsque nous oublions que Dieu nous aime, nous luttons pour trouver parmi les hommes de quoi combler notre besoin d'amour. Au premier étage, il faut à la fois renoncer à ce besoin et se pardonner de l'avoir éprouvé un jour. Vous êtes parvenu à cet étage grâce à l'amour de Dieu. À présent, vous allez devoir apprendre à ne plus reproduire certains comportements et à vous pardonner de les avoir adoptés ; apprendre, aussi, à ne plus dissimuler. Comment ? En acceptant vos sentiments et en les exprimant, en cessant de les juger — « Je ne devrais pas ressentir ça ! Ce que je ressens est peut-être faux ! » Cessez d'adopter cette attitude de fuite en faveur du comportement suivant : « Je me pardonne si ma perception des choses est inexacte, mais en ce moment je ressens... » Vous serez probablement surpris, d'une part de vouloir et de pouvoir exprimer votre vérité, d'autre part de prendre ainsi le risque de passer pour un être vil, faible ou stupide. Dites-vous au contraire que cette nouvelle attitude est formidable ! Vous êtes parvenu à changer d'opinion, à ne plus taire la vérité mais à accepter de l'exprimer — immédiatement.

Cessez de jouer les victimes !

Rhonda est allée se coucher après avoir préparé ses vêtements pour la sortie du lendemain, qui devait se révéler excellente. Ils se sont promenés toute la matinée dans la voiture qu'il avait louée. Ils ont déjeuné sur le front de mer. Ils ont ri et parlé, échangé leurs numéros de téléphone. Puis il l'a accompagnée à l'aéroport. Tout au long de son voyage de retour, Rhonda s'est efforcée de se calmer et de ne pas penser à lui. Elle se concentrait sur sa lecture, se promettant de ne pas appeler la première. Un mois plus tard, elle n'avait pas appelé. Elle n'a pas eu à le faire. Dans une autre ville, pour un autre séminaire, elle l'a vu à la réception alors qu'elle entrait dans son hôtel. Cette fois, elle a marché jusqu'à lui et lui a donné une petite tape sur l'épaule. Il s'est retourné, surpris et heureux. Rhonda souriait. Il a parlé le premier : « Vous êtes qui ? Vous êtes quoi dans ma vie ? »

C'était une union marquée du sceau de Dieu ! Comment résister à la tentation après une telle série de rencontres divines ? Nous avons tendance à utiliser tout ce qui est en notre possession pour nous convaincre que nous ne faisons pas fausse route ! Ensuite, tout est allé très vite. Ils vivaient à mille kilomètres l'un de l'autre, ils s'appelaient tous les jours, puis deux, trois fois par jour. Ils se voyaient tous les deux ou trois mois, et trois ans et demi sont passés à une vitesse phénoménale. Il était délicieux. Leur liaison était délicieuse. Lorsque votre amant vit aussi loin, comment ne pas le croire quand il vous répète quotidiennement que vous lui manquez ? En tant que femme, c'est un ravissement de savoir qu'un homme va vous appeler, et que si vous avez un problème, vous pouvez décrocher à tout moment votre téléphone et l'appeler ! Mais attention, il faut rester lucide, connaître la teneur de vos désirs véritables et être conscient de ce que vous faites. Un jour, Rhonda s'est aperçue qu'elle avait cessé de l'être et qu'elle s'était peu à peu prise au jeu, essayant de s'accrocher à une relation qui ne répondait pas à ses désirs les plus intimes.

Elle s'est aperçue qu'au lieu d'attendre patiemment *la* relation, elle s'était installée dans celle qui s'était présentée. Elle savait que cet homme était charmant mais qu'elle ne s'imaginait absolument pas faire sa vie avec lui. Elle avait pourtant fini par s'en convaincre : puisque c'était lui qui était apparu dans sa vie, elle devait s'en accommoder. Elle avait tout fait pour maintenir leur relation, tout en la sachant vouée à l'échec à long terme. Dieu merci, il ne cherchait pas à s'engager. Il n'était pas prêt. Il ne se privait d'ailleurs pas de le répéter, invoquant mille excuses, et bien qu'elle se refuse à l'admettre, Rhonda avait essayé maintes fois de le persuader du contraire. Elle avait alors adopté un comportement de rez-de-chaussée, le harcelant, insistant et commettant toutes sortes de folies pour qu'il accorde son pas au sien. Elle avait participé à son propre problème. Et elle avait recommencé à se mentir. Mais au premier étage de la maison de l'amour, vos mensonges sortent leurs griffes et vous assaillent jusqu'à ce que vous vous demandiez : « Quel est mon problème ? » À présent, Rhonda connaissait la réponse : elle refusait de se tromper encore une fois et refusait d'admettre, que ce soit à elle-même ou à ses amis, qu'elle venait de commettre une nouvelle erreur. À ce stade de votre évolution, lorsque quelque chose vous démange, soit vous vous grattez jusqu'au sang, soit vous cherchez la cause de cette démangeaison. Rhonda a compris que la cause de sa démangeaison était simplement un manque d'amour d'elle-même.

Jean se débattait. Sans réfléchir, James s'est entendu lui dire : « Je suis désolé ! » À présent, il avait compris que Jean souffrait, parce qu'elle pleurait toutes les larmes de son corps en le frappant et en le repoussant. Il vivait l'une des situations les plus douloureuses qui soient : se tenir devant la femme qu'on aime et se rendre compte que jamais encore on ne lui a avoué ses sentiments, regarder pleurer cette femme à deux doigts de vous arracher les yeux parce qu'une hystérique dont vous vous moquez éperdument sonne à votre porte ! La sonnerie a cessé. Il a cru à une accalmie. Au contraire, la situation a empiré ! Jean est tombée à genoux, a enfoui son visage entre ses mains et s'est mise à gémir. Immobile, James la regardait en se sentant de plus en plus impuissant, inutile et incapable, chaque fois qu'elle lui criait : « Pourquoi ? » Lentement, il s'est agenouillé près d'elle, l'a prise dans ses bras et a murmuré : « Je ne sais pas, je te le jure. Je t'en supplie, pardonne-moi ! Aide-moi ! Je suis tellement désolé. » Pour la première fois depuis longtemps, James avait envie de pleurer. Il en avait envie, mais il résistait.

Vous devez apprendre à renoncer à la fuite. De quelle façon ? En apprenant à écouter, à communiquer. En cessant de penser que vos propos, vos sentiments ne revêtent aucune importance aux yeux des autres. Modifiez votre opinion en renonçant à cette idée absurde. Et par la même occasion, modifiez votre manière de réagir à ce que disent les autres. N'oubliez pas que ce qui est vrai pour vous ne l'est peut-être pas forcément pour eux. Chacun a droit à sa propre expérience, une expérience qui détermine ses actes et son comportement, ses paroles et sa manière de les exprimer. Chacun possède le droit fondamental de manifester ses sentiments, mais le fait qu'une personne exerce ce droit — celui de dire *sa* vérité — ne signifie pas que vous devez l'accepter ou agir en conséquence. Apprenez à écouter. À pardonner. À renoncer. À ce stade de votre évolution, vous ne pouvez pas faire davantage.

Courage sous les rafales !

À présent, Jean pleurait sur son épaule : « Je le savais ! Je savais que tu faisais n'importe quoi mais je pensais que tu arriverais à t'en sortir. Je pensais que tu essayais de t'assumer, que tu voulais être sûr. Je le savais ! » James s'est dit que ce serait probablement son unique chance de lui raconter sa propre version de l'histoire. « Je ne sais pas pourquoi j'ai fait une chose pareille, Jean. Elle ne représente rien pour moi. C'est une bonne cuisinière et c'est une fille facile. Ça n'a rien à voir avec toi. C'est comme si, à chaque fois qu'il se passait quelque chose de bien dans ma vie, je faisais tout pour le gâcher. » En y repensant, James s'est rendu compte qu'il avait mis le doigt sur le cœur du problème. Lorsque tout allait bien au bureau, il commençait à sortir tous les soirs et par conséquent à arriver en retard tous les matins. Lorsqu'il n'avait pas de soucis financiers, il achetait tout et n'importe quoi, surtout des choses inutiles, et il s'endettait. Comme s'il ne pouvait être heureux qu'en ayant une raison de se sentir mal. C'était de la folie ! Une vraie névrose ! Se détestait-il à ce point ? En pensant à ce qu'il se disait dans ces moments-là, James a pris conscience qu'il avait un travail phénoménal à accomplir sur lui-même avant de pouvoir revenir en arrière et demander à Jean de lui offrir une seconde chance. Puis, au vu de ce qui venait d'arriver, il s'est dit que cette seconde chance avec Jean était probablement déjà perdue.

Toute guérison est longue. Si vous vous coupez et que la blessure saigne abondamment, vous vous soignez, nettoyez la blessure et la pansez afin d'éviter l'infection, tout en sachant qu'elle va mettre un certain temps à cicatriser. Pendant les jours qui suivent, peut-être même les semaines, vous agissez avec prudence et surveillez vos gestes. En cas de blessure, un temps de guérison identique est nécessaire dans nos relations. Quand nous ne laissons pas le temps à une blessure de cicatriser, que ce soit dans une liaison, ou entre deux relations, cela revient à retirer un pansement beaucoup trop vite, en prenant le risque de rouvrir la plaie. Pour tout ou presque tout dans la vie, nous désirons des guérisons instantanées. Nous oublions qu'il est impossible d'accélérer le processus de cicatrisation.

L'une des raisons pour lesquelles nous ne respectons pas ce temps de guérison est la difficulté que nous éprouvons à nous aimer nous-mêmes. Nous nous critiquons, nous pensons avoir tort et nous nous retrouvons pris au piège, essayant de rectifier chaque petit détail, ce qui finit par nous épuiser. Nous nous en voulons de nous infliger une tâche aussi lourde. L'épuisement, lié à un sentiment de désamour de soi, conduit à une sensation d'incapacité. Nous nous imaginons incapables, parce que nous répétons sans cesse les gestes qui nous font mal, sans parvenir à comprendre pourquoi nous les avons accomplis une première fois. Ce sentiment d'incapacité nous entraîne alors dans la peur. La peur de manquer de temps, de ne pas réussir à nous assumer, de tisser des liens avec quelqu'un qui finira par découvrir notre incapacité. Nous ne sommes pas incapables, mais blessés, tout simplement, comme le serait un soldat, parce que nous avons fait de l'amour un champ de bataille. Un soldat blessé doit quitter le champ de bataille le temps de guérir ses blessures.

Au cours d'une vie normale, chacun a forcément, à un moment ou à un autre, une blessure à guérir. Pas nécessairement une blessure profonde, mais un problème à affronter qui nécessite une mise au point et du temps pour cette mise au point. Il se peut également — et cela dans toute relation, bonne ou mauvaise — que les partenaires éprouvent le besoin de prendre du recul afin de se soigner. Malheureusement, la peur de perdre l'autre nous empêche souvent de répondre à ce besoin et de nous éloigner quelques jours, ou même seulement quelques heures, chacun de notre côté, pour guérir, avant de revenir et de panser les blessures ensemble. C'est une grave erreur. En effet, si nous ne prenons pas le temps de procéder à ces soins individuellement, nous avons toutes les chances de créer de toutes pièces le chaos et la confusion que nous travaillons tant à éviter. Il ne s'agit pas de la relation elle-même mais des blessures que nous y apportons et que nous laissons béantes, faute de prendre le temps de les soigner. L'amour de vous-même vous permettra de prendre ce temps, ainsi que l'espace nécessaire à toute guérison, sans que la peur vous étreigne. Ce que ne vous apportera pas la complicité sexuelle. Le besoin d'être désiré n'apporte pas la force. L'envie qu'on prenne soin de vous ne vous insuffle aucun courage. Que vous viviez ou non une liaison, la règle numéro un est de savoir vous aimer. Si vous n'en êtes pas capable, vous n'aurez pas d'autre choix que de commettre ces gestes fous ou stupides qui, dans vos relations, finissent toujours par déclencher votre colère.

Ne cherchez pas les problèmes

En continuant à fréquenter cet homme, Rhonda savait qu'elle courait droit aux ennuis. Pas uniquement parce qu'il n'était pas l'homme de sa vie et qu'elle en avait conscience, mais parce que sa névrose était réapparue ! Elle savait que celle-ci reprenait le dessus dès l'irruption du sexe dans ses relations. À partir de ce moment-là, Rhonda se mettait à avoir des demandes, se sentait blessée par les détails les plus mineurs, posait des conditions, nourrissait des espoirs. Des attitudes qu'elle avait recommencé à adopter ! Avant d'aller plus loin dans cette liaison ou d'y mettre un terme, elle savait qu'elle devait faire quelques petites mises au point. Pourquoi attendre cette réaction ? Qu'a-t-il dit ? Qu'as-tu fait ?

Que se passe-t-il ? Elle s'est aperçue qu'elle n'avait pas besoin d'aborder ces sujets avec lui. Pas encore. Auparavant, elle devait accomplir ce travail *sur elle-même, avec elle-même*. Elle savait aussi qu'elle ne devait plus mêler le sexe à sa relation, le temps, pour elle, de déterminer précisément ce qu'elle éprouvait et où elle allait. Elle avait besoin d'évaluer la nature de ses envies, de ses intentions. Elle avait aussi compris que sa névrose permettait toujours à son partenaire de lui imposer des désirs qui finissaient par l'irriter.
Il allait tout avouer à Jean quand la porte a volé en éclats. Il y avait du bois partout ! Jean a hurlé. James essayait de la protéger comme il le pouvait. Paula avait passé la main dans une fissure de la porte et essayait d'atteindre le verrou. Elle avait une sacrée bonne mémoire ! Dans la vie, certains événements vous poussent parfois à agir comme vous ne le penseriez pas. Ils vous amènent ainsi à prendre vos responsabilités. James a couru à la porte, a ouvert, et tiré Paula à l'intérieur. Les voisins, inquiets, ont demandé si tout allait bien. « Oh oui ! Tout va très bien ! Une maniaque est en train de défoncer ma porte, à part ça, tout va très bien ! » Hurlant et jurant, Paula a voulu se précipiter sur Jean, mais James l'a retenue. Jean avait du caractère. Il était évident qu'elle n'allait pas se laisser faire, mais il était tout aussi évident qu'elle n'allait pas se rouler dans la boue avec Paula ! « Vous n'avez absolument rien à me dire ! » Pendant une seconde, Paula est restée muette. En retrait, James s'est dit qu'il s'agissait résolument d'une « histoire de filles » qu'il ne pouvait pas comprendre. « S'il avait voulu vous voir, il vous aurait laissé monter. Mais puisque vous êtes entrée par la force, alors passez un bon moment. Je pars ! » Jean ne s'est pas pressée, elle n'a pas changé d'avis. Avec toute la classe et la dignité dont une femme pouvait faire preuve dans sa situation, elle a ramassé ses affaires, y compris les cadeaux qu'elle avait apportés, et quitté l'appartement. Paula s'est laissée tomber sur le canapé, balançant nerveusement une jambe tout en invectivant James, avec des phrases qui, selon lui, n'avaient aucun sens : « Tu m'as utilisée ! Tu m'as menti ! Tu me dois une explication ! »
Si vous ne vous aimez pas, prendre une décision que vous savez nécessaire peut s'avérer difficile. Si vous ne vous aimez et ne vous respectez pas, si vous n'avez pas confiance en vous, vous hésiterez entre entreprendre le processus de guérison et continuer à vivre avec vos problèmes. Et si vous vous détestez pour de bon, alors vous vous mentirez en pensant que « finalement, ce n'est pas si mal

que ça. » C'est alors que commenceront les démangeaisons. En revanche, si vous êtes décidé à accomplir le long travail qui vous conduira à la guérison, si vous êtes enfin déterminé à affronter la vérité, vous assumerez aussitôt vos responsabilités et agirez en conséquence. Vous respirerez profondément et vous utiliserez le seul *nettoyant spirituel* qui puisse vous aider à entamer le processus de guérison : le renoncement. Au premier étage, renoncer ne signifie pas qu'on s'avoue vaincu. Cela veut dire qu'on abandonne ses anciens comportements et toutes ses anciennes croyances qui n'aboutissaient pas, qu'on délaisse ses mauvaises habitudes et tout ce qui pourrait encore ralentir notre apprentissage de l'amour. À cet étage, vous saurez surmonter vos illusions, cesser de dire que vous êtes capable de faire quelque chose alors que vous savez pertinemment que vous en êtes incapable. Nous sommes conscients de ne pas pouvoir nous changer, nous aider, nous guérir ou nous sauver tous seuls. Nous le voulons, mais ne le pouvons pas. C'est pour ça que Dieu a créé l'amour. L'amour qui seul détient le pouvoir de guérison. Lorsque nous souhaitons sincèrement guérir, nous devons nous abandonner à cet amour. Et si nous ignorons ce qu'il est, Dieu nous offre l'*intervalle* comme outil destiné à nous faire découvrir ce qu'il est nécessaire de connaître sur ce sentiment absolu.

VOTRE MANIÈRE D'AGIR

L'intervalle est une période d'attente. Attente de nouvelles instructions, de nouveaux conseils, de nouveaux soutiens. Un nettoyage intellectuel et émotionnel. Lorsqu'il est lié à l'amour et aux relations, *l'intervalle* peut être abordé de deux manières différentes : soit vous acceptez l'attente, soit vous la refusez. Dans le premier cas, vous allez vivre vos expériences avec le désir de progresser, d'établir une meilleure relation avec vous-même. Ce type d'expérience implique que vous acceptiez de vivre non plus à vos côtés, mais en et avec vous, sans que cela pose problème. À ce moment-là, vous ne serez plus forcément motivé par le désir de rencontrer quelqu'un et de vivre une histoire d'amour ou une liaison. Attention, je ne veux pas dire que vous vous en désintéresserez ! Simplement, ce type d'expérience ne constituera plus pour vous une priorité, car vous serez davantage guidé par le désir de *vous* remettre en question et de classer ce que vous découvrirez. Vous aurez envie de perdre du poids aussi bien émotionnellement que physiquement. Vous voudrez acquérir une bonne forme intellectuelle et spirituelle. Vous aurez envie de vous pencher sur toutes les tâches inachevées, sur le travail qui permettra votre guérison, sur votre évolution, et vous considérerez *l'intervalle* comme l'occasion de prendre enfin soin de vous.

Celui qui abordera l'*intervalle* en ayant d'envie de progresser connaîtra de grands bonheurs — de grandes révélations, de grands éclaircissements et de grands projets. Il s'apercevra qu'un rouage était enrayé et que la machine ne pouvait pas fonctionner telle qu'elle était. Affronter son vécu et l'histoire de ses relations passées avec les doutes et les échecs qui s'y rattachent, le bouleversera probablement, mais il refusera de s'avouer vaincu. Il voudra mettre le doigt sur le problème de fond et les raisons qui l'empêchaient d'obtenir ce qu'il désirait et de réaliser son rêve : l'engagement dans une liaison où règne l'amour absolu. Il s'apercevra que toutes ses expériences passées étaient des expériences d'*intervalle* dans lesquelles une leçon lui avait échappé, ce qui le conduisait à répéter inlassablement les mêmes comportements, à développer le même sentiment d'insécurité. Qu'il ait été quitté ou qu'il ait quitté, qu'il ait été trompé ou qu'il ait lui-même trompé, agissant en pleine possession de ses moyens, de sa tête, de son corps, de son âme, il est désormais seul et il veut comprendre pourquoi. L'*intervalle* constitue le meilleur moment pour s'interroger. Le meilleur moment, aussi, pour se préparer à recevoir une réponse à ses questions.

De l'autre côté, il y a ceux qui abordent l'*intervalle* en refusant d'évoluer. Ce sont les personnes qui y sont précipitées ou qui y entrent dans la colère. Celles qui rejettent la faute sur les autres. « Il m'a abandonnée ! » « Elle ne pouvait pas s'assumer ! » « Ils ne m'ont pas rendu heureux ! » Ces personnes ne comprennent pas que l'*intervalle* est une période destinée au progrès et à la guérison. Une période de remise en question, de mise au point et de convalescence. Ceux qui la vivent en refusant d'accomplir ce travail sur eux-mêmes sont dans les conflits et les lamentations. Ils régressent, se cramponnent à ce qu'ils possèdent et regardent en arrière pour essayer de comprendre, rejetant la responsabilité de leur malheur sur les épaules appropriées. Dans l'*intervalle*, il faut savoir lâcher prise, admettre qu'on est égaré, de façon à redécouvrir ce qu'on connaît. Vous savez toujours ce que vous avez fait, ou au contraire ce que vous n'avez pas fait, pour être arrivé là où vous êtes. L'admettre constitue l'étape la plus difficile. Si vous entrez dans l'*intervalle* en refusant d'affronter cette vérité, en vous cramponnant désespérément à ce que vous avez, en regardant en arrière et en accusant les autres, en vous plaignant et en éprouvant un malaise, vous ne saurez pas mettre à profit ce temps de solitude pour progresser, et le réveil de votre mémoire s'accompagnera d'une véritable thérapie de choc !

Il peut en effet être bouleversant d'affronter, d'apprendre et de se rappeler la vérité sur soi-même. Mais il faut aussi savoir que plus on refuse de l'affronter, plus les révélations peuvent être choquantes. Dans l'*intervalle*, vous êtes seul. Il n'y a personne que vous puissiez regarder, personne dont vous puissiez vous plaindre, personne contre qui vous puissiez lutter, ni à qui vous raccrocher, sinon vous-même, et c'est une très bonne chose. Pendant cette période, une attente vécue dans le refus peut sembler interminable. Plus vous lutterez, plus l'attente sera longue. Plus vous regarderez les autres, plus elle vous paraîtra désespérée. Ce n'est que lorsque vous aurez renoncé à la colère, au ressentiment, au désespoir, aux incertitudes et à la peur, que l'*intervalle* se transformera en une expérience pleine de sens et d'utilité.

Il n'existe pas de règle quant à sa durée. Il ne s'agit pas de se dire : « Si je fais ça, j'en sortirai plus vite » ou : « Si je fais ça, je ne repartirai plus en arrière ! » Vous resterez dans l'*intervalle* le temps qu'il faut, non seulement pour que vous soyez prêt, mais pour que votre partenaire idéal le soit aussi. En d'autres termes, il se peut que vous soyez prêt mais pas lui. Il se peut que vous vous soyez débarrassé de vos doutes, que vous ayez accompli votre travail de pardon et de libération, alors que lui ne l'aura pas entamé. Vous resterez alors dans l'*intervalle* le temps qu'il achève son travail, le temps qu'il soit prêt, pour lui-même et pour vous. N'oubliez pas que l'*intervalle* est autant une période de protection, que de préparation.

Ce qui ne veut pas dire que vous devez rester assis en vous tournant les pouces. En attendant de connaître l'expérience divine dont vous rêvez, vous pourrez vivre, et vous vivrez des relations de valeur et significatives. Ne croyez surtout pas que vos expériences vécues dans l'*intervalle* sont inutiles. Toutes vos liaisons vous aideront à vous préparer et à vous rapprocher de l'expérience ultime de l'amour inconditionnel : l'amour de vous-même et l'amour des autres. Un grand nombre de ces expériences d'*intervalle* ne sont d'ailleurs destinées qu'à vous faire franchir un pas vers l'amour absolu, et non à vous accompagner tout au long du chemin qui y mène. Votre travail consiste alors à éviter la tentation et le piège de penser que *toute* relation se doit d'être *la* relation qui durera à tout jamais. Toute liaison est *la* liaison dont vous avez besoin à un moment précis de votre vie. Quand l'objectif divin de cette relation est atteint et le temps échu pour sa durée arrive à son terme, cette relation s'achève et vous entrez dans l'*intervalle* jusqu'à la prochaine expérience.

Je vais bien ! Vous allez bien ! Alors maintenant, au travail !

Il a finalement dû appeler la police pour faire sortir Paula de chez lui. Il a décidé de ne pas porter plainte, mais de demander une protection au cas où elle chercherait à revenir. Cela remontait maintenant à trois jours. Depuis, il ne s'était entretenu qu'une fois avec Jean. Ce jour-là, il ne lui avait rien dit, si ce n'était la vérité sur tout, y compris sur ce qu'elle n'avait jamais su. Il lui avait également dit qu'il était prêt à se prendre en charge, à se fixer et à construire une vie avec elle ; il lui avait dit qu'il l'aimait, autant qu'il lui était possible d'aimer, et il avait admis qu'il avait beaucoup à apprendre. Il avait aussi reconnu qu'il devait, pour commencer, apprendre à s'aimer lui-même. Jean, de cette façon calme et si posée qui n'appartenait qu'à elle, l'avait remercié pour son honnêteté et son amour, mais avait ajouté qu'elle avait besoin de temps, elle aussi, pour y voir clair. Elle était même allée jusqu'à exprimer son inquiétude envers Paula, se demandant comment une femme pouvait tomber si bas. James lui avait rétorqué que ce n'était pas très difficile avec un homme désireux de tomber avec elle. Il avait agi uniquement pour le plaisir, l'amusement. Un amusement malsain. Jean lui avait suggéré d'aller consulter un thérapeute. Il avait répondu qu'il en avait envie. Depuis, il avait appelé les numéros qu'elle lui avait donnés et attendait les réponses. Il avait peur de ce que pourrait lui révéler une thérapie, mais dès que surgissait une once de résistance à l'idée de l'entreprendre, il rendait les armes. Jean lui avait appris comment faire.

Rhonda a pris conscience qu'elle ne s'était créé que des dérivatifs. Ses relations, le loyer, les défis qu'elle s'imposait sans cesse étaient pour elle le moyen de ne pas affronter ses désirs véritables. Apprenez à vous aimer davantage, à vous sentir mieux avec vous-même. Apprenez à ne plus faire ce qui déclenche votre colère ou vous donne le sentiment d'être lamentable, fou ou plus égaré encore que vous ne l'êtes déjà ! Elle a appris à ne plus adopter dans sa vie le principe du « soit/soit. » Soit vous faites ceci, soit vous ne le faites pas. Soit vous avez ceci, soit vous ne l'avez pas. Pourquoi ne pas avancer pas à pas, en considérant un problème à la fois ? Ça rendrait la vie tellement plus facile.

Il fallait qu'elle apprenne à travailler sur sa vie, sur elle-même, avec ses enfants, travailler à régler un problème à la fois, sans se précipiter. Pour le moment, elle ne pouvait pas déménager, elle allait donc travailler. Lorsque son travail serait terminé, elle déménagerait. Ensuite, elle suivrait des cours traitant de spiritualité afin de pouvoir entamer un travail sur elle-même. Et une fois qu'elle se sentirait plus stable, elle pourrait de nouveau envisager une liaison. Elle s'est aperçue que s'aimer veut dire renoncer au schéma du « soit/soit » et le remplacer par le choix. Elle a compris que le plus bel acte d'amour qu'elle pouvait accomplir envers elle-même était de prendre le temps de guérir, sans se condamner pour ce qu'elle n'avait pas pu faire ou ne pas faire. Il était inutile de revenir sur les erreurs de son comportement. Elle ne le ferait plus. Et si elle se recommençait à se faire du mal, seule, elle saurait s'arrêter, tout simplement. Voilà tout le sens du renoncement : apprendre à ne plus faire ce qui déclenche notre colère, nous déprécie ou nous rend malheureux — une attitude qui nous amène toujours à nous détester et à faire ressurgir nos névroses. Une fois que nous l'avons compris, l'amour apparaît et le processus de guérison peut alors commencer.

CHAPITRE 7
Le nettoyage de la baignoire

Sur le parking du centre commercial, la foule ne cessait de grossir. Pourquoi le malheur attire-t-il les hommes comme la lumière les papillons de nuit ? Joe faisait de son mieux pour rassurer les gens. Tout allait bien. Tandis qu'il leur expliquait ce qui se passait, Marie s'est calmée. Puis elle s'est remise à crier. Dans le lointain a retenti la sirène d'une voiture de police qui arrivait sur le parking. La foule s'est écartée pour permettre aux deux policiers, un homme et une femme, de s'approcher de Joe et Marie. Marie s'était de nouveau calmée. Joe était en larmes. La femme policier a posé une question absurde : « Tout va bien ? » Pendant une seconde, Joe s'est demandé combien de fois on lui avait posé la même question. Et il a répondu, comme toujours : « Oui. Enfin… non. Ma femme a la maladie d'Alzheimer et elle a une crise de démence. » Dieu, comme il détestait prononcer ces mots ! La jeune femme et tous ceux qui l'entouraient le regardaient fixement. Marie s'est remise à crier, elle se débattait et luttait contre ces créatures imaginaires qui l'assaillaient de plus en plus souvent ces derniers temps.
Le policier a pris la parole : « Pouvons-nous faire quelque chose ? Voulez-vous que nous vous emmenions à l'hôpital ? » Joe s'est entendu hurler silencieusement : « NON ! Pas l'hôpital ! » Puis il s'est tourné vers l'officier et a répondu : « Si ça ne vous ennuie pas, j'aimerais essayer de la calmer avant. Et si vous pouviez faire reculer la foule, cela m'aiderait. » Ça les occuperait aussi le temps qu'il transporte Marie jusqu'à leur voiture ! Ce qu'il a fait. Une fois Marie installée, il l'a ramenée chez eux, lui a donné ses médicaments, l'a mise au lit. Il fallait se rendre à l'évidence : il allait devoir repenser sérieusement à l'hospitalisation. L'état de Marie empirait, et il ignorait combien de temps encore il pourrait s'occuper d'elle.

À cette pensée, il s'est mis à pleurer car il ne savait pas comment il pourrait vivre sans elle.

Joe et Marie étaient mariés depuis trente-sept ans. Ils avaient eu cinq enfants. Joe était employé des postes et Marie, enseignante. Ils avaient eu une vie merveilleuse. Puis, six ans plus tôt, cette vie parfaite avait éclaté en l'espace de deux semaines : on avait diagnostiqué un cancer du sein à leur fille aînée, June ; leur fils Joe Junior était cocaïnomane, et leur plus jeune fils, George, leur avait annoncé son départ avec femme et enfants pour l'Italie où l'attendait un poste d'aumônier militaire. Pour clore le tout, les malaises de Marie s'étaient révélés être un début de maladie d'Alzheimer. June était morte deux ans plus tard, et l'année suivante, Joe Junior vivait pratiquement dans la rue. Celle d'après, la femme de George avait refusé de revenir pour que son mari vienne en aide à Joe, qui avait dû se résoudre à s'occuper seul de Marie. Les jumelles, Nicole et Nathalie, faisaient de leur mieux pour le seconder, mais elles avaient une vie de famille et vivaient très mal la déchéance de leur mère. Ce samedi matin, sur le parking du centre commercial, Joe a compris qu'il allait devoir faire interner Marie.

Une fois, il avait déjà dû se résoudre à se séparer d'elle. Lorsqu'il avait compris que George ne reviendrait pas et que les jumelles ne pouvaient pas tout supporter, il avait placé Marie dans une clinique. Elle n'avait alors que cinquante-neuf ans, mais la maladie avait progressé de façon alarmante et son état ne cessait d'empirer. Les médecins ne parvenaient pas à expliquer cette dégradation si rapide et Joe ne comprenait pas davantage. Marie, son épouse adorée et si vive, avait perdu la mémoire et était en train de devenir folle. Il partait travailler le matin, laissant à la maison une femme presque normale, puis il revenait le soir et la trouvait à moitié nue dans la rue. Petit à petit, les voisins avaient commencé à se plaindre, sans pour autant lui proposer leur aide. Les récriminations allaient bon train : Marie entrait dans leurs jardins, effrayait leurs enfants ou pire, pénétrait dans leurs maisons. Au début Joe s'était senti gêné, puis la colère avait pris le pas sur l'embarras. Il avait changé toutes les serrures de leur maison, de façon à enfermer Marie. Pendant un moment, ça avait marché. Et puis un jour, en rentrant, il l'avait trouvée en sang. Elle avait cassé trois vitres et s'était coupée à la main. On avait dû lui faire vingt-trois points de suture. Joe avait alors décidé de faire construire une véranda à l'arrière de la maison afin qu'elle puisse s'y installer pendant la journée. L'idée, excellente, avait fonctionné. Mais cela n'avait pas empêché Marie de mettre deux fois le feu à la maison en voulant préparer le repas.

Joe ne savait plus à quel saint se vouer. Pour que Marie ne reste pas seule, il avait engagé des gardes-malades et avait dépensé ainsi toutes leurs économies. Ses revenus trop élevés l'empêchaient de bénéficier d'aides gouvernementales. La mort dans l'âme, il avait dû se résoudre à la placer dans un centre de jour avec d'autres patients atteints du même mal. Ça avait duré un moment puis la maladie avait de nouveau évolué, et cette fois, les médecins lui avaient recommandé de la faire interner. La dégradation foudroyante de Marie les stupéfiait. Est-ce que c'était parce qu'elle avait été si douce et si bonne lorsqu'elle était encore saine d'esprit ? Ou à cause d'un problème héréditaire et familial ? Ou tout simplement parce que ces médecins stupides ne savaient pas ce qu'ils faisaient !

La première fois qu'ils avaient expliqué à Joe que Marie serait mieux dans une structure médicalisée, il les avait écoutés. Il lui restait alors dix-huit mois avant la retraite. Il s'était dit qu'en plaçant Marie, il pourrait travailler davantage, mettre de l'argent de côté et la reprendre avec lui lorsqu'il arrêterait de travailler. L'idée lui semblait judicieuse. Elle l'était. Le seul problème était qu'il ne pouvait pas lui rendre visite aussi souvent qu'il le souhaitait et qu'elle lui manquait affreusement. Puis il avait commencé à remarquer, sur son visage et sur son corps, des marques dont personne ne parvenait à lui expliquer l'origine. Était-il possible que quelqu'un frappe sa douce Marie ? Ou est-ce que ces marques étaient dues à des chutes, comme le personnel semblait vouloir le dire ? Une terrible pression pesait sur les épaules de Joe — une pression due au manque, à la fatigue (il lui arrivait de travailler dix-huit heures, parfois même vingt-quatre heures sur vingt-quatre), à son désir d'aller rendre visite à Marie entre ses horaires de travail, à ses tentatives pour convaincre les jumelles de passer voir leur mère plus souvent. Un jour, il avait trouvé Marie avec un œil au beurre noir d'origine inconnue. Il lui restait trois mois avant la retraite, pendant lesquels il effectua les démarches nécessaires pour la récupérer — ce qu'il fit le jour où il cessa de travailler. Cela s'était passé un an plus tôt et depuis il faisait de son mieux pour s'occuper de Marie. Mais il semblait qu'aujourd'hui ce mieux ne suffisait plus.

Joe ne pouvait pas supporter la perspective de vivre sans Marie. Que ferait-il sans elle ? Il ne supportait pas non plus l'idée de vivre avec une autre femme. En trente-neuf ans de mariage, elle avait été la seule et unique ! Depuis qu'elle était tombée malade, l'atmosphère était tellement tendue entre Joe et ses enfants que la plupart d'entre eux ne lui adressaient plus la parole. Il avait le sentiment d'être abandonné ; ils avaient le sentiment qu'il refusait d'admettre l'état de leur mère. « Pour le meilleur et pour le pire… » leur rappelait Joe. Il ne refusait pas de regarder en face l'état de Marie, il faisait son devoir, mais où trouver l'argent nécessaire pour les médicaments, les soins et la clinique, s'il devait se résoudre à la faire à nouveau interner ? Sur le parking, il s'était senti trop mal pour réfléchir. Puis la foule s'était écartée. Marie s'était calmée. Il avait alors levé les yeux au ciel et murmuré sa prière favorite : « Il me conduit près des eaux calmes et guérit mon âme. » Sa prière terminée, il avait regardé Marie. Elle avait recouvré sa lucidité. Glissant une main sur son visage, elle avait alors effleuré sa joue et plongé ses yeux dans les siens. Puis elle lui avait dit : « Il est un merveilleux berger, tu sais. »

Le visage de l'amour

L'amour est une expérience intime et personnelle. Mais il n'appartient, ne peut appartenir à personne en particulier car il est universel. Il doit être partagé par tous. Le concept de *l'amour universel* fait référence à l'amour que Dieu nous porte. Cet amour est celui de la vie, la manifestation de l'énergie divine, l'amour que la vie offre à chacun de nous. L'amour universel, l'amour de Dieu, est le seul véritable amour. Celui que nos âmes brûlent de connaître, celui pour lequel elles naissent. L'amour universel transcende notre « moi » et nos besoins, nous unit aux énergies de l'univers et à l'amour de tout être vivant. L'amour universel n'est soumis à aucune condition. Il accepte tout, car tout est la véritable identité de Dieu. La plupart d'entre nous ne recherchent pas consciemment l'expérience de l'amour universel dans leurs relations. Pourtant, c'est pour le connaître au travers de nos relations que nous sommes tous nés.

Nous autres, êtres humains, recherchons et désirons généralement l'affection, le partage, l'union et l'expérience de l'amour que les liaisons affectives sont à même de nous offrir. Cette expérience est créée en réaction à nos connaissances limitées d'êtres humains. Nous devons comprendre que nos connaissances et nos désirs ne définissent pas la véritable essence de l'amour, pas plus qu'ils ne la limitent. Une fois cette réalité admise, nous prenons conscience que nous ne pouvons pas forcer les autres à nous aimer comme nous le souhaiterions et aussi longtemps que nous le souhaiterions. Attention, cela ne veut pas dire qu'il n'existe pas assez d'amour pour tous, ou que nous ne vivrons jamais de plus belles expériences de l'amour. Ça signifie que nous ne les vivrons pas nécessairement avec une personne précise, à un moment précis, ou aussi longtemps que nous le voudrions.

Notre esprit et notre âme évoluent avec nous, permettant à notre vision de s'élargir. Nous acquérons une plus grande conscience de nous-mêmes, du monde dans lequel nous vivons et des mystères de la vie. Pour que ce voyage en vaille la peine et pour qu'il ait un but, pour que nos connaissances nous offrent la possibilité d'apprendre plus encore, nous devons ouvrir notre cœur à de nouvelles et plus grandes expériences de l'amour. Nous devons être prêts à renoncer à nos anciens principes, à intégrer de nouvelles informations, à changer de cap et, plus que tout, à accepter l'amour tel qu'il est, sans lui imposer la moindre condition. Nous ne pouvons pas aimer quelqu'un à notre détriment. Sinon, il ne s'agit plus d'amour mais de possession, de contrôle, de peur ou d'une combinaison de tous ces éléments. Oui, nous nous engageons. Oui, nous avons des responsabilités. Oui, nous voulons garder ceux que nous aimons auprès de nous. Cependant, lorsque aimer nous fait souffrir ou met notre vie en danger, nous devons apprendre à renoncer. Si nous n'y sommes pas prêts, si nous insistons et luttons au nom de l'amour, celui-ci nous abandonne dans le conflit.

Lisa suivait des cours, travaillait à plein temps et élevait seule ses enfants quand sa grand-mère, atteinte d'un cancer de l'estomac, a refusé de se faire soigner. Lisa a essayé de lui expliquer que si elle refusait le traitement, elle mourrait. Nanny était indifférente à tout cela, estimant avoir vécu sa vie. Si tel était son destin, elle partirait sans qu'on l'ennuie. Simplement, quand la douleur était trop forte, on l'hospitalisait et on la nourrissait par perfusion. Tous les jours, en sortant de son travail à Manhattan et avant le début de ses cours à Brooklyn, Lisa se rendait dans le Bronx pour la voir et s'occuper d'elle. Elle voulait s'assurer qu'elle avait bien son journal et ses bonbons (« Qu'est-ce que ça peut faire maintenant, si je mange des bonbons ? » disait très justement Nanny) et qu'elle était coiffée. Les cheveux de Nanny étaient épais et s'emmêlaient facilement. Ça a duré plus de sept mois, puis Nanny est rentrée chez elle pour y mourir. Lisa était épuisée, mais elle était la préférée de sa grand-mère, que tous les autres avaient du mal à supporter du fait de son fort tempérament.

Nanny, en effet, ne lâchait jamais prise, parfois uniquement pour le plaisir de déprécier les gens. Lorsque Lisa se laissait aller à cette pensée, elle la refoulait aussitôt et la remplaçait par le souvenir de toutes les heures heureuses passées avec sa grand-mère. Quand le père et la mère de Lisa avaient divorcé, c'est elle qui l'avait aidée à tenir bon. La rupture de ses parents avait été pénible — sa mère avait un ami et son père s'était senti d'autant plus blessé qu'un enfant allait naître, dont la paternité était mise en doute. C'était un vrai désastre. Lisa, qui avait toujours été proche de son père, avait demandé à partir avec lui, mais sa mère avait refusé de l'écouter. Lisa, ses deux sœurs et son frère avaient donc fini par rester avec elle et son ami, un certain M. Webb qui ne voyait en eux que le rappel du passé de sa femme, la preuve vivante de son amour avec un autre homme. M. Webb leur répétait qu'il n'était pas leur père, mais que tant qu'ils mangeraient son pain, ils devraient faire ce qu'il leur dirait. Dieu merci, il ne disait pas grand-chose, car la plupart du temps, il était soûl. En tant qu'aînée, Lisa était la plus rebelle. Elle était aussi celle qui s'exprimait le plus, d'où de fréquents conflits avec son beau-père. Plus d'une fois, leurs rapports difficiles l'avaient poussée à quitter la maison pour se protéger de sa colère. Chaque fois, Nanny, la mère de son père, avait eu pour elle un bon repas et les mots justes.

À dix-sept ans, Lisa avait quitté sa mère pour aller vivre avec Nanny — des années merveilleuses où elles partageaient tout. Elles faisaient leur shopping ensemble, papotaient, cuisinaient. Nanny était comme une amie plus âgée qui la laissait faire tout ce que sa mère lui avait toujours interdit, dans la limite du raisonnable, bien sûr. Puis à dix-neuf ans, Lisa avait annoncé à Nanny qu'elle était enceinte et la situation avait radicalement changé. Nanny lui avait dit qu'elle était trop vieille pour prendre en charge un bébé et qu'il était grand temps pour elle de voler de ses propres ailes. Lisa avait été anéantie ! Comment sa grand-mère pouvait-elle lui faire une chose pareille ? Elle avait cru qu'elles ne se quitteraient jamais, ou tout au moins pas avant son mariage ! Face à son désarroi, Nanny lui avait expliqué qu'elle devait prendre ses responsabilités. Si elle n'avait pas appris la leçon avant de faire un bébé, elle allait devoir l'apprendre maintenant. Lisa avait donc pris un petit appartement avec son ami et avait refusé de parler à Nanny pendant deux ans. Ce n'était qu'après avoir accouché qu'elle avait compris ce que sa grand-mère avait essayé de lui apprendre. Avec humilité, elle était retournée la voir, lui avait parlé de son nouveau bébé et de son petit ami qui était loin d'être idéal, de ses peurs aussi. Mais surtout, elle s'était repentie. En un éclair, comme si les deux années qui venaient de s'écouler n'avaient pas existé, Lisa et Nanny s'étaient retrouvées là où elles s'étaient quittées, s'étaient remises à parler et à rire et avaient élevé les deux petits garçons de Lisa.

C'était il y a seulement deux ans et demi. Pendant cette période, Lisa avait le sentiment d'avoir vécu une vie entière, notamment, deux ou trois mauvaises liaisons contre lesquelles Nanny l'avait mise en garde. Comment est-il possible que les autres discernent toujours ce qu'on est incapable de voir chez celui qu'on aime ou qu'on croit aimer ? Lisa avait trouvé un emploi très correct pour lequel sa grand-mère disait avoir *prié*. Elle s'était réconciliée avec sa mère, ou tout au moins, parvenait à parler avec elle. Elle s'était calmée dans ses relations, sur les conseils de Nanny, et parvenait à mieux s'assumer. Puis Nanny était tombée malade. Ce n'était pas arrivé subitement. Elle avait tout d'abord commencé à perdre son appétit, puis son énergie, et elle s'était mise à cracher du sang. Il avait fallu trois mois à Lisa pour la convaincre d'aller consulter un médecin. Le diagnostic était alors tombé, brutal. Lisa souffrait terriblement à la pensée que sa grand-mère allait mourir. Pourquoi est-ce que Nanny refusait de lutter ? Elle qui s'était toujours tellement battue, pour que Lisa prenne sa vie en main et recommence ses études, ou pour acheter aux enfants le superflu que la jeune femme ne pouvait pas assurer. C'était elle, aussi, qui l'avait conseillée sur les hommes, sur l'amour, et sur toutes ces choses que Nanny appelait « des affaires de fille ». Tout allait se terminer et cette pensée anéantissait Lisa.

Les parents de Lisa ne s'étaient pas adressé la parole depuis des années. Ils étaient identiques, aussi obstinés, butés et fortes têtes l'un que l'autre. Essayer de les mettre d'accord équivalait à vouloir mélanger de l'huile et de l'eau. Quand la maladie de Nanny avait empiré, Lisa avait déclaré à son père que s'il ne se sentait pas en mesure de l'aider, il ferait mieux de rester à l'écart. Comme s'il n'avait attendu que cette suggestion, au lieu de se taire et de passer du temps avec sa mère, il avait laissé toutes les responsabilités sur les épaules de Lisa, l'appelant pour lui demander comment elle se débrouillait et si elle avait besoin d'aide, mais aussi pour lui parler de ses sentiments à l'approche de la mort de sa mère. Lors d'un séjour de Nanny à l'hôpital, alors qu'elle semblait à deux doigts de mourir, Lisa avait appelé son père. Il était arrivé en courant à l'hôpital, avait regardé sa mère, éclaté en sanglots — et il n'était jamais revenu. Lisa était folle de rage ! Elle lui rappela que Nanny n'était pas sa femme et qu'il devait assumer ses responsabilités vis-à-vis d'elle. Il répondit qu'il ne pouvait pas, tout simplement.

Les frères et la sœur de Lisa n'avaient jamais été aussi proches de Nanny que Lisa — souvent par crainte de contrarier M. Webb —, et ils se contentaient de l'appeler de temps en temps et de lui envoyer des cartes pour son anniversaire, la fête des mères et Noël. Nanny les considérait comme des moins que rien. Elle n'arrivait pas à comprendre comment ils pouvaient — tout comme leur père — faire fi des liens du sang. Selon elle, une famille éclatée était une famille morte. Nanny était une femme très sage. Cela ne l'empêchait pas de souffrir. Même si elle restait digne, Lisa percevait sa douleur chaque fois qu'elle évoquait son fils ou ses petits-enfants. Mais Lisa a décidé que cette bataille n'était pas la sienne. Elle avait sa Nanny et cela lui suffisait.

C'était le printemps. Nanny était allée six fois à l'hôpital en trois mois. Chaque fois, les médecins avaient annoncé sa fin. Chaque fois, Nanny les avait fait mentir. Jusqu'au jour fatal où ils la renvoyèrent chez elle pour vivre ses derniers jours dans son environnement familier. Elle avait une infirmière à domicile et ses voisins venaient la voir, ce qui soulageait Lisa mais ne l'empêchait pas de se sentir obligée de passer la voir régulièrement — ce qu'elle a réussi à faire jusqu'au milieu du trimestre. Puis est venue une semaine avec des examens tous les jours. Elle a appelé Nanny pour l'avertir qu'elle ne pourrait pas venir, lui promettant d'envoyer quelqu'un pour lui apporter son journal et ses bonbons. Nanny ne laissait personne d'autre qu'elle la coiffer, mais elle lui dit de ne pas s'inquiéter. Elle lirait le journal de la veille et tout irait bien. C'était un lundi. Lisa était tellement fatiguée qu'elle a dormi tard le mardi matin et qu'elle est partie au travail puis à ses cours sans appeler Nanny. Elle lui a téléphoné le mardi soir mais ça ne répondait pas. Elle a rappelé le mercredi après-midi. Cette fois encore, Nanny n'a pas répondu. Le jeudi, Lisa est passée la voir entre son travail et ses cours. Sa grand-mère somnolait, abrutie par les médicaments. Lisa l'a embrassée et lui a promis de revenir le vendredi suivant.

Le vendredi a été une journée terrible. Lisa a appelé Nanny, sachant maintenant pourquoi elle ne décrochait pas. Le week-end, Lisa a étudié, emmené les garçons au cinéma et lavé dix sacs de linge, sans appeler Nanny. Nanny est morte le lundi matin.
Lisa était rongée par la culpabilité, à tel point qu'elle n'a pas repris ses cours le semestre suivant. Elle a passé des semaines à tourner en rond en s'inondant de reproches. Quand elle a découvert que son père avait vu Nanny avant qu'elle ne meure, ça n'a rien arrangé. « J'aurais dû être là ! J'aurais dû la coiffer, lui lire son journal. Il y a tant de choses que j'aurais dû faire ! » Les regrets et les remords tournoyaient dans sa tête comme une litanie sans fin. Elle était incapable de se débarrasser de son sentiment de culpabilité et d'irresponsabilité. Par moments, la culpabilité laissait place à la colère : « Qu'est-ce que j'étais censée faire ? Courir du New-Jersey à Manhattan, de Brooklyn au Bronx, tous les jours pendant trois mois ! Qu'est-ce qu'on était en droit d'attendre de moi ? » Quand la culpabilité s'émoussait, la colère ressurgissait. Quand la colère la quittait, la déprime l'assaillait. Lisa essayait de se rappeler tout ce que Nanny lui avait dit afin de pouvoir mettre en pratique ses conseils. Elle s'apercevait qu'elle n'était pas très douée. Elle avait envie de renoncer. Elle avait besoin de renoncer, mais elle ne pouvait pas y arriver avant d'avoir appris comment se détacher de tous les poids qui l'écrasaient.

Vous devez savoir quand lâcher prise

Toutes nos relations se composent des mêmes ingrédients : personnes, besoins, attentes. À tenter, comme nous le faisons, de mettre en ordre nos besoins et nos attentes, ceux-ci finissent par nous faire perdre de vue l'essence même de la relation. Nous sommes pris au piège de ce que nous pensons devoir faire et de ce qui, selon nous, devrait être fait. Parfois, nos besoins sont réels. Parfois, ils ne le sont pas. Parfois, nos attentes sont basées sur une réalité solide. La plupart du temps, ce n'est pas le cas. Parfois, l'attente de voir nos besoins assouvis nous est imposée. Parfois, c'est nous qui nous l'imposons. Ce que nous comprenons rarement avant qu'il soit trop tard est que lorsque l'amour constituera la base de nos relations, nos besoins et nos attentes seront comblés sans le moindre effort de notre part.
Peu importe qu'on vous dise que vous êtes épouvantable, ne le croyez pas ! Et si vous le pensez, faites front avec courage !

Peu importe ce qui se passe autour de vous, restez ferme ! Peu importent les événements qui surgissent dans vos relations, tenez bon ! Peu importe ce que vous recevez en retour de l'amour que vous donnez, répétez-vous sans cesse que vous êtes sous la protection de Dieu. Tant que vous croirez en l'amour, que vous penserez et agirez avec amour, que vous refuserez de vous égarer dans la quête de ce sentiment divin, vous éprouverez un réel bien être. En présence de l'amour, il est impossible de perdre. Aucun de vos actes ne pourra conduire celui qui vous aime réellement à cesser de vous aimer. Vous pourrez l'énerver, le décevoir. Mais il s'agit de *ses* attentes et de *ses* besoins. Il ne s'agit pas d'amour. Plus vous donnerez de l'amour, plus vous en recevrez. Parfois, vous vous direz que rien n'est plus faux, alors que c'est la vérité absolue. Peut-être que cet amour ne vous sera pas rendu par ceux auxquels vous l'offrez — mais une chose est certaine, il vous sera rendu un jour, vous *devrez* le recevoir. Car l'amour est toujours restitué à celui qui le donne sans compter, courageusement, sans attentes ni conditions. Une relation d'amour véritable n'engendre ni culpabilité, ni honte, ni peur, ni colère, ni ressentiment. Ces sentiments négatifs dépendent des conditions que nous imposons à nous-mêmes et à ceux que nous aimons. Si vous éprouvez l'un de ces sentiments à la suite d'une expérience amoureuse, sachez que s'offre alors à vous l'occasion de passer du stade de l'amour « conditionnel » à l'amour inconditionnel. Votre évolution intellectuelle, émotionnelle et spirituelle, issue de vos liaisons amoureuses, pourra vous servir de tremplin pour continuer à progresser et découvrir une nouvelle facette de votre personnalité, plus belle, plus noble. Grâce à cette évolution, lorsque vous arriverez au stade de l'amour inconditionnel, vous réaliserez qu'il n'est pas nécessaire de vous sentir coupable ou blessé, honteux ou furieux, d'éprouver du ressentiment ou de vous retrouver seul ; aimez-vous, simplement, aimez les autres, tous les autres, du mieux que vous le pourrez. Inutile aussi d'essayer de prouver votre amour ou de demander aux autres de vous prouver le leur. Un tel comportement équivaudrait à demander à vivre les mêmes expériences, apprendre les mêmes leçons, emprunter les mêmes voies. Tant que vous n'aurez pas compris que l'amour n'est soumis à aucune condition, vous répéterez sans cesse les mêmes erreurs. Une démarche qui, spirituellement parlant, n'est guère enrichissante !

Grâce au renoncement et au détachement, nous nous rapprochons de l'amour absolu. Le renoncement — le fait d'admettre consciemment ce que nous sommes capables ou incapables de faire —, nous permet de ne plus assumer de fausses responsabilités ou d'agir au détriment de notre bien-être. Souvent, dans une relation, nous voulons tout : être tout, tout faire, tout donner, en sachant pertinemment qu'une telle demande est impossible. Nous tentons désespérément de prouver notre amour et de prouver que nous méritons d'être aimé. La solution consiste à renoncer à toutes les pensées, croyances et idées qui pourraient nous amener à la conclusion que nous ne sommes pas dignes d'être aimés. Dès que vous cesserez de vous accrocher à cette pensée, vous serez aussitôt aimé ! Il ne vous sera alors plus *rien* demandé sinon d'exister. Mais pour y parvenir, vous devez apprendre à renoncer à toutes les conditions que vous vous êtes imposées : il n'y a rien que vous soyez obligé de faire, d'avoir ou d'être. Désormais, vous vous sentez *bien*. Comme si vous vouliez nettoyer une tache, débarrassez-vous de tout ce que vous pensez que vous devez être, faire ou avoir pour mériter l'amour.

EXPRIMEZ-VOUS

Elle ne pouvait dire ni quand ni comment cela avait commencé. C'était arrivé comme ça, du jour au lendemain, au cours des treize premières années de sa vie. Son père partait travailler, enseignait à l'école du dimanche, jouait avec elle et ses sœurs, tandis que sa mère s'occupait de la maison. Soudain, Daddy était assis dans le salon, effondré après avoir été licencié et rejeté de l'église pour avoir bu un verre de trop. Sa mère criait et fuyait parce que son père la battait. Le moment suivant, sa mère pleurait parce que son père s'était effondré et qu'elle ne parvenait pas à le relever. Votre vie d'enfant est parfaite. L'instant d'après, votre père meurt et cette vie explose. Au cœur de cette histoire pleine de drames quotidiens qui durait depuis treize ans, Iris se sentait totalement impuissante. Elle ne pouvait aider ni son père ni sa mère, pas plus qu'elle ne pouvait s'aider !

Un homme intelligent ne boit pas jusqu'à en mourir ! L'idée l'a longtemps poursuivie, au point qu'Iris en est arrivée à la conclusion que son père était un imbécile. Elle l'aimait, mais elle était furieuse contre lui parce qu'il était mort et l'avait laissée seule avec sa mère. Une mère possessive, inquiète, qui avait peur de tout et ne la laissait jamais rien faire. Une mère qui, malgré sa douceur, était faible et larmoyante, totalement égarée. Une mère qui n'avait jamais travaillé et était incapable d'imaginer comment elle allait élever seule ses six enfants. Une mère qu'Iris aimait et détestait à la fois, parce qu'elle représentait tout ce qu'elle ne voulait pas être. Comment son père avait-il pu mourir — non, comment avait-il pu se tuer — et la laisser seule avec elle ?

Lorsque la vie vous offre des citrons, faites-vous une citronnade. Si vous êtes allergique aux citrons, buvez de l'eau ! L'eau peut sembler fade et doucereuse, mais elle n'en demeure pas moins une source d'énergie ! Iris n'arrivait pas à quitter le lycée assez vite, à partir à l'université assez vite, à obtenir un diplôme et à trouver un travail assez vite, pour se débarrasser enfin des sentiments conflictuels qui l'habitaient depuis l'âge de treize ans. Son père lui avait toujours répété qu'elle était belle, brillante et douée ; sa mère, qu'elle était fragile, impuissante et vulnérable. Iris ne croyait pas son père. Mais elle ne croyait pas non plus sa mère. Elle a fini sa scolarité, trouvé un travail ; elle s'est acheté une maison, chacun de ses gestes et de ses actes étant guidés par la colère. Certaines colères sont comme de l'huile sur le feu. Jamais Iris n'a évoqué ce sentiment qui la consumait. Sa mère ne le supportait pas. Ça la bouleversait, lui arrachait des larmes. Tout bouleversait sa mère ! De toute façon, Iris avait appris très tôt qu'il était préférable de taire ses sentiments, quels que soient ces sentiments. Notamment ceux qu'elle avait éprouvés à la mort de son père et qui l'avaient totalement déroutée. Comment pouvait-on ressentir de la colère contre quelqu'un qu'on aime, uniquement parce qu'il était mort ? Comment pouvait-on détester sa mère ? Comment pouvait-on exprimer des sentiments qu'on ne comprenait pas ? Pendant vingt-sept ans, Iris avait vécu dans un véritable chaos intellectuel et émotionnel. Lorsque le poids devenait trop lourd à porter, elle se renfermait sur elle-même, tout simplement.

Il peut être difficile de trouver une liaison décente lorsqu'on se ferme à tout, mais qui pourrait songer à vivre seul ? Iris s'est juré de ne jamais connaître une relation semblable à celle de ses parents ; de ne jamais dépendre d'un homme ; de ne jamais vivre avec un alcoolique ; de ne jamais se plaindre, ni pleurer. En réalité, elle éprouvait une colère si violente qu'elle était incapable d'exprimer quoi que ce soit. Mais les hommes ont un radar qui leur permet de détecter une femme en colère à des kilomètres ! Plutôt que de prendre le risque que l'on décèle cette rage qui la rongeait, Iris est devenue la plus calme des créatures. Tout le monde parlait d'elle comme de la douce Iris. Et parce qu'elle était si calme, les gens la pensaient faible. Ils essayaient de l'aider, persuadés, à tort, que cette sérénité était une façon de masquer sa faiblesse.

Iris a eu trois liaisons mémorables. Mémorables car désastreuses ! La première, au lycée, avec un garçon qui fumait de la marijuana tout au long de la journée. Iris ne s'en est pas rendu compte immédiatement car il dissimulait l'herbe dans ses cigarettes. Il était drogué constamment, et le temps qu'elle découvre la vérité, il s'était mis en tête qu'elle lui appartenait, probablement parce qu'elle ne l'en avait pas dissuadé une seule fois. Il a fallu trois mois à Iris pour se débarrasser de lui. Elle a rencontré son partenaire suivant à une soirée. Il avait l'air charmant, mais s'est révélé violent. Il avait en effet l'habitude déplaisante de la gifler quand elle ne faisait pas ce qu'il voulait. L'erreur d'Iris a été de ne pas partir tout de suite après la première gifle. La seconde n'est venue que six mois plus tard, mais Iris était très claire sur un point : ce type de relation ne correspondait pas à ce qu'elle recherchait.

La troisième liaison a été la plus sérieuse de toutes en termes de durée et d'engagement. Elle et Buddy se sont installés ensemble et se sont mis à parler sérieusement mariage. Il était tout ce dont elle aurait pu rêver si elle avait nourri des rêves, ce qui n'était pas le cas — pour lui non plus, d'ailleurs. Deux ans se sont écoulés avant que les premiers signes se manifestent — sa possessivité, sa jalousie, ses demandes. Dès qu'Iris se sentait assez bien et essayait de s'exprimer, Buddy s'emportait. Il lui disait qu'elle était faible, stupide. Pour la déprécier, ébranler sa confiance, il faisait preuve d'une imagination incroyablement fertile. Iris refusait de le croire, mais son passé avait laissé tant de traces qu'elle était encore prisonnière de ses peurs. Peut-être sa mère avait-elle raison ; peut-être était-elle trop faible et vulnérable pour voler de ses propres ailes. Ou peut-être que son père avait raison ; peut-être devrait-elle simplement quitter ce garçon, se débrouiller seule, et faire ce qu'elle avait besoin de faire, pour elle. « Je veux seulement ne pas être seule ! » pensait-elle. Elle et Buddy devaient s'en sortir.

Iris avait si peu d'expérience en matière de relations et si peu de modèles à imiter, qu'elle se trouvait dans la confusion la plus totale. Buddy n'était pas à proprement parler insupportable, mais il était difficile. Il ne respectait ni ses opinions ni son jugement.

Il n'appréciait pas sa façon d'être. Iris ne parlait pas assez, et à trop peu de personnes, pour avoir un point de comparaison, aussi est-elle restée cinq ans et demi sans protester, des années qui se sont révélées aussi longues que passives. C'est seulement lorsque des femmes ont commencé à appeler chez eux qu'elle a su qu'il était temps de partir. De sa façon inimitable, sans dire un mot à Buddy, elle est rentrée un soir de son travail, a fait sa valise, en emportant les objets qui revêtaient à ses yeux une valeur sentimentale, puis est partie chez sa mère. Les premiers jours, celle-ci a passé son temps à claironner : « Je te l'avais bien dit ! » La litanie aurait pu continuer encore longtemps si Buddy ne s'était mis à téléphoner, avec une telle fréquence que sa mère n'a bientôt plus eu le temps de rien faire d'autre que de lui répondre !

Comme Iris refusait de lui parler, Buddy a commencé à venir chez sa mère. Iris a pris des gardes à l'hôpital. Buddy, qui refusait de s'avouer vaincu, s'y est rendu à plusieurs reprises. Il est venu trois fois avant de lui faire une scène d'une violence terrible. Il a menacé de la tuer, il avait un revolver. Lorsque la police est arrivée, il s'était volatilisé. Puis il s'est mis à l'attendre sur le parking. Prudente, Iris demandait à des garçons de salle de l'accompagner à sa voiture. Chaque fois, Buddy l'attendait. Il a commencé à la suivre. Certains jours, Iris avait tellement peur de quitter sa voiture qu'il lui arrivait de tourner pendant des heures, jusqu'à ce qu'il se fatigue ou qu'elle soit trop lasse pour se soucier de ce qu'il pourrait lui faire. Après trois mois, Buddy a cessé son manège. Mais le mal était fait. Iris avait si peur, elle se sentait tellement désemparée qu'elle s'est encore repliée sur elle-même, au point de n'avoir bientôt pour compagnie qu'une bouteille de scotch. Dix-huit mois plus tard, elle était licenciée et on lui a conseillé de suivre une thérapie.

DITES CE QUE VOUS RESSENTEZ

La plus grande leçon que mes relations m'aient apprise est à quel point la *malhonnêteté émotionnelle* peut être douloureuse. Nous sombrons dans cet état lorsque nous n'arrivons pas à reconnaître nos émotions, lorsque nous tentons consciemment de les nier. Parfois, c'est la peur qui nous y amène, la peur d'éprouver des sentiments erronés. La plupart du temps, nous y sommes contraints soit parce que nous nous sentons perdus, soit parce que nous doutons de nous-mêmes, ou de notre expérience émotionnelle. Selon moi, le plus grand catalyseur de la malhonnêteté émotionnelle réside dans notre réaction, non pas instinctive mais apprise, à ce qu'il est *bien* ou *mal* de ressentir.

Où nous apprend-on qu'il est normal de ressentir des émotions, ou que ces émotions sont justes ? Je suppose que très peu de familles offrent à leurs enfants l'occasion d'exprimer ouvertement et sincèrement ses sentiments. Je ne parle pas des événements qui jalonnent nos vies, mais de ce que nous ressentons face à eux. Enfants, on nous apprend tout, sur presque tout, excepté ce que nous avons le droit d'éprouver. En revanche, on nous enseigne avec précision ce qu'il est interdit de ressentir, et pourquoi. Quand nous prenons le risque d'éprouver un sentiment, nous essayons également de l'exprimer. Dans neuf cas sur dix, l'expression de ce sentiment provoque la colère de celui qui nous fait face. C'est là que s'installe la confusion. Peu d'entre nous ont appris à faire la différence entre la reconnaissance et l'expression d'une émotion.

Pour une raison étrange, alors qu'ils se croient libres de ressentir et d'exprimer leurs sentiments, les adultes estiment que les enfants ne détiennent pas ce droit. Très tôt dans la vie, ceux-ci reçoivent le message subliminal suivant : « Je dois ressentir ce que les autres pensent que je dois ressentir ou veulent que je ressente. » Rien n'est aussi loin de la vérité et rien ne pose autant de problèmes dans les relations que cette censure émotionnelle. Pour répondre à ces messages de l'enfance, deux leçons importantes nous échappent : 1) comment identifier nos sentiments et 2) comment les exprimer de façon appropriée. Pour éliminer le barrage des sentiments négatifs qui parsèment généralement nos relations, nous devons être capables d'identifier nos émotions et nous autoriser à les accepter. Cela s'appelle la *reconnaissance*. Une fois ces émotions reconnues et acceptées, nous pouvons décider de ce que nous allons faire ou ne pas faire. C'est ce qu'on appelle *l'expression*. La plupart du temps, notre confusion concerne la façon de révéler nos sentiments. Nos parents et ceux qui ont pris soin de nous au cours de notre enfance ont fait en sorte de les ignorer lorsque nous les exprimions de façon inappropriée, et par cette attitude involontaire, ils nous ont appris à les taire. Éprouver une émotion et l'exprimer peut représenter un risque, mais ce choix n'en demeure pas moins l'unique moyen de préserver notre santé émotionnelle, véritable pivot de la construction d'une liaison durable et satisfaisante.

Conséquence logique de ces expériences vécues au cours de l'enfance, il nous arrive de nier nos sentiments ou même le seul fait d'en éprouver. Comment exprimez-vous correctement la colère ? Ce sentiment qui représente le revers d'une passion inexprimée est probablement la plus grande erreur de notre répertoire émotionnel. Nous ne sommes pas censés y céder et si, en réponse à une faiblesse humaine, nous la sentons monter, mieux vaut ne pas la révéler ! Comment vivez-vous une confusion émotionnelle ? Lorsque vous éprouvez un sentiment que vous n'êtes pas censé ressentir, les autres se mettent en colère contre vous, vous parlent avec dureté, ou vous insultent. Pendant l'*intervalle*, il vous sera encore plus difficile de comprendre pourquoi personne ne saisit la teneur de vos sentiments ou pourquoi vous éprouvez ces sentiments, alors que vous n'êtes pas certain de ce que vous ressentez. Comment faire la distinction entre les crampes d'estomac dues à la faim et celles qui sont dues à la peur ? Si vous avez peur, la douleur peut vous plier en deux. Si vous sautez un repas aussi. Dans les deux cas, vous serez irritable, chancelant. Si votre douleur est due à la faim, une part de pizza peut y remédier. Mais qui vous guérira de votre peur, s'il s'agit bien de peur ? C'est une chose d'être un adulte et de se poser ces questions. C'en est une autre d'être un enfant qui craint de les poser. Dans l'*intervalle*, la plupart des adultes portent en eux les interrogations de leur enfance.

ACCEPTEZ VOS SENTIMENTS

Je devais avoir sept ou huit ans quand ma grand-mère m'a emmenée avec mon frère en Virginie, à ce qu'il est maintenant convenu d'appeler une réunion de famille. À cette époque, je considérais cette réunion comme un gigantesque pique-nique avec une multitude d'étrangers. Malgré les propos répétés de ma grand-mère : « Tu ne te rappelles pas untel et untel ? », « Tu te souviens de lui, va jouer avec lui », je ne connaissais aucune de ces personnes qui se pressaient par centaines autour de nous. Toutes étaient terriblement bruyantes, certaines avaient trop bu et la plupart me pinçaient les joues avec des doigts maculés de sauce barbecue ! Pour me protéger de ce qui me semblait être des agressions, je m'accrochais à la jupe de Grandma qui, elle, ne cessait de me repousser en me répétant d'aller jouer avec les autres. Je refusais de l'écouter ! Les autres enfants jouaient avec des grenouilles et pataugeaient dans la boue. C'était bien plus que ma mentalité de diva new-yorkaise vivant en appartement ne pouvait en supporter. En aucun cas, une diva ne pouvait s'abaisser à jouer avec des grenouilles !

Grandma me donnait des petites tapes, comme elle l'aurait fait pour se débarrasser d'une mouche. Sans doute avait-elle oublié que plus on cherche à se débarrasser d'une mouche, plus celle-ci insiste ! Mon frère, véritable traître, avait été entraîné par un groupe d'inspecteurs de grenouilles. Quant à moi, je suivais ma grand-mère partout où elle allait. Soudain, quelqu'un a annoncé que le bateau était prêt pour le premier voyage. Quel bateau ? Quel voyage ? Quelqu'un d'autre a suggéré que les enfants partent en premier avec l'Oncle Untel. Aller où ? Avec qui ? Lentement, nous avons tous été poussés vers la rive, comme des moutons vers l'abattoir. Je m'accrochais désespérément à Grandma. Comme nous approchions du quai, j'essayais de trouver un moyen d'échapper au boucher ! Mon frère m'a sauvée. Il a regardé la minuscule embarcation perdue au milieu de toute cette eau et s'est mis à hurler : « Non ! Je ne peux pas ! Je ne veux pas y aller ! J'ai peur ! » Comme il tournait les talons pour s'enfuir, Grandma l'a rattrapé et lui a dit : « Veux-tu te taire ! », ajoutant : « Tu n'as pas peur. » Quelques enfants se sont alors moqués de lui, l'enfant des villes, la poule mouillée ! Certains adultes ont essayé de l'entraîner sur le bateau en le cajolant. Il semblait à deux doigts de s'évanouir, se débattait, sautait, criait. Grandma l'a averti que s'il ne se taisait pas, elle allait baisser son pantalon et lui flanquer une fessée. Il ne s'est pas tu. Elle lui a donné une fessée. Dans l'*intervalle*, pendant que je remerciais l'embarcation magique et que mon frère recevait sa correction, le bateau est parti sans nous.

L'honnêteté émotionnelle commence dès que nous sommes en mesure de reconnaître nos sentiments. C'est en assumant avec sincérité nos émotions que nous respectons notre statut d'êtres sensibles et doués de sentiments. Une réalité que les adultes nient fréquemment lorsqu'il s'agit d'enfants. En conséquence, devenus adultes, nous avons souvent du mal à reconnaître cette faculté. Il n'est pas toujours nécessaire d'avouer ses sentiments aux autres. En revanche, il est vital de les ressentir soi-même et de les accepter, car seuls les sentiments nous permettent de rester en contact avec notre « moi » le plus intime. Une fois ce contact établi, nous découvrons que tous les sentiments sont neutres, et que seule l'énergie dont nous les entourons leur donne leur signification. Par essence, il n'existe pas de bons ou de mauvais sentiments, à moins que nous ne les définissions comme tels. Le conflit et la confusion auxquels nous sommes confrontés sont liés à notre difficulté de faire la différence entre reconnaître ses émotions et trouver la manière appropriée de les exprimer. La capacité d'identifier et d'admettre ce qu'on éprouve est un signe de santé émotionnelle et de stabilité, et permet de choisir une réaction adaptée. D'un autre côté, quand nous jugeons nos expériences émotionnelles, parfois jusqu'à les nier, nous nous retrouvons dans une impasse qui nous amène le plus souvent à exprimer nos sentiments de la façon la plus inadéquate.

Que vous viviez ou non une liaison amoureuse, le fait de nier une émotion — qui est une façon de se mentir — ne vous honore pas, pas plus que cela n'honore votre partenaire. En demeurant dans l'illusion, vous ne pouvez pas reconnaître la vérité, que ce soit sur vous-même ou sur les autres. Et si vous êtes dans l'incapacité d'accepter la vérité, vous vivrez dans le déni. Quand vous êtes engagé dans un processus aussi puissant que l'amour de vous-même et des autres, la tentative de nier l'intensité de cette expérience conduit à la douleur. Tant que vous ne l'aurez pas compris, vous serez enclin à faire tout ce qui est en votre pouvoir pour nier vos sentiments, persuadé que ce refus vous permettra de ne pas exprimer une vérité que vous jugez trop douloureuse. C'est ici que se situe l'une des règles fondamentales de l'amour : la reconnaissance et l'expression des sentiments sont deux manifestations distinctes. Reconnaître un sentiment signifie qu'on a le courage d'admettre ce qu'on éprouve ; l'exprimer, qu'on a la présence d'esprit et le courage de l'avouer à une autre personne. La reconnaissance et l'expression nous rappellent que l'amour n'ôte rien à notre pouvoir de prendre une décision ou de choisir.

Dans la vie, aucune expérience ne demande plus d'émotions que les liaisons affectives. Mais trop souvent, nous ne nous autorisons pas nos émotions dans ces relations. Ne pas dire « je t'aime » en premier ! Ne pas poser trop de questions, trop vite ! Nous n'avons pas oublié ce qui est arrivé les dernières fois où nous avons laissé parler nos émotions. Ces comportements, dont nous avons appris à jouer, nous font souvent perdre de vue la différence entre la reconnaissance et l'expression des sentiments. Reconnaître un sentiment doit également signifier qu'on est capable de vivre une expérience émotionnelle sans la juger. Cela a pour nom le *détachement :* savoir s'autoriser à vivre une expérience sans en anticiper l'issue. Dans notre lutte pour déterminer *la justesse émotionnelle*, nous nous rappelons que la *dernière fois* que nous avons exprimé nos inquiétudes, nos doutes, nos suspicions ou nos peurs, nous avons été critiqués et nous nous sommes entendu dire que nous n'avions pas le droit de ressentir ces sentiments. Nous en avons donc conclu que c'était le sentiment, et non son expression, qui était inapproprié. Pour échapper à ce schéma, la solution est de se détacher et de laisser tomber tout jugement sur ce qu'on éprouve.

Tous les sentiments sont justes. Et le plus souvent, c'est notre façon de réagir à un sentiment ou de l'exprimer qui nous conduit au problème. C'est la raison pour laquelle il est si important de vivre ses émotions avec sincérité. Un de mes guides spirituels m'a dit un jour : « Autorise-toi à accepter ce que tu ressens et à l'exprimer, car tu ne peux rien faire d'autre. » Je vous avoue que je n'ai jamais rien appris d'aussi difficile ! Pendant très longtemps, j'avais cru qu'une route reliait mon cœur à ma langue et que le fait d'éprouver un sentiment, même sans l'accepter, devait me pousser à l'exprimer. Résultat, je me retrouvais au coin quand j'étais petite, et au lycée, dans le bureau du proviseur. Et dans mes relations, c'était la peine de cœur assurée ! Le fait d'exprimer mes sentiments sans les reconnaître avait sur moi un effet dévastateur et mes paroles, liées à des émotions que je refusais inconsciemment, ont généralement été à l'origine de mes plus gros soucis.

Il y a un autre aspect de la reconnaissance qu'il faut mentionner, c'est le fait de *ressasser*. Vos amis bien intentionnés seront les premiers à vous dire : « Arrête de ressasser ! » pour vous faire comprendre qu'il est absurde de rester fixé sur une émotion ou une expérience négative. Bien sûr, ils ne vous diront jamais de ne pas ressasser les bonnes choses. Donc, si vous ressassez, c'est sans doute quelque chose de déplaisant. Quand nous entendons : « Ne ressasse pas ! », nous comprenons : « Ne ressens pas. » Ressasser est plus lié à l'expression qu'à la reconnaissance. Il est probable que la personne qui vous dit « Arrête de ressasser ! » a déjà entendu mille fois votre triste histoire. Plutôt que de vous demander de ne plus la harceler, elle vous suggère d'oublier ce qui vous tracasse. Le fait de s'appesantir sur un sentiment signifie le plus souvent qu'on se trouve dans une impasse. On essaye de comprendre ce qui est arrivé, pourquoi c'est arrivé, et de déterminer la solution pour améliorer la situation. Mais nos pensées et nos paroles sont axées sur les événements et non sur les sentiments. N'oubliez pas que le fait d'accepter un sentiment vous offre la liberté de choisir la manière de l'exprimer, et vous insuffle la force de laisser tomber, de guérir ou de transformer l'expérience afin que vous et vos amis vous sentiez mieux.

Prenez soin de bien noter

Dans nos relations, la malhonnêteté émotionnelle est un mécanisme de défense et de protection que nous adoptons pour éviter de souffrir. Cette réaction est si fréquente qu'elle finit par nous sembler parfaitement naturelle. Mais contrairement à nous, la vie finit toujours, à un moment ou à un autre, par refuser cette attitude. Il est en effet impossible de s'en sortir à long terme en jouant sur la malhonnêteté émotionnelle ! Vous devez respecter vos sentiments et un jour la vie vous amènera à les dévoiler. Pour cela, vous devez apprendre comment parler à celui ou celle qui vous fait face. S'il s'agit du « bon » partenaire, et si ce que vous reconnaissez est sincère, tout ira bien. Si, en revanche, vous n'êtes pas assez chanceux ou courageux pour reconnaître vos véritables sentiments, vous vous retrouverez dans la confusion le jour où vous serez contraint de les dévoiler. Vous serez dans une impasse, vous essaierez de comprendre ce que vous éprouvez et ce que vous devez dire. Au milieu de cette confusion, en essayant de vous en sortir, vous direz ce qu'il ne faut pas dire, à la mauvaise personne. Celle-ci le répétera ensuite précisément à la personne à laquelle vous ne vouliez pas qu'elle parle, et elles cesseront de vous adresser la parole. Vous serez alors non seulement en plein chaos et pris au piège, mais aussi furieux, embarrassé et seul.

Les relations révèlent ce que nous sommes, et nous sommes émotions. Que ce soit dans une relation avec nos parents, un employeur ou un amant, l'échange va susciter des émotions fortes, profondes. Or l'une des règles fondamentales de l'amour est de respecter le mieux possible ses sentiments. Une simple phrase fera l'affaire : « En ce moment, je ressens… » Une fois que vous aurez reconnu et donc accepté ce que vous éprouvez réellement, vous aurez le choix entre l'exprimer ou le taire. Si vous choisissez de l'exprimer, vous allez peut-être contrarier ou fâcher celui à qui vous l'exprimerez. Sachez que ça n'a rien de dramatique ! Si cette personne réagit mal, c'est son droit ! En face, votre travail consistera à résister à la tentation de croire que vous êtes responsable de sa contrariété ou de son bouleversement. Restez en accord avec vos sentiments. Soyez à l'écoute de la sensation, des pensées ou des souvenirs qu'ils éveillent en vous. Et sachez qu'à cette seconde précise s'offrira à vous la plus belle occasion de soigner vos blessures. Si vous pouvez vous souvenir des circonstances ou des situations évoquant les mêmes émotions, vous pouvez demander à guérir.

Lorsque vous ressentez une émotion, arrêtez-vous et prenez une profonde inspiration. Vous réussirez ainsi à vous reconnecter à l'amour qu'est la vie. En plus de cet exercice de respiration, je vous conseille de faire un rapide inventaire : « Qu'est-ce que je ressens ? Où est-ce que je ressens cette sensation ? » Une fois cette sensation localisée, interrogez-vous : « Quelle est-elle ? » Vous craignez que l'exercice ne soit long ? Je vous rassure tout de suite, il ne le sera pas. J'ai découvert que quinze ou vingt secondes étaient généralement suffisantes pour obtenir la réponse. Le temps de capter dans une phrase, la vôtre ou celle d'un autre, les mots propres à déclencher ces émotions. Des émotions attisées par des réactions, apprises et inconscientes, à des stimulations intellectuelles ou émotionnelles. Combien de fois vous êtes-vous dit : « Je ne sais pas pourquoi je suis si furieux » ? Il est probable que vous répondiez alors à un souvenir inconscient auquel vous aviez appris à réagir. La colère est la réponse naturelle à un sentiment d'impuissance ; la peur, au fait de ne pas savoir comment affronter ce sentiment d'impuissance. Nous apprenons tous, au travers de ce qui précède et suit la naissance, comment réagir à ces deux émotions.

L'esprit et le corps sont très coopératifs. Ils répondent immédiatement à nos moindres demandes. Si vous demandez la guérison, vous l'obtiendrez. Mais vous devez être prêt à céder le contrôle de cette guérison et à adopter une attitude nouvelle pour la faciliter.

Lorsqu'un bouleversement surgit dans votre vie, prenez une profonde inspiration et résistez à l'envie de juger vos sentiments. Interrogez-vous sur les réactions émotionnelles que vous avez apprises. Apprenez à vous détacher de ce qui pourrait arriver si vous vous exprimiez. Autorisez-vous à ressentir vos émotions et à les formuler. Utilisées pour faciliter votre guérison émotionnelle et spirituelle, ces nouvelles aptitudes décupleront le pouvoir du renoncement et du détachement. Elles vous aideront à rester en communication avec vous-même, à reconnaître vos sentiments et à les exprimer de façon appropriée. Dans toute relation, elles vous aideront à demeurer émotionnellement sain. Ce sont des actes de bonté et d'amour de vous-même.

Sachez faire le deuil

Joe a placé Marie dans une clinique proche de chez eux. Ça a d'abord été difficile. Il passait la plus grande partie de ses journées à courir entre la maison et la clinique, apportant à Marie tout ce qu'il pensait être nécessaire à son bien-être. Elle lui manquait terriblement et il ne pouvait supporter qu'elle soit malheureuse. Il pensait aussi qu'elle était en colère contre lui, pour ce qu'il avait fait. Joe a commencé à fréquenter l'église du quartier afin d'y trouver le réconfort dont il avait besoin. Il y a découvert des livres qu'il pouvait lire à Marie lorsqu'il lui rendait visite, des amis avec lesquels jouer aux cartes pendant ses longues soirées, et une femme qui connaissait toute l'histoire de Marie et qui était heureuse d'aller avec lui au cinéma ou au restaurant. Tout le monde savait que Joe aimait Marie et continuerait à l'aimer même après sa mort. Ils le savaient parce qu'il n'avait jamais cessé de leur répéter quelle chance il avait eue de la rencontrer. Joe a fini par comprendre qu'il pouvait aimer Marie et vivre sa vie d'une manière qui soit plus profitable à tous les deux. Joe a appris le renoncement.

Lisa n'a jamais repris ses cours, mais elle a fini par surmonter la mort de Nanny. Pour elle, la solution était le pardon. Elle a commencé par pardonner à son père d'avoir rejeté sur elle ses responsabilités. Elle s'est pardonnée de les avoir acceptées. Elle a pardonné à sa mère de l'avoir abandonnée au profit de M. Webb. Elle s'est pardonnée d'avoir éprouvé de la colère envers sa mère. Elle a pardonné à tous ses anciens petits amis d'avoir joué de sa faiblesse. Ensuite, elle s'est pardonnée de ne pas s'aimer assez pour travailler sur elle-même. Pour Lisa, le pardon a été le chemin qui l'a menée au renoncement. Puis, de là, au détachement de toutes les conditions qu'elle s'était imposées. Elle vient d'obtenir une promotion et elle vit aujourd'hui une liaison tout à fait acceptable.

Iris n'est pas encore prête. Sa douleur est encore trop lourde à gérer. Elle a suivi deux cures de désintoxication, mais elle n'arrive toujours pas à s'exprimer. Certaines expériences ont un tel impact dans nos vies que le coût émotionnel semble énorme. Dans son cas, la route de la guérison est longue et difficile. Progresser à travers certaines émotions peut parfois sembler aussi douloureux que la mort. Afin de pouvoir renaître et être éclairé, il faut apprendre à renoncer à ses anciens principes et ses anciennes croyances. Iris ne se sent pas encore prête. La douleur née de la mort de son père, les années de silence, l'ambivalence au sujet de sa mère, le fait qu'elle se déteste, sont encore trop présents, trop lourds à supporter. Mais nous savons que, au moment où Iris sera prête à céder et à renoncer, au moment où elle trouvera le courage de s'autoriser à ressentir ses émotions, à l'instant où elle murmurera l'ultime prière « Aide-moi ! » le processus de guérison s'enclenchera. Car l'amour ne s'est jamais dérobé à une requête faite en son nom.

CHAPITRE 8
Sortez les poubelles

Robert était marié. Joan le savait parce qu'il le lui avait dit. Joan était séduisante, cultivée, avocate promise à un brillant avenir, fille d'un politicien en vue. Mais elle semblait incapable de trouver l'homme de sa vie. Lorsqu'elle a rencontré Robert, elle éprouvait le besoin de combler sa solitude. Robert, qui avait neuf ans de plus qu'elle, lui offrait l'occasion de partager des repas, une compagnie plaisante et une vie sexuelle épanouie. Le fait qu'il soit marié paraissait beaucoup moins déplaisant à Joan que celui d'être seule. Parallèlement à sa liaison, elle menait une vie très active et ce type d'aventure était pour elle synonyme d'une liberté qui lui permettait de continuer à explorer de nouvelles liaisons pour trouver l'homme idéal. Un autre avantage de cette situation était qu'elle allégeait les inquiétudes de son père, qui craignait de la voir finir vieille fille. Et le fait que ce dernier chante les louanges de Robert n'était pas pour lui déplaire.

Joan ne cessait de se répéter qu'elle ne faisait rien de mal : ce n'était pas elle qui était mariée ! Cela s'appelle de la dénégation, mais Joan ne le savait pas, peut-être parce qu'elle avait déjà vécu avec un certain succès des aventures avec des hommes mariés — personne n'avait rien su de ces liaisons qui s'étaient passées sans drames. Pour le moment, elle cherchait un compagnon acceptable avec lequel elle pourrait occuper son temps en attendant l'irruption dans sa vie de l'homme idéal. Elle n'avait pas encore compris qu'en s'attachant à ce qui ne correspondait pas à ses désirs véritables, ceux-ci ne pourraient jamais être satisfaits. Elle se trouvait également en état de faiblesse émotionnelle et éprouvait l'envie de se distraire, de vivre des moments excitants.

Malheureusement, rechercher l'excitation dans une relation n'a jamais été le garant de sa réussite !

Joan n'a pas su exactement à quel moment ça s'est produit, peut-être au cours de la seconde année, non, de la quatrième année de leur relation, mais un jour elle a pris conscience qu'elle pensait tout le temps à Robert. Ils s'entendaient si bien, se ressemblaient tellement ! Il aimait les fruits de mer, elle aimait les fruits de mer. Il aimait l'opéra, elle aimait l'opéra. Ils étaient tous les deux avocats et pouvaient partager leurs expériences quotidiennes. Et puis surtout, ils avaient une personne en commun : le père de Joan, dont Robert était l'avocat personnel. Elle avait beau lutter contre cette pensée, elle ne cessait de se répéter combien ce serait merveilleux de passer le reste de sa vie avec Robert. Il était si généreux ! Le bracelet qu'il lui avait offert pour son anniversaire et le cœur en diamant pour la Saint-Valentin, n'étaient, selon lui, que de petits témoignages de son affection. Et il était si discret. Même dans sa manière de tromper sa femme ! Joan l'admirait pour son sens des responsabilités et ses attentions.

Robert ne ressemblait pas aux autres hommes mariés avec lesquels elle était sortie jusqu'alors. Après quelques dîners, et quelques mois de relations sexuelles (raison pour laquelle elle les avait fréquentés), tous étaient tombés amoureux d'elle et avaient voulu quitter leurs femmes. En les reconduisant gentiment à sa porte, elle leur avait toujours rappelé : « Pas de conditions ! » Cette fois, la situation s'était inversée. Elle était tombée follement amoureuse de Robert et se demandait si lui était amoureux d'elle. Elle n'osait pas lui poser la question et il n'abordait pas le sujet. Tout ce qu'elle savait était qu'il appréciait et respectait sa femme. Leur couple constituait un des piliers de leur communauté. Tous ceux qui connaissaient Robert connaissaient sa femme. Même après quatre ans, personne ne soupçonnait sa liaison avec Joan. Son père était un peu ennuyé qu'elle ait cessé d'amener des hommes à la maison, mais elle lui répétait toujours qu'il était aussi agréable d'avoir un rendez-vous galant à l'heure du déjeuner qu'à l'heure du dîner !

Parce qu'elle ne pouvait parler de Robert à personne, Joan laissait vagabonder son esprit et rêvait. Elle ne pouvait pas courir le risque de déshonorer sa propre famille, surtout son père qui devait se représenter aux prochaines élections. En parallèle, Robert avait toujours été très clair : en aucun cas, il ne quitterait sa femme, qui était sa meilleure amie et la mère de ses enfants. Joan était tentée de lui demander quelle place elle occupait dans sa vie. Mais depuis qu'ils se connaissaient, ils ne s'étaient jamais disputés et ce n'était pas après quatre ans qu'elle allait provoquer une altercation ! Seulement la situation lui pesait de plus en plus et elle aurait aimé partager son secret. Elle avait bien essayé de se confier à des amies, mais dès qu'elle leur avait annoncé que son amant « était pris », toutes lui avaient donné le même conseil, quitte-le ! Son père aussi. Selon lui, elle courait au déshonneur et au scandale et ferait mieux de réfléchir à ce qu'elle faisait.

Le huitième mois de la huitième année de leur liaison, Joan et Robert ont été contraints d'affronter la réalité de leur liaison. Pour la première fois de sa vie, Joan est tombée enceinte. Elle approchait de la quarantaine, un moment clé en regard de l'inexorable horloge biologique ! La vérité était simple : elle rêvait d'un enfant et elle avait sans doute oublié une ou deux fois sa pilule. Avec cet enfant, elle rêvait d'un mari. Joan a fini par se confier à une amie. Elle lui a annoncé qu'elle était enceinte d'un homme marié et qu'elle ne savait pas quoi faire. Ensemble, elles ont retourné le problème dans tous les sens et sont arrivées à la conclusion que Joan avait ce qu'elle cherchait. « Tu as voulu un bébé, tu l'as. Tu as demandé un mari, tu l'as aussi, » lui a déclaré son amie. Ce à quoi, Joan a répliqué : « Je n'ai aucun mari en vue, je suis avec Robert depuis huit ans ! » Calmement, son amie a répondu : « Tu ne t'es pas toujours montrée aussi explicite. Tu n'as pas dit que tu voulais ton *propre* mari. Tu as donc exactement ce que tu voulais et ce que tu attendais — un mari et un bébé. »

Il y a dilemmes et DILEMMES ! Quel était celui de Joan ? Est-ce qu'une femme seule dans une petite ville peut garder un enfant illégitime, au risque de déshonorer son père et de ruiner sa carrière en se liant à un homme marié ? Ou est-ce qu'elle va furtivement se faire avorter, noircissant ainsi son âme et courant le risque de brûler en enfer ? Joan et son amie ont réfléchi à toutes ces questions. Soit dit en passant, il est amusant de constater à quel point nous redevenons pieux lorsque surgissent les problèmes ! Joan n'avait pas pensé une seule fois au destin de son âme pendant les huit années de sa liaison avec Robert, mais c'est une autre histoire. À présent, le ciel s'assombrissait et elle devait prendre une décision.

Afin de nous assurer de ne rien occulter, nous allons faire un rapide récapitulatif de ce dilemme délicat, lié à un *intervalle* du premier étage de la maison de l'amour. Une femme seule vit une relation depuis huit ans avec un homme marié qui se trouve être l'avocat personnel de son père, politicien en vue. Pendant cette liaison, alors qu'elle jure attendre l'homme idéal, elle a des relations sexuelles non protégées avec cet homme marié et finit par tomber enceinte. Quand cette femme, proche de la quarantaine, découvre qu'elle attend un enfant de son amant marié, elle se confie à une amie, lui avoue sa grossesse et son rêve, qui n'est autre que d'avoir un mari et un bébé. Mais le problème est le suivant : le père de son enfant n'est pas *son* mari, et elle doit décider immédiatement si elle va garder le bébé — ce qui pourrait avoir pour conséquence un scandale familial et le déshonneur — ou si elle va se faire avorter — ce qui impliquerait pour elle le risque de brûler en enfer pour avoir commis un péché mortel ! Conscient de la difficulté que peut représenter une expérience d'*intervalle*, vous voulez donner aux gens le bénéfice du doute. Dans une histoire comme celle-ci, cependant, vous comprendrez la nécessité de saisir l'opportunité !

Quand intentions cachées, motifs troubles, rêves inachevés, malhonnêteté et fausses responsabilités constituent la base d'une relation, il y a fort à parier que l'amour en est exclu. Ce qui existe peut ressembler à de l'amour, procurer les mêmes sensations que l'amour, mais ça ne se rapproche en aucun cas de l'essence même de ce sentiment divin. Vous ne pouvez pas agir inconsidérément puis mettre le nom « amour » sur vos comportements ! Quand l'amour existe, tout le monde est gagnant. Dans ce scénario, personne ne peut gagner. Lorsque vous êtes prêt à accumuler les mensonges, à fuir ou à vous cacher, lorsque vous faites à quelqu'un ce que vous refuseriez qu'on vous fasse, vous n'êtes pas en quête d'amour. Vous jouez un rôle et qui plus est, un rôle malsain ! Votre esprit et votre cœur sont encombrés de sentiments négatifs dont vous êtes conscients. Vous savez que ce que vous vivez ne correspond ni à vos attentes ni à vos besoins, et que ça sème la confusion dans votre environnement. Parfois aussi, au milieu de ce désordre, vous vous débarrassez de quelque chose sans le vouloir, comme vous jetteriez par erreur un objet à la poubelle. Une fois votre geste accompli, vous vous mettez à courir en tous sens à sa recherche. Puis, soudain, l'idée vous frappe : « J'ai dû le jeter ! » Lentement, méthodiquement, vous le recherchez et lorsque vous mettez enfin la main dessus, il est couvert de saleté. Vous devez alors le nettoyer, en espérant qu'il pourra encore servir.

Robert était abasourdi. Il soutenait Joan, mais il était horrifié. Sa première réaction a été l'envie de fuir. Au lieu de cela, il a demandé à Joan ce qu'elle avait l'intention de faire. Elle a reconnu qu'elle l'ignorait. Elle voulait garder l'enfant, mais elle ne voulait pas décevoir son père. Elle voulait cet enfant avec lui, mais elle ne voulait pas lui causer de problèmes. Robert lui a répondu que la décision lui appartenait et qu'il accepterait sa part de responsabilités, quelle que soit cette décision. Trois semaines plus tard, alors que Joan continuait à s'interroger, Robert, en tant qu'homme d'honneur, a parlé au père de Joan. Soyons réalistes, son attitude n'avait rien d'honorable. Il avait tout simplement peur et voulait avouer la vérité avant que le père tout puissant de Joan ne l'apprenne de la bouche de quelqu'un d'autre — en l'occurrence de Joan. Il voulait s'expliquer, il voulait surtout sauver sa peau ! La nouvelle n'a certes pas ravi le père de Joan, mais il n'en a pas moins offert son soutien. Il a suggéré à Robert d'avertir immédiatement sa femme, les femmes réagissant généralement assez mal lorsque ce type de nouvelles leur parvient de sources indirectes. Il était bien placé pour le savoir puisque ça lui était arrivé quelques années avant la naissance de Joan. Robert n'en revenait pas ! Avec ce qu'il savait de cet homme, avec tout ce que Joan lui avait raconté sur lui, il s'était attendu à ce qu'il le licencie puis le crucifie. Au lieu de quoi, ce *gentleman* lui parlait comme à un fils, un ami, un collègue qui avait des difficultés et avait besoin d'aide.

Si vous tardez à sortir les poubelles alors que les premières mauvaises odeurs s'en échappent, elles risquent de polluer tout votre environnement, jusque dans ses moindres recoins ! Si, ou quand, cela arrive, il vous faut alors affronter le problème. Le père de Joan est allé voir sa fille et lui a dit qu'il était au courant de la situation. Il lui a aussi dit qu'il la soutiendrait quelle que soit sa décision, lui rappelant qu'il désirait des petits-enfants mais ne s'arrogeait aucun droit sur la manière dont il les aurait. Son seul souci était de la voir heureuse.

Des débris s'accumulent au-dessus de nos têtes. Ils sont le résultat de notre éducation et de nos expériences. Il s'agit du poids de notre vécu. Il y a les débris *extérieurs*, ceux qui ne nous appartiennent pas. Et il y a ceux que nous récupérons et emportons avec nous, souvent pour ensuite nous plaindre des désagréments qu'ils occasionnent dans nos vies. Il s'agit des débris *intérieurs*, ces conclusions que nous tirons de nos expériences. Souvent, nous essayons de les ignorer et nous faisons les mises au point nécessaires pour pouvoir cohabiter avec eux, les adapter à notre image. Les craintes de Joan concernant les paroles ou les actes de son père reflétaient en réalité ses propres sentiments face aux problèmes qu'elle traversait et affrontait avec peine. Joan projetait cette image sur son père, agissant en fonction d'elle et donc de la réaction supposée de ce dernier. Elle a alors décidé de quitter la maison et de garder le bébé. Ça n'avait plus d'importance, car tout le monde en ville avait découvert la vérité, ce qui est généralement le cas lorsqu'un problème devient trop voyant pour être dissimulé.

Lorsque nous avons envie d'obtenir quelque chose ou de vivre une expérience, les premières projections de notre désir sont pures. Elles émanent de l'essence même de notre être : l'amour. Nous y ajoutons le poids de notre vécu et nous décidons que notre désir devra avoir telle ou telle apparence. Souvent, nous nous comportons de façon totalement incompatible avec le désir lui-même et l'image que nous en avons. Si vous rêvez de vous marier mais que seuls des hommes mariés apparaissent dans votre vie, le problème se situe au niveau de celui qui projette (vous), et non au niveau de l'image (ce qui surgit). Notre chemin peut être jonché d'un amoncellement de débris qui obscurcit nos intentions et nos attentes. Il arrive alors que nous ayons envie de casser l'image et de nous concentrer sur l'expérience que nous désirons de vivre. C'est à ce moment-là qu'apparaît l'image juste, celle qui correspond à notre véritable désir.

Qu'avons-nous envie d'éprouver ? En tant qu'êtres humains, nos connaissances sont si limitées que nous réagissons souvent davantage en fonction de ce que nous voyons qu'en fonction de nos désirs. Nous pensons devoir saisir ce qui surgit et l'insérer dans l'image que nous avions imaginée, le plus souvent parce que nous croyons connaître la fin de l'histoire et être en possession du scénario. Mais alors même que nous commençons à adapter à nos désirs ce que nous possédons, un nouveau personnage ou une nouvelle histoire apparaît dans l'image et la fausse. C'est en général à ce moment-là que naît la peur. Et que l'*intervalle* prend tout son sens : comment celui qui projette (nous) doit procéder à la mise au point au travers de l'amour, de sa puissance et de sa présence. L'image qu'il a en tête devient alors une représentation plus claire de son désir. L'intention est en accord avec l'attente. Le personnage devient une représentation respectable de l'intention qui, elle, n'est plus encombrée par le poids du vécu. Cessez d'avoir peur, cessez d'imposer des conditions, et l'expérience que vous attendez vous sera offerte.

Dans votre vie et vos relations, vous devez avoir une idée précise de ce que vous recherchez, de ce que vous attendez, de ce que vous avez envie de vivre, mais aussi de ce que vous êtes prêt à faire pour l'obtenir. Le premier étage de la maison de l'amour est le lieu de votre apprentissage. Cet apprentissage se concentrera sur votre vision (comment la clarifier), votre intégrité (ce que vous êtes prêt à faire pour réaliser votre désir), vos intentions (ce que vous essayez d'accomplir), et vos attentes (ce que vous pensez de ce que vous essayez d'accomplir), le tout risquant d'être obscurci ou pollué par ces croyances qui vous encombrent l'esprit. « Je n'arrive jamais à obtenir ce que je veux ! Ils sont tous mariés ! Le temps me manque ! Je ferais mieux de prendre le premier qui passe ! » Il s'agit là de vos projections, et vous vous demandez pourquoi l'image ne cadre pas avec ce que vous affirmez vouloir vivre.

Vous pouvez rencontrer de gros problèmes au premier étage de la maison de l'amour, parce qu'il est facile et tentant de désirer une chose et de ne pas faire ce qu'il faut pour l'obtenir ou accéder à l'expérience recherchée. Il existe un danger, celui de croire que chaque événement ou personne qui surgit dans votre vie représente le « chemin » à emprunter pour vous mener là où vous le désirez. Certains de ces événements ou de ces partenaires vous aideront à préciser votre vision, d'autres à clarifier ou corriger vos intentions. Parfois, certains ne se dirigeront pas dans la même direction que vous et vous commettrez l'erreur de les suivre.

Vos attentes n'étaient pas encore claires, vous allez commencer à ajuster l'image.

1. *Quelle est ma vision de l'amour ? Quelle est ma quête ? Quels sont mes besoins ? Comment puis-je les*

assouvir ? Votre vision de l'amour est la somme de vos expériences, de vos attentes et de vos désirs. Cela représente de nombreux éléments et il se peut que vous mettiez du temps à les passer en revue. Mais le fait de répondre à ces questions vous fournira un produit adapté pour votre grand nettoyage !

2. *Qu'est-ce que j'attends réellement de l'amour ?* Quand vous retirez des pierres des fondations, le bâtiment entier vacille. Les pierres, ici, sont vos vieilles habitudes, vos anciennes pensées et attentes. Vous avez commencé à en débarrasser votre conscience. Malheureusement, vous ne les avez pas remplacées. Or, si vous avez envie de voir surgir du neuf, vous devez comprendre que vous ne l'obtiendrez pas en utilisant vos anciens modes de comportement. Il peut y avoir des débris dont vous avez envie de vous débarrasser.

3. *Est-ce que je pense réellement mériter l'amour ?* Les résultats correspondent aux attentes. Ce que vous croyez au plus profond de vous-même se manifestera au travers de vos expériences. Si vous ne le comprenez pas, vous risquez de demander une chose et d'en vivre une autre.

Toutes ces questions sont des questions propres au premier étage de la maison de l'amour. Lorsque nous sommes en quête de réponses, elles surgissent sous forme d'expériences d'*intervalle*. Rappelez-vous que lorsque vous vous trouverez à cet étage, vous aurez conscience de votre problème mais ne saurez pas comment le régler. Vous saurez quels sont vos désirs, mais ignorerez comment les assouvir. En premier lieu, je vous conseillerai de définir avec précision la nature de vos attentes et de vos intentions. Qu'essayez-vous d'accomplir ? Quelle expérience désirez-vous vivre ? À cet étage, vous devez apprendre à vous faire confiance, à faire confiance au processus dans lequel vous êtes engagé et, surtout, à faire confiance à l'amour. Celui-ci vous apportera toujours la plus haute représentation de vos intentions et de vos attentes. En revanche, la peur donnera naissance à vos pires cauchemars ! C'est la volonté, leçon apprise au sous-sol, qui engendre la confiance. Pour acquérir cette confiance, vous devez être prêt à renoncer à toutes vos croyances et à ce que vous pensez savoir, de façon à libérer votre esprit et à l'ouvrir à de nouvelles connaissances. Grâce à cet apprentissage, vos projets seront modifiés, et vos intentions clarifiées.

Maintenant, vous devez savoir que la voix de l'Esprit-Saint vous parle. Cette voix est celle de votre Esprit, de votre *moi* intime. Votre travail, tout au long de vos expériences d'*intervalle* — et ce à tous les étages de la maison de l'amour —, a consisté à écouter et à faire confiance à ce que vous entendiez. Grâce à cette confiance en vous-même, vous allez pouvoir faire des choix clairs et conscients dans vos expériences — celles que vous vivez et celles que vous désirez vivre. Certains d'entre nous se sont fait dire que cette attitude était synonyme d'égoïsme : il est égoïste de focaliser ses pensées sur soi-même ou sur ses désirs ! En conséquence, nous pensons toujours devoir nous préoccuper du bien d'autrui. Or il n'y a rien d'égoïste à se faire confiance et à se respecter. C'est au contraire la plus belle marque d'amour de soi qui existe. Cela ne signifie pas que les autres vous indiffèrent ou que vous les utilisez pour obtenir ce dont vous avez besoin ou ce que vous désirez. Se faire confiance, se respecter et s'aimer signifie qu'on reconnaît son propre droit au bonheur. En même temps, le fait de se respecter permet de soutenir et d'aider les autres sans être submergé par la colère, le ressentiment ou le sentiment d'agir par obligation. Notre comportement est alors uniquement dicté par l'amour et le désir, ce qui est le but de toute relation : soutenir et aider l'autre tout en trouvant et en partageant son bonheur. Une relation est un système de soutien mutuel et non une béquille. Rappelez-vous, au sous-sol vous avez appris combien il pouvait être dangereux d'utiliser vos relations comme des béquilles !

OÙ SUIS-JE ?

Il est normal, lors d'une expérience d'*intervalle* au premier étage de la maison de l'amour, de ne pas savoir avec précision où l'on se situe. Votre passé a peut-être été si confus et pénible que vous vous permettez de penser que vous faites au mieux. Si vous en arrivez à cette conclusion, vous avez à la fois raison et tort. Raison parce que vous faites exactement ce que vous devez faire — non pas parce qu'il est impossible de faire mieux mais parce qu'il vous reste encore beaucoup à apprendre — tort parce que vous vous trouvez dans cette situation par choix. En effet, tout ce que vous avez fait, les décisions que vous avez prises, votre but dans la vie et la façon dont vous l'avez poursuivi a été fonction de choix. Ces choix ont sans doute été influencés par votre histoire et le poids du vécu qui dicte vos réactions, mais vous en aviez d'autres. Si vous avez envie de vivre une nouvelle expérience, si vous êtes prêt à faire le ménage dans votre cœur et votre esprit, et à faire confiance au processus d'évolution dans lequel vous êtes engagé, il est important que vous déterminiez avec précision à quel stade vous en êtes de votre évolution.

Le processus d'estimation, d'évaluation et de réflexion de l'*intervalle* implique que vous vous posiez certaines questions précises et que vous soyez prêt à entendre les réponses. Ce processus peut être comparé à un nettoyant surpuissant qui démultiplierait tous les ingrédients des autres produits. Vous allez alors découvrir que vous n'êtes plus *en train* de vous préparer, mais que vous *êtes* prêt. Question numéro un : « Où suis-je ? Ou plutôt, où en suis-je ? » En effet, je ne parle pas de situation géographique, mais du niveau d'évolution de votre cœur et de votre esprit. Est-ce que je me sens bien ? Est-ce que je n'ai besoin de rien ou est-ce que j'ai envie de quelque chose que je semble incapable d'obtenir ? Ai-je envie d'apprendre et d'évoluer ? Suis-je fatigué, frustré ou en colère ? Seul, égaré, en manque sexuel ? Ai-je le sentiment de travailler dur et de n'arriver à rien ? Ou au contraire de travailler peu et d'obtenir des résultats ? Vous pouvez bien sûr envisager de vous poser d'autres questions, mais celles-ci constituent un excellent point de départ. Voici comment vous les poser :

1. Relaxez-vous. Concentrez-vous sur votre respiration, trouvez son rythme et prenez le temps de vous écouter respirer pendant quelques minutes.
2. Attirez la lumière, l'amour et l'Esprit-Saint, en récitant une prière ou en formulant une affirmation.
3. Demandez aux voix qui résonnent dans votre tête de se taire afin que vous puissiez entendre celle de l'Esprit-Saint.
4. Posez-vous une question.

5. Écoutez la réponse. Il se peut que vous ayez envie de l'écrire — attention, l'écrire signifie noter précisément ce qui vous vient à l'esprit. Ne la censurez pas, inscrivez-la, et une fois que ce sera fait, lisez-la.
6. Recommencez le processus et posez-vous une nouvelle question.

Si aucune réponse ne vous vient à l'esprit, attendez avant de passer à la question suivante. Poursuivez votre journée ou votre soirée en restant réceptif et la réponse vous apparaîtra. Peut-être quelqu'un vous dira-t-il : « Tu as l'air de… » Vous aurez alors votre réponse ! Ou peut-être qu'une chanson éveillera en vous une sensation ou un souvenir. La réponse pourra surgir de multiples façons, mais sachez qu'elle vous apparaîtra, sous une forme ou une autre, dans la journée ou les jours qui suivront. Une fois que vous l'aurez obtenue, vous serez prêt pour la question suivante.

COMMENT EN SUIS-JE ARRIVÉ LÀ ?

Grâce à la réponse que vous avez obtenue à la première question, vous êtes prêt à recevoir les précisions dont vous allez probablement avoir besoin pour la deuxième : comment en suis-je arrivé là ? Pour obtenir la réponse, utilisez le même procédé. Attention : évitez la tentation de rejeter sur un autre la responsabilité de votre situation actuelle. Si la réponse qui vous apparaît commence par : « Parce qu'elle/il… », il est fort probable que vous n'avez pas respiré assez profondément, que vous n'avez pas fait taire les voix qui résonnent dans votre tête, que vous avez encore peur, ou que vous vous cherchez toujours à vous dissimuler. Jamais l'Esprit-Saint ne rejettera sur un autre la responsabilité de ce qui nous arrive, car Il sait *qu'il n'y a pas de victimes.* Il n'accepte que le choix, la force dominante de la vie. Respirez à nouveau et réitérez votre question en ajoutant ceci : « Quels choix ai-je faits et quels choix ai-je omis de faire ? » À présent, vous êtes prêt à entendre la vérité. Lorsqu'elle vous apparaîtra, notez-la. Étudiez-la. Relisez-la. Puis passez à la question suivante.

OÙ VOULAIS-JE EN VENIR QUAND J'AI FAIT CE CHOIX ?

Un jour, alors que je me trouvais dans un groupe de soutien, on m'a posé la question suivante : « Si vous pouviez formuler un vœu, n'importe lequel, pour rendre votre vie idéale, telle que vous l'avez toujours souhaitée, quel serait ce vœu ? » Cette question m'a été posée longtemps avant ma révélation spirituelle, aussi ai-je répondu : « Être riche. » Alors même que je formulais ma réponse, j'ai senti un mouvement de recul dans la salle. Sans ciller, mon guide m'a demandé : « Désirez-vous l'argent, ou l'expérience que vous imaginez pouvoir vivre grâce à cet argent ? » Dilemme ! Je me suis mise à bredouiller. Finalement, j'ai répondu : « Je veux la liberté que m'apportera l'argent. » Mon sage interlocuteur a alors rétorqué : « Alors pourquoi ne demandez-vous pas la liberté et ne laissez-vous pas l'univers vous l'apporter selon le dessein de Dieu ? » Je n'avais jamais envisagé la question sous cet angle.

Très souvent dans nos vies, nous agissons ou non, nous formulons certaines demandes ou résistons à l'envie de les formuler, parce que nous nous imaginons obtenir ainsi le résultat escompté. Mais il faut savoir que si nous nous concentrons sur l'expérience, le mode d'emploi de sa réussite nous sera fourni. Dans les relations, y compris la relation que nous avons avec nous-mêmes, nous avons envie de vivre une expérience et nous utilisons les moyens qui, selon nous, sont à même de lui donner vie. Nous achetons certaines choses pour être reconnus. Nous prononçons certaines paroles pour être acceptés. Nous évitons d'en dire d'autres pour ne pas être rejetés. Dans la plupart des cas, nous nous concentrons sur ce que nous ne voulons pas vivre et cela a pour effet de le provoquer. Cette question va vous aider à déterminer ce sur quoi vous vous concentrez, ainsi que l'expérience que vous désirez vivre. Suivez le même processus. Écrivez la réponse et étudiez-la. Pour vous faciliter la tâche, répétez la question plusieurs fois car, comme la plupart d'entre nous, vous essayez probablement de courir plusieurs lièvres à la fois ! Prenez votre temps. Ce processus peut durer des semaines, mais il est utile si vous voulez progresser.

QU'EST-CE QUE JE VEUX VRAIMENT ?

C'est une question facile à laquelle la précédente vous a fourni une/des réponse(s). Ici, le procédé est enfantin. Il suffit de dresser une liste. Prenez toutes les réponses obtenues lors de la question précédente, et affirmez : « Mon désir véritable est… » Votre réponse doit tenir en trois à cinq mots. Voici un exemple : mon désir véritable est d'être libre de mes mouvements, d'être accepté, reconnu. Ensuite, étudiez cette liste afin de vous assurer que vous n'avez rejeté sur personne la responsabilité de ces désirs. Je veux dire par là, évitez des affirmations comme : « Mon désir véritable est d'être accepté par mon père » ou « Mon désir véritable est d'être aimé par... » Vous pouvez les éviter en retirant tout simplement la préposition « par ». Pour vous aider dans votre démarche, rappelez-vous que personne ne pourra jamais vous donner ce que vous n'êtes pas capable de vous offrir vous-même. Une fois la liste achevée, et quand vous avez assumé l'entière responsabilité de vos désirs, passez à la question suivante.

Comment faire cette expérience ?

Si tout ça est assimilé, vous êtes prêt ! Et vous voulez passer au stade supérieur d'amour donné et reçu par vous-même et les autres. Vous pouvez vous féliciter d'avoir franchi cette étape car elle était ardue. Vous avez éliminé un grand nombre de « débris ». À ce stade, vous avez une idée précise de ce que vous désirez et de l'expérience que vous avez envie de vivre. Vous avez démontré que vous êtes capable d'accepter la vérité et que vous voulez acquérir la confiance. Vous avez beaucoup appris sur vous-même et sur vos échanges avec les autres. Vous êtes maintenant capable de décrire vos forces et vos faiblesses, vos peurs et vos manies. Vous êtes ouvert à de nouvelles expériences et vous les assumez. Vous êtes prêt à faire de meilleurs choix, avec des intentions claires. Comme un coureur, vous êtes dans les *starting blocks* prêt à bondir ! Prochaine étape, le pardon.

Vous ne pourrez jamais progresser si votre cœur ou votre esprit sont encombrés de « je devrais », « il faudrait », « je pourrais ». Le seul moyen d'alléger ce poids et de pouvoir passer au deuxième étage est de savoir pardonner. Vous vous êtes observé avec minutie et vous êtes désormais conscient de vos erreurs. Je connais cette tâche et je sais aussi que vous êtes un être humain. Et parce que vous êtes humain, vous allez vous en vouloir ! Arrêtez ! Rappelez-vous que vous ne pouvez pas tout corriger ! Vous voulez savoir ce que vous avez fait et ce que vous n'avez pas fait, pourquoi vous l'avez fait ou pourquoi vous ne l'avez pas fait. Mais vous ignoriez ce qu'il fallait faire, ce qui explique votre comportement. Maintenant, vous avez envie de savoir ce qu'il faut faire. En principe, vous ne devez plus éprouver le besoin d'avoir toujours raison, un besoin propre au sous-sol ! Vous voulez savoir pourquoi l'autre est parti en s'en sortant sans dommages (selon vous) et pourquoi l'autre vous a laissé seul dans la souffrance et dans la lutte. Soyez prudent ! Si vous rejetez la responsabilité sur un autre, ou si vous l'accusez, vous risquez de redescendre au sous-sol !

En tant qu'être humain, j'ai moi aussi envie de savoir. Mais j'ai découvert après avoir navigué à travers mes problèmes, que peu importait la part de mon expérience ou des problèmes que j'essayais de rejeter sur l'autre ; au bout du compte, je me retrouvais seule face à moi-même. Je faisais des choix ou je ne les faisais pas. J'étais égarée. J'agissais malhonnêtement. Je refusais d'ouvrir les yeux et de progresser. J'avançais avec mes attentes absurdes, recherchant des ennuis que je finissais évidemment par trouver. Lorsque je rencontre ce type de dilemme — qui est un dilemme du premier étage —, le pardon m'est alors d'un grand secours. Si vous êtes prêt à admettre que vous êtes comme les autres, alors peut-être devez-vous, vous aussi, pardonner.

Vous pardonner non pas d'avoir mal agi, mais d'avoir *cru* vous être trompé. Vous êtes sur la bonne voie, vous vous humanisez ! Vous pensiez sans doute que vous aviez un problème que vous ne vouliez pas révéler aux autres. Alors vous vous cachiez. Vous vous dissimuliez derrière de jolis mots et de beaux gestes, derrière des excuses absurdes, aussi, en pensant : « Pourvu qu'ils ne découvrent pas que je.... » Ce sentiment ancré au plus profond de vous-même obscurcissait votre vision et vous dirigeait. Il vous faisait dévier de votre route, celle qui conduit à l'expérience recherchée. Pardonnez-vous non pas de ne pas avoir su reconnaître les signes qui auraient dû vous alerter ou de ne pas avoir fait ce qu'il fallait, mais de ne pas avoir compris que le seul moyen de connaître vos véritables envies était justement de faire ce que vous n'aviez pas envie de faire.

C'est un exercice très simple. Chaque matin et chaque soir, pendant sept jours consécutifs, écrivez l'affirmation suivante trente-cinq fois :

« Je me pardonne d'avoir cru mal agir. »

Par cette affirmation, vous assumez vos responsabilités et celles de votre vie. Peu importe ce qui surgit dans votre esprit, notez-le. Si vous ne pouvez pas vous débarrasser de l'idée que quelqu'un d'autre a contribué à cette situation, utilisez la formule

suivante :
« Je me pardonne d'avoir pensé que… ait pu mal agir. »
C'est ainsi que vous éliminerez la tentation de rejeter la faute sur l'autre. Il ne s'est pas trompé. Comme vous, il vivait ce qu'il n'avait pas envie de vivre pour déterminer avec précision ses véritables envies !

ALLEZ-Y !

Le fait de se clarifier l'esprit, d'examiner avec attention ses desseins et ses attentes, de reconnaître avec sincérité l'expérience qu'on a envie de vivre et de se pardonner, d'entraîner avec soi le poids de son vécu, peut se comparer à l'extraction d'une dent de sagesse. La guérison est longue ! La bonne nouvelle est que le processus de guérison fonctionne quel que soit le problème auquel vous êtes confronté, qu'il soit d'ordre familial, professionnel ou relationnel. Ce processus vous aidera à clarifier vos pensées, indépendamment de l'issue. Si vous êtes seul, la tâche sera moins difficile. En effet, la solitude offre le temps de travailler sur soi-même.

En revanche, si vous vivez une liaison, vous devrez fournir un effort supplémentaire, prendre le temps de vous retrouver seul, de vous offrir l'espace nécessaire aux exercices de respiration et d'écriture. Dans l'*intervalle*, une relation n'est pas statique. Les problèmes continuent à surgir. Certaines paroles sont prononcées et vous éprouvez le besoin d'y répondre. Votre tâche consistera alors à utiliser le nettoyant spirituel adapté. Lequel appliquer, dans la situation actuelle, pour rétablir la paix ? Une révision rapide des leçons apprises aux étages inférieurs vous aidera à le déterminer. Rappelez-vous qu'il faut toujours commencer par vous regarder vous-même. Interrogez-vous, répétez devant un miroir tout ce que vous avez appris. N'accusez personne, mais ne vous accusez pas non plus ! Acceptez vos responsabilités. Demandez à votre partenaire de vous laisser le temps et l'opportunité de mettre de l'ordre dans vos pensées, de les clarifier. Dans l'*intervalle*, apprenez à ne plus vous plaindre, à ne plus vous énerver, à ne plus vous enfermer dans le mutisme, mais par-dessus tout, apprenez à ne plus perdre espoir.

Même s'il ne se voit pas, le processus est en cours. L'*intervalle* est un moment actif. Même si vous êtes blessé et en colère, ne cessez jamais de croire en votre évolution ! Votre guérison est en marche ! Le fait de ne pas la voir ne signifie pas qu'elle n'a pas lieu. Ayez envie, ayez confiance, souvenez-vous de la vérité, nettoyez la poussière qui vous obstrue la vue et prenez vos responsabilités. Se trouver et trouver l'amour sont deux tâches difficiles — vous devez avoir envie de les accomplir de manière responsable, patiemment, tout en restant lucide et en nourrissant des intentions respectables. Si vous êtes blessé, quel désinfectant allez-vous utiliser ? Si vous êtes en colère, lequel allez-vous appliquer ? Si l'impatience vous guette, rappelez-vous le chemin déjà parcouru et le stade de guérison que vous avez déjà atteint.

Dans l'*intervalle*, n'oubliez pas que vous gravissez les marches de la maison de l'amour. N'oubliez pas que vous êtes guidé et que les gens ou les informations dont vous avez besoin ne sont jamais loin. Par moments, vous progresserez lentement, avec le sentiment que le voyage est beaucoup trop long pour être accompli seul. Dites-vous alors que vous n'êtes pas seul, que vous ne le serez jamais. Il y a toujours des « anges » pour veiller sur vous. Il se peut aussi que vous progressiez à pas de géant et soyez tenté de vous féliciter. Attention, ne vous accordez pas trop vite le crédit de cette réussite ! Accordez-le à Dieu, qui pas une seule seconde ne vous a abandonné. Il se peut aussi que vous vous retrouviez dans des situations où vous serez tenté d'adopter à nouveau des comportements propres au sous-sol. Ne vous affolez pas ! Gardez en tête l'image de Celui qui marche à vos côtés. Sachez que vous ne pouvez pas échouer, que vous n'avez aucune raison de vous égarer ou de perdre pied. Aucune raison non plus de retomber dans un mode de pensée négatif, ou dans une liaison instable.

ENTRE LE PREMIER
ET LE DEUXIÈME ÉTAGE

Vous voulez l'ignorer, mais vous ne pouvez pas — c'est une honte ! Si votre mère voyait ça, elle aurait une attaque et vous interdirait de sortir à tout jamais ! Il y a des papiers partout. Certains sont peut-être importants, mais comment le savoir ? Vous ne les avez pas regardés depuis des semaines ! Oh, je comprends ! Vous ne pouviez pas les voir parce qu'ils étaient cachés par ces chaussettes dépareillées miraculeusement arrachées au sèche-linge. Ces chaussettes sont propres, certes, mais qui pourrait le deviner en les voyant étalées sur ce verre sale ou sur cette assiette à gâteau ? Car il y avait bien du gâteau dans cette assiette ? Mais quelle importance, au fond ? Que sont quelques chaussettes propres dans une pile de t-shirts sales ?
Vous savez que si votre mère voyait ce désordre, elle irait se coucher sur les rails et viderait une bouteille de whisky ! Vous savez aussi qu'elle ne vous a pas élevé comme ça ! Alors mettez fin à ce désordre ! Prenez-vous en main ! Qui sait si ce fatras ne cache pas ce dont vous rêvez et que vous n'arrivez pas à trouver !

CHAPITRE 9
Le nettoyage du buffet

Vous allez vous montrer bête, et alors ? Il faut juste décider combien de fois, vous allez vous l'autoriser. Deux fois ? Six fois ? Dix fois ? Fixez-vous une limite, mais ne dites pas que cela ne vous arrivera jamais, parce que ça va forcément vous arriver, au moins une fois dans votre vie. Ceux qui évitent les relations de peur d'agir bêtement doivent dépasser cette idée. Je vous le répète, fixez-vous une limite et laissez-vous aller ! Je sais que votre mère vous a probablement répété dix mille fois : « Arrête de te comporter comme un imbécile ! » En réalité, elle vous suggérait de décider quel type d'imbécile vous vouliez être, de l'être et ensuite de passer à autre chose. Je ne sais pas combien de fois j'ai rencontré des gens dont le leitmotiv était : « Je ne veux pas souffrir ! Je ne veux pas me conduire comme un idiot ! Je ne veux pas avoir l'air d'être faible ! Je ne veux pas être ridicule ! » Ça vous arrivera, quoi que vous fassiez, alors décidez. Quand vous aurez pris conscience que vous avez été ridicule le nombre de fois que vous vous étiez autorisé, vous commencerez à vous prendre en main. Quand vous aurez atteint votre limite, il se passera alors l'une des deux choses suivantes : soit vous changerez de type de comportement, soit vous vous accorderez une ou plusieurs chances supplémentaires.

Carol avait fixé sa limite à trois fois. Elle l'a fait passer à six, pour finalement s'arrêter à cinq, simplement parce que c'était trop douloureux et trop gênant. Elle était toujours attirée par le même type d'hommes, toujours pour les mêmes raisons, et cela se terminait toujours de la même façon. Elle ne les fréquentait pas pour leur argent, mais pour le sentiment qu'ils lui donnaient d'elle-même. Le problème était que pour éprouver ce sentiment, elle ne pouvait pas être elle-même ; elle devait être une autre femme, toujours belle,

spirituelle, passionnée et soumise. Un véritable rôle de composition qu'elle s'imaginait devoir jouer pour attirer les hommes aptes à lui procurer ce sentiment de bien-être. Seulement, au fil du temps, le jeu finissait par devenir fatigant. Tant et si bien qu'un jour, elle a décidé d'y mettre fin avant d'être confrontée à davantage de problèmes, avant d'atteindre sa limite et de ne plus pouvoir s'arrêter.
John ne s'était fixé aucune limite. Il sortait d'une liaison quand il l'a rencontrée dans un restaurant. Ils ont parlé bière et musique pendant des heures. Il est si rare de rencontrer une femme qui apprécie la bière, que vous avez envie de tirer tous les avantages de la situation quand vous en croisez une ! Elle était sociable, drôle et *très* bien faite. Il ne pouvait pas résister à un joli corps. Ça donnait une certaine mystique sexuelle. Il savait qu'il allait recommencer à se conduire stupidement mais il avait besoin de vivre une relation énergique. Son mariage, qui arrivait à son terme, était devenu insipide. Il rentrait à la maison. Comment s'est passée la journée ? Bien. Il regardait la TV, puis il allait se coucher. Il cherchait une femme ambitieuse, prête à se lancer à tous moments dans des expériences positives. Il avait toujours été attiré par ce type de femmes, même s'il n'en avait pas épousé une. Il savait que c'était une folie. Mais il avait raté sa première chance. Et la seconde se profilait à l'horizon.
Faye n'était pas une obsédée. Simplement, elle avait des besoins, beaucoup de besoins. Elle voulait être aux yeux d'un homme « la » femme exceptionnelle. Elle voulait être aimée. Dans sa tête, elle pensait que le sexe pourrait faire d'elle cette femme et lui permettre d'obtenir cet amour dont elle avait si désespérément besoin. Mais cette devise ne l'empêchait pas de se montrer difficile. Elle ne fréquentait personne. Son processus de sélection était soigneusement orchestré. Tout candidat potentiel devait répondre à des critères précis pour avoir une chance de sortir avec elle. Il devait lui donner le sentiment d'être exceptionnelle, et faire ce qu'elle s'était convaincue qu'aucun homme ne ferait pour une femme à moins de l'aimer profondément. Il est étonnant de voir tout ce qu'on arrive à faire faire à quelqu'un en utilisant le sexe et le désir comme promesse ! Faye l'avait transformé en une véritable science, mais il arrive que même les scientifiques les plus expérimentés ratent une expérience. Parfois, elle oubliait ce qu'elle faisait, ce qu'elle recherchait ; il lui arrivait même de changer les règles du jeu. C'était dans ces moments-là, lorsqu'elle perdait la tête et tombait follement

amoureuse, que la chute s'amorçait. À sept ou huit occasions au cours des douze dernières années, elle avait utilisé toutes ses chances de se comporter de façon ridicule.

POURQUOI TOUT CELA ?

C'est ça ! C'est ce que nous voulons tous ! Nous voulons être aimés pour ce que nous sommes, de façon absolue et inconditionnelle. Malheureusement, dans cette course à l'amour, nous essayons toujours d'obtenir les meilleures notes. C'est une erreur ! Pourquoi se sentir obligé de réaliser un score parfait pour accéder à ce sentiment divin ? Il suffit d'avoir la moyenne, mais ça ne semble pas assez bon pour la plupart d'entre nous. Pourquoi ? Parce que nous voulons tous rencontrer LA personne avec qui vivre l'Histoire ! Mais dans cette quête pour obtenir la perfection, pour faire ce qu'il faut pour trouver le grand amour qui dure à jamais, nous nous encombrons souvent d'éléments dont nous pensons qu'ils vont nous mener là où nous le désirons, mais qui, lorsqu'ils nous apparaissent pendant *l'intervalle*, sont loin de nous satisfaire. Tous ces actes passés et présents accomplis pour obtenir cet amour tant désiré, nous donnent le sentiment d'être ridicules, de nous sentir ridicules !

Même quand nous admettons avoir décidé consciemment d'agir ou de nous exprimer de façon absurde, nous en rejetons la responsabilité sur ceux que nous pensions aimer. Si cela s'avère trop compliqué, nous comparons ce que nous avons fait et ce qu'ils ont fait pour déterminer quelle attitude était la pire. Dans l'*intervalle*, vous devez avant tout comprendre pourquoi : quelle raison vous a poussé à adopter un comportement particulier ? Pourquoi vous êtes-vous permis de l'adopter ? Pour quelle raison continuez-vous à l'adopter ? Et pourquoi ne parvenez-vous pas à modifier cette attitude ? Ces questions auxquelles vous devez répondre constituent l'étape finale de votre voyage. Votre progrès a été phénoménal ! Vous avez affronté une grande partie de votre passé et de son poids, mais votre tâche n'est pas encore tout à fait terminée.

L'amour, qui est l'émotion la plus intense que l'on puisse ressentir, ne se limite pas aux êtres humains. Après avoir regardé pendant des heures Discovery Channel, j'en ai conclu que les animaux aimaient leurs petits et s'aimaient les uns les autres. J'ai aussi découvert ce que le manque d'amour pouvait avoir comme effet destructeur, que ce soit dans le monde animal ou chez les êtres humains. L'amour est la corde spirituelle qui nous relie les uns aux autres.

Nous n'en sommes pas toujours conscients. Nous ne nous apercevons pas davantage que toutes nos expériences sont destinées à nous faire admettre l'existence de ce lien. Dans l'*intervalle*, nous passons beaucoup d'heures dans la peur et la colère, ce qui, dans nos relations, nous conduit à l'échec et à la souffrance. Pour trouver notre chemin vers le deuxième étage, nous devons nous débarrasser de cette peur et de cette colère.

FAITES UNE CHOSE À LA FOIS

Le fait d'avoir acquis des connaissances ne signifie pas que vous avez tout appris et que vous pouvez vous arrêter sur le chemin de la guérison et de l'apprentissage. Il faut en effet que vous sachiez une chose : à moins de vous appeler Jésus, Bouddha, Gandhi ou Mère Térésa, vous mourrez en ayant encore beaucoup à apprendre ! Il faut comprendre cela et garder en suspens quelques problèmes non encore réglés. Vous savez qu'ils sont là, qu'il faut y travailler, mais que vous n'avez pas forcément besoin de tout faire dans une vie. Réglez-en certains, laissez-en d'autres, développez-en d'autres encore. Recommencez un peu, développez un peu plus. Si vous faites seulement ce que vous pouvez faire, dites-vous que ce sera déjà plus que suffisant pour vous permettre de progresser. Nous ne cessons de travailler sur nous-mêmes parce que nous pensons devoir tout faire, tout de suite. Il en va de même dans nos relations. Nous nous convainquons que quelque chose ne va pas et que ce quelque chose doit être réglé tout de suite, que tout doit être parfait dans l'immédiat ! Certaines choses le seront, d'autres non. Ainsi va la vie. Alors détendez-vous. Apprenez à laisser certains problèmes en attente. Ils ne vous mordront pas, ils ne vous tueront pas ! Laissez-les où ils sont en sachant que vous pourrez y revenir plus tard.

Certains de ces problèmes pourront vous aider lors de votre apprentissage de la leçon primordiale : celle du don de l'amour inconditionnel. C'est pour cela que vous accédez au deuxième étage. Pour pouvoir donner et recevoir à tout moment l'amour absolu. Grâce à lui, lorsque vous jetterez un regard sur votre vie — que vos relations ont souvent déchirée —, vous prendrez conscience qu'au fond, cette vie n'est pas *aussi ratée* que vous le pensiez. Vous comprendrez que c'est vous qui l'avez écrite et que ceux qui y ont participé étaient vos invités. C'est de vous qu'il s'agit — de quoi vous êtes fait, de ce que vous voulez —, et c'est pour cela que, parfois, l'amour a été si confus, si difficile à comprendre : parce qu'au lieu de regarder en vous, vous regardiez l'autre. Choisissez comment répondre à *ce que vous êtes* — vos sentiments, vos attentes et vos envies — et à ce que sont les autres. Analysez clairement ce qui se passe et décidez comment réagir. Jusqu'à maintenant, le déroulement de votre existence a été normal. Vous avez progressé et grandi. Généralement, c'est votre réaction aux événements qui a provoqué les problèmes. Nous devons apprendre que ce n'est pas parce que quelque chose se passe, ou ne se passe pas, qu'il faut forcément réagir.

Vous devez faire attention à affronter *tous* les problèmes à ce stade de votre développement. Il est en effet facile d'en occulter pendant le processus de guérison et de se perdre ou de se retrouver pris au piège dans un placard obscur. Il est difficile de sortir du placard lorsque le problème n'est pas détecté ou pas réglé. En gravissant les marches entre le premier et le deuxième étage et en vous rapprochant de l'amour inconditionnel, vous allez devoir utiliser des nettoyants puissants pour éliminer tous les débris accumulés qui vous ont amené à vivre des relations amoureuses malchanceuses : l'un d'eux est le *choix*, l'autre la *lucidité*.

CESSEZ DE VOUS CRITIQUER

Si vous pensez ne pas faire ce qu'il faut ou ne pas être à la hauteur, ne vous dites pas : « Il faut que je répare, que je fasse, que je change ça ! » Vous courez le risque de penser devoir tout faire et tout corriger tout de suite. Si vous vous posez constamment des questions, vous ne pourrez jamais vous clarifier l'esprit. Vous finirez invariablement par vous dire : « Ça ne marchera jamais pour moi ! » Cette attitude est la raison pour laquelle nous nous imaginons avoir « tant travaillé pour qu'une fois de plus, ça ne marche pas ». Le problème n'est ni ce que vous avez fait ni ce que vous faites. Le problème est qu'avant d'avoir l'esprit clair, *vous* avez défini la tâche à accomplir et la façon dont vous l'accomplirez, en réponse à votre vécu, à vos peurs et à vos sentiments de faiblesse, alors qu'en fait, vous n'aviez aucune idée de ce qu'il fallait faire et de la manière dont il fallait le faire. Bien sûr, vous portez désormais un regard lucide sur certains éléments de votre histoire, sur lesquels vous êtes à même de travailler, d'appliquer les principes que vous avez appris, de régler vos attitudes et modifier votre comportement. Mais vous devez rester conscient du fait que certaines choses ne marcheront pas toujours comme vous le souhaiterez. Il faut que vous soyez clair là-dessus.

Vous devez également rester réceptif et avoir envie de faire ce qui est nécessaire, quand c'est nécessaire, étape par étape. Lorsqu'un problème surgit, utilisez toutes vos connaissances et tout ce qui vous pourra vous aider à le surmonter. N'offrez aucune résistance. Ne procédez à aucune élimination. Appliquez simplement vos acquis pour observer ce qui se passe de façon consciente. Ensuite, seulement, vous choisirez ce que vous aurez à faire. À ce stade de votre évolution, le choix revêt une importance vitale. Si vous savez que vous avez peur et si vous souffrez d'un problème d'estime personnelle, décidez de vous attaquer à l'un ou à l'autre — la peur ou l'amour-propre —, mais pas aux deux à la fois. Si vous savez que vous avez envie de vivre une relation mais si vous êtes aussi confronté à un problème d'incapacité, ne menez pas les deux de front. Si vous décidez d'affronter un problème et qu'un autre surgit, il sera toujours temps de changer d'avis. Mais si vous en affrontez deux à la fois, vous finirez par vous rendre malade ! Vous vous lasserez de vous-même, du travail et du nettoyage qu'il vous reste à effectuer ! Concentrez-vous en priorité sur l'expérience que vous avez envie de vivre. Laissez-vous envahir par la sensation que vous procure cette expérience, sans la juger. Résistez à la tentation de décider qu'elle *devrait être* ainsi. Apprenez à exprimer le sentiment que vous avez envie d'éprouver afin que l'univers puisse répondre à votre requête. Gardez en tête la pensée que vos désirs, quels qu'ils soient, ne représentent qu'une partie de ce que Dieu veut vous offrir.

Pour le trouver, l'amour ne vous demande ni de vous renier, ni de vous brutaliser. Au contraire, au deuxième étage de sa maison, l'amour vous demandera de vous présenter tel que vous êtes vraiment, avec tout ce qui fait de vous la personne que vous êtes — vos blessures et douleurs, les facettes raffinées et brillantes de votre personnalité, ce que vous avez appris et ce qu'on vous a donné. L'amour vous accueillera, vous et tous les éléments qui constituent votre être, afin de vous permettre de guérir grâce à lui. De nouveau, l'amour désire que vous ne formiez qu'un. Un seul être avec l'Unique, Celui qui vous a toujours aimé et vous aimera toujours, quelle que soit votre condition. L'amour ne vous demandera jamais de donner de vous-même plus que vous ne pouvez donner. Et si vous ne pouvez donner qu'à vous-même, sachez que cela suffira.

Car si vous vous aimez, l'amour ouvrira votre cœur afin que vous puissiez y recevoir l'amour des autres.

TOUTE ERREUR PEUT ÊTRE CORRIGÉE

Un jour, j'ai rencontré une jeune femme tellement convaincue que rien ne fonctionnait en elle, qu'elle s'était résignée à vivre seule pour le restant de ses jours. Elle avait perdu le seul homme qu'elle avait cru aimer. Le seul travail qui lui plaisait vraiment. Elle allait perdre sa voiture parce qu'elle était au chômage. Sa vie n'était qu'un désastre ! Miraculeusement, au milieu de ce psychodrame, elle a décidé d'entamer un travail sur elle-même. Cette attitude n'est possible que lorsque les leçons du premier et du deuxième étage sont réellement entérinées. Il peut alors encore vous arriver de perdre pied, mais une chose est certaine, vous ne vous perdrez plus ! Ayant travaillé dans le marketing, cette jeune femme avait décidé d'appliquer ses connaissances professionnelles à sa vie personnelle et amoureuse. Elle appelait cela les 4 P : production, prix, *packaging*, promotion. Après avoir déterminé qu'elle était elle-même le produit, elle a admis qu'elle devait apporter certaines améliorations. Il fallait pour cela qu'elle soit claire sur deux points : savoir qui elle était et quels étaient ses désirs. Elle avait compris qu'elle était un être humain, qu'elle était constituée de multiples facettes qu'elle devait révéler au grand jour les unes après les autres. Cela représentait une tâche phénoménale. En effet, chaque fois qu'une de ces facettes était dévoilée, il lui fallait aller plus loin, plus profond en elle-même.

Sa démarche était la suivante : si vous voulez qu'un produit soit bien reçu sur le marché, il faut être capable de le décrire, de le définir et le présenter clairement aux autres — les acheteurs potentiels —, de leur expliquer avec précision la nature de ce produit et ce qu'il est à même d'offrir. Il s'agit d'un élément primordial de l'amour-propre et de la confiance en soi. Apprendre à déterminer qui vous êtes, avec vos bons et vos mauvais côtés, constitue la première étape. Apprendre à reconnaître vos schémas de dépendance et vos comportements destructeurs afin de les démanteler constitue la deuxième. Nous avons tous des schémas. Lorsque nous avons le courage d'admettre que l'un d'eux est destructeur ou qu'il nous entraîne dans la dépendance, nous avons franchi un grand pas en avant. Pour y parvenir, il faut cesser de se juger et de se critiquer, mais être conscient de ses choix à chaque instant. Il faut apprendre à s'écouter parler et à interrompre les messages négatifs qui nous parviennent ; il faut remplacer le besoin par le désir, le désespoir par la réceptivité, les obsessions par la détermination. Cette détermination, ou cette réceptivité, est destinée non pas à vous faire rencontrer quelqu'un, mais à vous conduire sur le chemin de l'amour de vous-même. Le temps que vous passez seul dans l'*intervalle* vous permet de discerner avec plus de lucidité votre véritable personnalité, ainsi que les comportements qui entrent en conflit avec votre identité.

Il faut ensuite vouloir partager ouvertement et honnêtement l'information sur le produit, d'abord avec soi-même, puis avec les autres. Trop de gens en quête d'amour font de la publicité mensongère ! Parfois, on ignore la vérité. Parfois, on la connaît, mais on choisit de ne pas la révéler. Au bout du compte, lorsque le « produit » sera acheté, il est probable que l'acheteur le rapportera s'il découvre cette vérité. Si vous ne voulez pas que votre produit reste en rayon, vous devez le développer ! Votre développement intérieur, émotionnel et spirituel, votre capacité à vous reconnaître, vous accepter et vous aimer sont essentiels si vous voulez trouver l'amour que vous cherchez. Et qu'un partenaire surgisse ou non dans votre vie, ils constituent des éléments vitaux dans votre apprentissage de l'amour de vous-même.

C'est en vivant vos expériences au sous-sol, puis au rez-de-chaussée et au premier étage, que vous avez reçu le premier indice qui laissait entrevoir que l'amour pouvait être une situation gagnante à tous les coups. Lors de votre ascension vers le deuxième étage, comprendre cette réalité et l'intégrer devient votre objectif. Vous devez désormais apprendre que vous pouvez donner de l'amour, ou n'importe quoi d'autre, sans rien perdre. Pour vous, le partage de votre temps, de vos ressources ou de votre vie ne constitue plus un problème, car vous ne craignez plus pour votre survie. Si vous agissez en ayant conscience de ce que vous faites, vous ne pourrez plus perdre. Vous êtes en plein progrès. Désormais, une relation pourra parvenir à son terme sans vous détruire. Vous avez appris ce qui fonctionnait et ce qui ne fonctionnait pas pour vous. Grâce à vos expériences, vous avez compris que vous pouvez enfin vous accepter tel que vous êtes et accepter vos choix, car vous savez que vous pouvez les renouveler à satiété, jusqu'à obtenir entière satisfaction. C'est une découverte majeure et la preuve d'un esprit clair. Votre voyage d'exploration à travers la maison de l'amour, qui vous a mené jusqu'ici, n'a peut-être pas toujours été simple, mais vous l'avez accompli !

On reçoit ce qu'on mérite

Le prix. Que vaut votre produit ? Quelle est sa valeur sur le marché ? Une fois que vous aurez déterminé avec précision la nature de votre produit, vous devrez décider de son prix. Dans votre évolution personnelle, le fait de mettre un prix indique que vous êtes capable d'énoncer clairement vos désirs. C'est une question d'amour-propre. Vous savez que vous n'avez plus à accepter n'importe quoi sous prétexte de votre âge, de votre physique ou de votre milieu. Vous avez instauré des critères sur la façon dont vous voulez être traité et sur ce que vous attendez de vous-même et pour vous-même. Bien sûr, certains de ces critères sont négociables, d'autres pas.

Maintenant que vous connaissez votre produit avec ses forces et ses faiblesses et que vous n'avez plus peur de les reconnaître, la valeur de ce produit s'est considérablement accrue. Vous ne luttez plus pour dissimuler vos actions passées. Vos dérapages, vos chutes ou vos faux pas ne peuvent plus désormais vous servir de béquilles auxquelles vous cramponner lorsque les choses ne se passent pas comme vous le voulez. Ne regrettez rien. Ne vous critiquez plus. Vous êtes un produit de valeur, méritant, empli d'amour, dont les choix sont conscients. Vous avez une confiance absolue en ce produit. Quel prix allez-vous lui donner ? Un prix destiné aux chineurs ou aux marchands d'art ? La valeur et l'estime que vous lui accorderez détermineront ceux qui s'y intéresseront. Les amateurs d'objets d'art savent exactement ce qu'ils veulent et que faire de leur produit une fois qu'il leur appartient. Ils savent reconnaître un chef-d'œuvre lorsqu'ils en voient un et sont capables d'abattre des montagnes pour l'obtenir. Les chineurs du sous-sol ne sont ni aussi lucides ni aussi conscients. Ils peuvent avoir sous les yeux une pièce rare et ne pas la voir. C'est en vous débarrassant des derniers doutes qui encombrent votre esprit que vous serez capable de donner à votre produit le prix qui correspond à sa vraie valeur.

Vous passez du premier au deuxième étage de la maison de l'amour. Cette étape est la plus belle de toutes ! Vous avez appris à vous écouter et à faire confiance à ce que vous entendez. Vous avez désormais compris que les problèmes n'étaient pas destinés à durer ! Vous vous êtes aperçu que différer ne veut pas dire dénier ! Vous avez parfaitement pris conscience que toutes les expériences de votre vie étaient éphémères ! Vous avez aussi compris qu'une expérience d'*intervalle*, qu'elle dure un, dix ou vingt ans, ne vous empêchera jamais de vouloir continuer à évoluer, à agir et à vous développer au mieux de vos capacités. Vous avez en votre possession un merveilleux bouquet de principes — la volonté, la confiance, la vérité, la responsabilité, le choix, l'abandon et le détachement — que vous pouvez utiliser pour venir à bout de toutes les situations, même les plus éprouvantes. Vous avez également compris que face à un événement qui demande une certaine somme de travail, vous êtes désormais assez solide pour prendre le temps de clarifier vos idées avant de poursuivre votre route et de commettre peut-être un geste stupide.

Comment allez-vous distribuer votre produit ? Sur quels marchés ? La démarche peut sembler difficile. Mais j'ai l'intime conviction que l'amour ouvre toujours ses portes à celui qui est prêt. L'amour et l'estime que vous vous portez, la confiance que vous avez désormais en vous, toutes ces richesses acquises ont transformé votre âme en un aimant qui attirera ce qui lui ressemble. Bien sûr, un aimant peut également attirer des fragments de métal, ou du métal habilement déguisé en or ou en argent. Ne vous inquiétez pas ! Vous avez désormais des références, des critères, et vous êtes devenu lucide. Il vous sera donc facile de reconnaître les imposteurs. L'heure a enfin sonné de tirer les bénéfices des épreuves vécues au cours de votre voyage. Grâce à elles, vous avez acquis des aptitudes et des capacités qui seront toujours là en cas de besoin. À ce stade de votre évolution, rappelez-vous que jamais vous ne pourrez transformer du fer blanc en platine ! C'est un vieux schéma que de donner à un objet un nom qui n'est pas le sien. Désormais, vous êtes guéri de cette infirmité !

Installez-vous dans un environnement où règnent l'affection et l'enrichissement, même si vous avez le sentiment qu'il ne s'y passe rien de très excitant. Attention : ne vous rendez pas dans ces lieux pour y chercher l'amour, mais pour vous amuser et vous faire plaisir. S'amuser constitue une excellente façon de distribuer votre produit. Si vous avez envie de vous amuser, la joie et le plaisir seront au rendez-vous. Si vous ne vivez pas obsédé par le besoin de combler votre solitude, vous connaîtrez des expériences agréables. Si vous refoulez le sentiment de désespoir qui altérait votre aura, vous participerez à de nombreuses activités propres à vous satisfaire.

Si vous vous amusez, vous nourrissez votre âme, votre corps et votre esprit, qui par là même vont s'éveiller. Dans l'*intervalle*, alors que l'évolution, l'apprentissage et la guérison se mettent en place, assurez-vous que vous placez votre produit sur un marché où règnent la joie, l'amour, le soutien et le plaisir.

La promotion du produit inclut le *packaging* et la publicité. L'emballage est essentiel au cours de l'*intervalle*. En l'absence d'une liaison, ou lorsqu'une relation est alourdie par des problèmes, nous avons toujours tendance à abuser de certaines choses : la nourriture, les bonbons, l'alcool et les comportements sédentaires. Attention ! En vous laissant aller, vous risquez d'abîmer l'emballage de votre produit ! Pour une bonne promotion, il faut que le produit soit en bon état. Méditez. Faites de l'exercice. Priez. Notez vos pensées. Chacune de ces activités, que vous pouvez accomplir individuellement ou combiner, vous aidera à définir clairement votre corps et votre esprit tout en les maintenant en excellent état. Vous pourrez également suivre des cours, donner de votre temps à des services sociaux, faire du bénévolat. Il existe de multiples façons de promouvoir un produit et de le rendre disponible sur les marchés appropriés. Cette activité constitue également le meilleur moyen d'éviter l'apitoiement sur soi-même, un comportement fréquent de l'*intervalle*.

Un autre aspect très important de la promotion est de savoir comment vous allez attirer l'attention de ceux que vous voulez intéresser à votre produit. Sachez que ce qui attire l'attention est le produit lui-même : ce que vous êtes et ce que vous ressentez et pensez, non le lieu où vous le mettez en vente ! Le nettoyage, les transformations apportées au produit, en le renforçant, font plus qu'éviter la détérioration de son emballage. Ils le magnifient. Ceux qui vous entourent savent quand vous vous sentez mal, quand vous êtes en colère ou frustré. Ils sont dotés d'une sensibilité qui leur permet de capter vos signaux de détresse émotionnelle. En matière d'émotion, chaque être humain est doté d'un radar ! Et comment ne pas remarquer des kilos supplémentaires, des cernes ou des cheveux ternes ? Si quelqu'un vous en fait la remarque, cela va probablement vous irriter. Erreur ! Dites-vous au contraire que cette personne est en train de vous avertir de vos erreurs et de vous faire savoir que vous gâchez la promotion et la publicité de votre produit !

Sarah, la jeune femme qui m'a parlé de cette opération 4 P, n'a rien omis. Afin d'entamer ce travail sur elle-même, elle a cessé de vouloir à tout prix vivre une relation et de se lamenter sur le fait d'être seule. Elle a déménagé dans une autre ville. Elle a changé de travail. Elle a acheté une maison. Elle s'est mise à fréquenter l'église du quartier avec une seule idée en tête : chercher et trouver son moi véritable et mettre de l'ordre dans son esprit et dans son cœur. Bien sûr, elle avait envie de rencontrer quelqu'un. Bien sûr, elle a fréquenté des hommes durant son *intervalle*. Bien sûr, elle a passé des jours et des nuits seule, déprimée, à se demander si elle ne s'était pas trompée et si elle parviendrait un jour à s'assumer. Mais jamais elle n'a cessé de travailler sur elle-même, jour après jour, résolvant un problème à la fois. Elle n'a pas compensé le vide de sa vie sexuelle en engloutissant des montagnes de gâteaux ! Elle n'a pas appelé son ex pour essayer de se persuader, ou de le persuader, que leur histoire pourrait peut-être aboutir. Et un beau jour, tous ses efforts et ses larmes ont payé. À l'église, un homme lui a fait passer un message. Il se tenait à l'autre bout du banc qu'elle occupait et il a fallu une vingtaine de personnes pour que le message lui parvienne. Il donnait sur ce mot son nom et son numéro de téléphone, et lui demandait de l'appeler si elle avait envie de dîner avec lui. Elle a mis deux semaines à répondre.

L'opération 4 P est un excellent moyen de passer du rez-de-chaussée, où vous ignorez encore l'existence du problème, au premier étage, où vous le découvrez mais ne savez toujours pas quelle solution adopter pour le régler. Ce sont de précieux outils qui vous aideront à surmonter ce qui vous empêche de gravir les marches entre le premier et le deuxième étage. Utilisés avec honnêteté, que ce soit pour vous-même ou dans votre vie, tous ces nettoyants spirituels accumulés au long de votre parcours verront leurs effets décuplés. Grâce à eux, vous assumerez davantage vos responsabilités. Pour vous-même et dans les expériences que vous désirez vivre. Vous apprendrez à renoncer à ce passé qui vous encombre pour agir librement et vivre pleinement l'instant présent. Ces quatre principes sont comme des nettoyants antibactériens qui vous permettent de faire un tri rapide de vos problèmes et de garantir votre ascension au deuxième étage. Utiliser ces outils dans une expérience d'*intervalle*, c'est un peu comme engager une femme de ménage qui sait quoi faire et obtient des résultats incroyablement satisfaisants.

Puis-je vous confier un secret ? Nous sommes tous confrontés au même problème. Nous pensons tous être distincts les uns des autres. Nous pensons tous être distincts de Dieu. Tant que nous restons prisonniers de nos corps, nous avons le sentiment que nous sommes ici et l'autre là, que ses problèmes se situent de son côté, et les nôtres du nôtre. Notre enveloppe corporelle nous empêche de discerner l'interaction de nos âmes. Nous ne sommes pas conscients de notre communion dans l'Esprit-Saint. Nous avons tous vécu des expériences aussi variées que différentes. Du fait de ces expériences, nos vies ne se sont pas déroulées de la même manière. Mais si notre vécu diffère, nous avons tous entendu les mêmes mots. Simplement, ils ont été prononcés par des personnes différentes, de façon différente. Nous avons tous entendu : « Nous sommes unis toi et moi contre le monde entier », « C'est nous ou eux » ou « Ça n'a rien à voir avec moi. » Des détails mineurs mais qui corroborent notre croyance en la séparation des êtres.

Nos âmes, elles, connaissent la vérité. Elles recherchent l'union, c'est pourquoi nous essayons toujours de réussir nos relations. Dans ces relations, nous sommes appelés par les forces supérieures à nous unir, à apprendre à ne plus faire qu'un. Lorsque nous atteignons le deuxième étage de la maison de l'amour, nous sommes prêts à satisfaire la demande de nos âmes, celle d'être unis dans l'amour. À ce stade, nous savons avec une telle lucidité ce qui doit être fait, ou évité, que nous n'avons plus besoin d'y penser. La plupart d'entre nous, malheureusement, l'ignorent. Certains demandent toujours : « Comment le saurai-je ? Comment saurai-je que tout est bien ? Comment saurai-je que j'ai raison ? » Si ces questions sont les vôtres, l'explication est simple : vous n'avez pas encore acquis une lucidité suffisante pour savoir. C'est une leçon que nous avons apprise au rez-de-chaussée ! La meilleure façon de décrire votre soulagement lorsque vous avez réglé vos problèmes et pouvez reconnaître l'amour est de dire : « Le mouton reconnaît toujours la voix du berger. »

Alors que vous vous rapprochez du deuxième étage, l'amour vous parlera. Il vous rappellera par un tendre murmure ce que Dieu attend de vous et pour vous. Il vous fredonnera des chansons douces et mélodieuses, avec comme refrain de base : « Comment l'amant parle-t-il à l'être aimé ? », et comme refrain lyrique : « Je trouverai le moyen de nous respecter l'un l'autre et de respecter notre identité et notre égalité. » Lorsque l'amour vous parlera, tendez l'oreille sinon vous ne l'entendrez pas. Et si vous ne l'entendez pas, tout ce que vous pensez ne pas être de l'amour ou que l'amour ne peut pas vous offrir, sera au cœur de vos préoccupations. L'amour veut que vous entendiez sa voix par-delà la clameur de vos peurs. Mais l'amour ne discutera jamais avec vous. Vous devrez apprendre à écouter sa voix, à la reconnaître et à lui faire confiance. Dans l'*intervalle*, alors que vous apprendrez à écouter, ne perdez plus de temps avec la peur, la solitude et les doutes.

CHAPITRE 10
Le nettoyage de l'armoire

Leur relation durait depuis longtemps, trente-deux ans pour être précis. Ces années, parfois éprouvantes et ponctuées de défis, avaient été globalement satisfaisantes. Quel chemin fait ensemble — une belle maison, deux enfants qui étaient maintenant grands et en forme, une affaire florissante à parts égales. Jeri était titulaire de deux diplômes. Willie disait toujours vouloir reprendre ses études, mais ne le faisait pas. Ce couple avançait dans la vie comme deux touristes agissant de leur mieux, s'adaptant aux hauts, aux bas et aux *intervalle*s de leur existence, comme ça venait. Comme tous ceux qui vivent longtemps ensemble, chaque partenaire connaissait l'autre à la perfection, l'agaçait parfois, mais était toujours là en cas de besoin. Puis, vers la fin de la trente-deuxième année, Jeri a commencé à changer.

Les gens développent des habitudes. Souvent, ils adoptent un comportement, non pas parce qu'ils n'ont pas d'autre choix, mais parce qu'ils ont pris l'habitude d'agir de cette façon. Soyons honnêtes, ce mode de fonctionnement est facile et procure un certain bien-être. Il est davantage lié à la volonté d'éviter la souffrance ou l'inconfort qu'au désir d'agir au mieux et de la meilleure façon qui soit, si celle-ci existe. Ainsi n'agissons-nous pas toujours comme il le faudrait. Nous prenons des raccourcis. Nous proférons de légers mensonges. Nous faisons ce que nous pensons devoir faire pour nous sauver. Nous réagissons à beaucoup d'événements dans la peur. Cette réaction naturelle, pour la plupart d'entre nous, est considérée comme normale et comme étant la vérité. C'était le cas pour Jeri et Willie.

Depuis longtemps, Jeri s'intéressait à la spiritualité et aux problèmes qui s'y rattachent. Willie observait cet intérêt de loin. Si Jeri lui fournissait une information ou un moyen d'agir qui lui semblait utile, Willie l'acceptait. Lorsque l'issue s'avérait favorable, quelque chose au fond de Willie était ébranlé — pas convaincu mais ébranlé. De son côté, Jeri se sentait de plus en plus attirée par un mode de vie spirituel. Il ne s'agissait pas seulement de méditation, de prière ou d'une phase qu'elle traversait, mais de l'utilisation de principes et de concepts de loi spirituelle modifiant la perception de soi et de l'existence. Peu à peu, Jeri a commencé à s'interroger sur le sens de sa vie et sur le rôle qu'elle y jouait. Elle a cherché un but et comment l'appliquer à son quotidien. Willie, qui était en retrait, la soutenait dans sa démarche tout en demeurant sceptique. Puis les changements se sont intensifiés au point d'affecter leur mode de vie. Ça commençait à concerner Willie — ou plus exactement à l'effrayer.

Jeri, qui aimait profondément Willie, parlait ouvertement de sa nouvelle approche de l'existence et lui faisait remarquer que de nombreuses crises avaient été dues à leurs décisions et à leurs choix. Tout en admettant que leur couple s'en était plutôt « bien » sorti, elle était convaincue que ce comportement était loin d'être la meilleure solution. La vie, disait-elle, est fonction de nos désirs multipliés par nos attentes et divisés par nos choix. De toute évidence, elle puisait ses propos dans des livres. Elle insistait sur le fait qu'une voix, celle de son guide intérieur, la poussait à emprunter une nouvelle route. Elle voulait aider Willie à dominer ses peurs pour atteindre, disait-elle, « un stade plus abouti d'être et de conscience ». Willie, qui appréciait le chemin qui avait été le leur, leur ancien mode de vie et de fonctionnement, ne voyait pas la nécessité d'un changement. Son raisonnement était simple : quand deux personnes ont fait tout ce chemin ensemble, sans avoir jamais fait de mal à personne, alors pourquoi modifier quoi que ce soit ? Jeri ne parvenait pas à le lui expliquer. « Il faut que les choses changent, tout simplement. » Cette réponse est devenue un leitmotiv qui, peu à peu, a conduit à un problème véritable.

Jeri a changé. Elle s'est mise à se comporter comme jamais auparavant, à agir d'une manière nouvelle et inconnue qui la poussait elle-même à dire : « Ça doit venir du plus profond de mon être. » Elle passait de plus en plus de temps plongée dans des livres traitant de spiritualité, suivait des cours, des ateliers, des séminaires. Elle s'écoutait de plus en plus et suivait les conseils de ses guides *intérieurs*. Lorsqu'elle se déplaçait pour se rendre à un séminaire, elle invitait toujours Willie, mais si Willie refusait de la suivre, elle s'y rendait seule. Un an s'est écoulé. Willie a commencé à se montrer désagréable, s'opposant à Jeri à tout moment, à propos de tout et de rien. De son côté, elle a ralenti son allure, étudiant de près chaque décision et chaque choix, refusant de céder à la peur en adoptant de nouveaux comportements. La colère, alors, s'est emparée de Willie ! L'attitude de Jeri faisait peser une menace sur leur vie ! Quand l'existence que vous avez construite se trouve confrontée à l'éventualité d'une transformation profonde, cette transformation risque de signer l'arrêt de mort de cette vie qui était la vôtre. Alors Willie s'est jeté à corps perdu dans la bataille pour la sauver !

Maîtriser un peu plus de choses

L'amour, ici, n'est pas en cause. Ces deux personnes s'aimaient, cela ne fait aucun doute. Il ne s'agit pas non plus d'infidélité, de problèmes liés à des membres extérieurs à la famille ou à des divergences d'opinions, tous les soucis habituels auxquels nous sommes tous confrontés un jour ou l'autre dans nos relations. Il s'agit d'une profonde modification de la conscience : comment faire pour que cette modification survienne ? Comment réagir à cette modification ? Et quelle sera la réaction de ceux qui nous entourent ? Il s'agit également d'un problème d'identité : savoir qui l'on est et comment se comporter une fois qu'on le sait. Il s'agit de s'aimer, de se réaliser et de se « réactualiser ». Comme le dit ce slogan de l'Armée américaine : « Soyez ce que vous pouvez être ! » Il s'agit de découvrir qui vous êtes réellement quand l'autre vous dit qui vous devriez être.

Jeri et Willie se retrouvaient face à des problèmes urgents qui les concernaient directement, ainsi que leur relation. Des problèmes communs à tous lors du passage du premier au deuxième étage de la maison de l'amour. Que vous soyez seul ou en couple, si vous envisagez d'évoluer et de grandir spirituellement, vous devez faire face au vécu qui vous encombre — votre naissance, votre éducation, tout le poids du passé qui menace de freiner votre progression. Vous devez étudier vos limites, que ce soit au niveau de vos pensées ou de votre vie, de façon à déterminer si ces limites sont réelles ou fictives et si vous choisissez de les garder. Alors que vous affrontez vos sentiments en prenant des décisions et en faisant des choix, vous devez apprendre à vous affirmer seul. Ça signifie que vous devez croire en vous et en ce que vous faites. Si vous vivez une relation, il ne s'agit pas de faire confiance à votre partenaire, mais d'apprendre à vous faire confiance. Préparez-vous, ici, à affronter un défi : ce que vous faites ne pourra en aucun cas vous garantir l'issue favorable d'une liaison. En effet, il n'est pas garanti que votre partenaire vous suivra dans votre progression, votre évolution spirituelle et la modification de votre conscience. Jeri l'avait compris. Willie aussi.

Si vous voulez tester la force d'une relation, mêlez-y un problème financier. L'argent révèle toujours les pires facettes de l'être humain, et les active au point que la personne avec qui vous vivez depuis des années peut soudain devenir méconnaissable ! Le rapport à l'argent — ce que les gens en font, la manière dont ils réagissent face à un problème financier et ce qu'ils sont capables de faire pour de l'argent — est lié à leur personnalité profonde plus qu'à toute autre chose. Notre rapport à l'argent est en rapport direct avec nos notions d'estime et de valeur personnelles. La vie était prête à mettre Jeri et Willie à l'épreuve et cette épreuve a surgi sous la forme d'un problème de ce type. En des circonstances normales, avec leur ancien mode de fonctionnement, Jeri et Willie auraient cherché ensemble le moyen de la surmonter en provoquant le moins de dommages possible. Emprunter de l'argent s'il le fallait, ou mentir pour se donner du temps, voire se cacher, ne pas répondre au téléphone et demander à d'autres de mentir en leur nom, peut-être même bien plus encore.

Au milieu de ce chaos, s'agitant en tous sens, rejetant chacun la faute sur l'autre, Jeri et Willie auraient évidemment fini par ressentir un profond malaise, et se seraient alors fait des promesses, en décidant de changer — résolutions qui n'auraient duré que le temps de la crise. Le couple aurait appelé les amis pour leur raconter cette longue et triste histoire, s'excusant et acceptant leur aide — et fort probablement s'irritant si ces amis ne le leur proposaient pas de les aider. Finalement, s'excusant respectivement, Jeri et Willie auraient continué leur route sans qu'aucun changement notoire ne vienne modifier leur existence. Tout au long de ces trente-deux ans passés ensemble, Jeri et Willie avaient inconsciemment dressé une liste de ce qu'il fallait faire en des circonstances normales pour alléger la douleur d'une crise financière. Mais les circonstances n'étaient plus normales.

Jeri avait ralenti le pas au point de s'arrêter presque, afin d'examiner la situation sous tous les angles. De son côté, Willie poursuivait son chemin et s'attaquait au problème par tous les moyens possibles et imaginables. Jeri a commencé à prier : avant de passer un coup de fil, elle priait ; avant de répondre à une question, elle priait. Son attitude provoquait chez Willie des réactions hystériques ! Il est insensé de s'arrêter de penser pour prier ! Aucune prière ne peut empêcher le monde de s'écrouler autour de vous, les huissiers d'appeler ou les fournisseurs de reprendre leurs biens ! Jeri avait toujours une réponse à opposer aux objections de Willie. « Certes, notre vie est un peu déprogrammée mais ce n'est pas une raison pour que tu te perdes. » Willie rétorquait en termes choisis que c'était la chose la plus stupide à dire — en réponse à quoi, Jeri priait.

Plus elle priait, plus la situation paraissait s'envenimer. Les gens passaient au bureau avec des documents légaux pour demander telle ou telle chose, et Jeri leur répondait toujours la même chose : « Nous ne pouvons rien faire pour le moment. Revenez dans quelques jours. » C'en était trop pour Willie qui ne pouvait se rendre compte que les gens faisaient exactement ce que Jeri leur demandait : ils partaient sans discuter. « Que vas-tu faire lorsqu'ils reviendront ? » Jeri reconnaissait qu'elle l'ignorait mais elle était confiante, persuadée que la réponse lui serait fournie lorsqu'elle en aurait besoin. « Par qui ? » lui demandait Willie. « Par l'Esprit-Saint, répondait Jeri. J'ai remis ma vie et cette situation à l'*Esprit-Saint.* »

AYEZ CONFIANCE EN VOUS

Faisons un rapide récapitulatif. Au sous-sol, vous ne saviez pas que vous aviez un problème. Au rez-de-chaussée, vous avez pris conscience de ce problème et vous avez découvert sa nature. Au premier étage, alors que vous êtes arrivé en connaissant la nature du problème mais sans savoir le résoudre, vous avez appris quoi faire à propos de ce problème. À présent, pour passer au deuxième étage, vous devez apprendre comment mettre en œuvre ce que vous avez appris. Comment apprend-on à être responsable ? C'était la leçon du rez-de-chaussée. En disant la vérité. Une fois que vous dites la vérité, que faites-vous ? Vous renoncez. Vous arrêtez de vous battre et d'essayer de comprendre à tout prix. Vous cessez d'agir comme si vous ne ressentiez pas ce que vous ressentez. Cela s'appelle le détachement. Vous vous détachez des conséquences, vous vous autorisez à accepter vos sentiments et vous trouvez la façon appropriée de les exprimer. À cette fin, vous devez être lucide, avoir une vision de la vie que vous pouvez exposer. Vous devez aussi attendre, mais de vous-même, pas des autres. Vous devez toujours vous attendre à survivre. Vous savez que vous réussirez quelle que soit la situation. Jeri avait appris toutes ces leçons au cours de son voyage à travers la maison de l'amour. Quand vous détenez ces données théoriques, la vie vous offre l'occasion de vivre des situations et des expériences dans lesquelles vous pouvez les mettre en pratique.

Appliquer ce que vous avez appris ! C'est le défi majeur, celui qui vous permettra de passer du premier au deuxième étage. Voici la théorie : quand vous *savez* quelque chose, vous le faites. Quand vous *avez conscience* de quelque chose, vous essayez de comprendre. Savoir signifie que vous avez vécu la situation et appris à mettre en pratique vos acquis pour la gérer et obtenir le résultat désiré. Avoir conscience de quelque chose signifie que vous en avez une connaissance intellectuelle. Vous avez lu quelque chose à ce propos, ou bien vous en avez entendu parler et cette connaissance est ancrée dans votre esprit. Mais vous n'avez pas fait l'expérience de la mettre en pratique. Dans nos relations, comme ailleurs, cette incapacité d'agir rend fou ! Nous savons ce qu'il faut faire, mais lorsque surgit l'instant de mettre en pratique ce que nous avons appris pendant notre *intervalle*, cela nous semble impossible. En théorie, nous savons qu'il faudrait toujours aimer et soutenir notre partenaire. Mais lorsque la peur nous étreint, lorsque la situation ou la personne nous semble incontrôlable — parce qu'elle agit de manière incompréhensible à nos yeux — nous avons du mal à la soutenir et à appliquer la théorie apprise.

Jeri, elle, l'a mise en pratique au cœur d'une crise financière. Elle est restée en accord avec elle-même. Elle a respecté ses sentiments, ses acquis. Elle n'était ni indifférente ni insensible à Willie ; simplement, elle ne lui permettait pas de la faire dévier de sa propre vérité. Elle ne tentait pas de forcer Willie à appréhender la situation de la même manière qu'elle. Ce que Willie décidait de faire était bien. Mais Jeri poursuivait la voie qu'elle s'était fixée. Cette attitude est difficile à adopter — particulièrement après trente-deux ans passés à avoir un certain comportement. Jeri était aussi effrayée et aussi peu sûre d'elle que Willie. La différence est qu'elle s'était engagée à changer intérieurement, à modifier ses modes de

fonctionnement. Et pour parvenir à ces transformations, elle était prête à mettre fin à leur relation. En parallèle, Willie se cramponnait désespérément à ce qui était familier, confortable, avantageux — et pas toujours la meilleure solution ou la solution juste.
Willie a commencé à saboter ce que faisait Jeri, consciemment, prenant des engagements que Jeri devrait honorer, disant aux autres certaines choses dont elle devrait ensuite répondre. Bien sûr, cette attitude a amené beaucoup de tensions dans leur relation. Jeri et Willie étaient au cœur d'une véritable guerre d'usure où un partenaire tirait dans un sens et l'autre dans l'autre. Willie ne voulait pas changer. C'était trop effrayant, trop nouveau, trop étranger. Tout n'avait pas toujours été rose, mais au moins les épreuves avaient toujours fini par être surmontées. Willie admettait que leur comportement pouvait sans doute être amélioré, mais cela impliquerait un travail difficile et effrayant. D'ailleurs, qui pourrait affirmer que leur vie serait plus belle ? Il n'y en avait aucune preuve. Seule existait la théorie, une théorie spirituelle. Willie savait que cette théorie était à l'origine de l'éloignement de Jeri. En effet, elle devenait de plus en plus distante et prêtait de moins en moins attention aux raisons que Willie lui opposait pour continuer comme avant. Elle ne voulait même plus lutter ou discuter. Elle lançait une idée, demandait un soutien et peu lui importait ce que répondait Willie : elle souriait, priait et continuait. Tout ça devenait trop difficile. Il fallait une ultime épreuve de force. Si Jeri refusait de prendre le point de vue de Willie en considération, alors la fin serait inévitable.

PENSEZ-Y ET C'EST FAIT !

Faites attention à ce que vous demandez ! Plus important encore, faites attention à ce que vous pensez ! Si vous pensez que vous avez besoin de changer, les forces de l'univers entendront votre requête et mettront en marche les mécanismes de la transformation. Avant que Willie ait pu dire un mot, Jeri lui a donné une lettre. Pensant qu'elle avait un rapport avec leur problème financier, Willie l'a ouverte et lue. Elle disait :

Cher Willlie,
Je te remercie pour tout ce que tu as représenté dans ma vie, pour tout ce que tu m'as apporté, pour ton soutien. Nous avons vécu beaucoup de grands moments ensemble, mais bien que notre relation ait été saine et

pleine d'amour, j'ai aujourd'hui le sentiment qu'elle ne m'enrichit plus, que ce soit au niveau de mes désirs ou du dessein que Dieu a donné à ma vie. Je trouve notre relation actuelle impossible et je choisis d'y mettre fin. Je te libère de tous les engagements conscients et inconscients que nous avons pris l'un et l'autre par le passé afin de maintenir notre relation. Je te pardonne totalement et inconditionnellement pour tous les actes que tu as commis et qui ont eu sur ma vie un impact malsain, dénué d'amour et de soutien. Je te demande pardon pour tous les rôles similaires que j'ai pu jouer dans la tienne. Tu es maintenant libre de poursuivre ton chemin vers le bonheur. Je suis maintenant libre de poursuivre mon chemin vers le bonheur. Je te souhaite l'amour, la lumière, la paix et le bonheur dans le royaume de Dieu. Je te libère. Je te rends cette énergie qui est la tienne et te demande que ce qui me reste de toi se transforme en énergie productive et utile au but idéal que Dieu a donné à ma vie. Je te remercie. Je t'aime. Jeri.

Lorsque Willie a terminé la lettre, Jeri a pris une vieille photo d'elle-même, l'a mise dans une boîte à chaussures et l'a emportée dans la cour. Puis elle a fait une courte prière avant d'enterrer la boîte. Voyez-vous, Willie et Jeri étaient une seule et même personne. Wilhelmina Jermaine Johnson, à trente-trois ans, était sur le chemin de la découverte et de l'amour de soi. Elle s'apercevait que son ancien moi et son nouveau moi, la personne qu'elle avait été et celle qu'elle voulait être, existaient toutes les deux dans un seul et même corps. Son ancien moi— son moi qui avait peur — avait été programmé pour faire les choses d'une certaine façon — peu importe si son comportement était bizarre ou improductif. Willie répétait sans cesse le même comportement, continuant d'attirer le même type de liaison peu satisfaisante et dénuée de tout engagement, provoquant toujours les mêmes crises, le même chaos dans sa vie. Quand son nouveau moi, celui qui était conscient, désirait changer, son ancien moi sabotait tous ses efforts en se cramponnant désespérément à leurs anciens modes de pensée et d'action. Willie était Wilhelmina, la petite fille effrayée qui avait grandi dans un foyer instable, où amour était synonyme de confusion et de souffrance. Jeri était Jermaine, la jeune femme brillante qui voulait briser tous les anciens schémas et les modèles familiaux, afin de s'aimer et de se respecter. Comme la plupart d'entre nous, elle vivait un combat intérieur. Elle avait envie de changer, mais elle ignorait

la façon d'y parvenir ; elle avait besoin d'agir différemment, mais elle craignait l'échec ; elle attendait, désirait davantage d'elle-même, tout en prenant conscience que son ancien mode de fonctionnement ne lui apportait pas ce qu'elle recherchait, et elle craignait, en conséquence, de ne pas parvenir à gérer ses nouveaux comportements. Elle avait besoin de l'approbation et du soutien de ceux qu'elle aimait tout en sachant qu'ils se sentaient à l'aise avec son ancienne personnalité et redoutaient la nouvelle. Le jour est venu pour Jeri — comme pour chacun de nous — de décider si elle allait demeurer la même ou prendre le risque de devenir une autre. Une telle expérience modifie l'âme, et pour la traverser nous ne pouvons compter que sur l'amour de Dieu.

Jeri a pris la décision de renoncer à celle qu'elle avait été. Elle a changé de nom, pour marquer l'évolution de sa conscience. Elle avait envie de trouver l'amour et savait que pour ça elle allait devoir abandonner tout ce qu'elle connaissait, tout ce à quoi elle était habituée, y compris son nom. Renoncer à ses schémas, à ses manières inconscientes de réagir aux événements qui surgissaient dans sa vie. Pour espérer réussir un changement, il faut connaître ses schémas et savoir à quel moment on les reproduit. Dans ses relations, Jeri connaissait son mode de fonctionnement : elle savait quand elle attirait les hommes, où elle les attirait, ce qu'elle ressentait lorsqu'ils apparaissaient dans sa vie et, plus important encore, ce qu'elle était prête à faire pour les garder. Aujourd'hui, elle prenait conscience que ce comportement ne la rendait pas heureuse. Elle avait également pris conscience de son rapport à l'argent : sa manière de l'utiliser, ce qu'il représentait pour elle, ce qu'elle éprouvait lorsqu'elle en avait et comment le fait de ne pas en obtenir facilement influençait sa perception d'elle-même. Pourquoi l'amour et l'argent ? Parce qu'ils sont tous deux régis par les mêmes vibrations planétaires, influencés par la même loi universelle, la loi de cause à effet : ce que vous semez est la cause, et ce que vous récoltez, l'effet. Lorsque vous donnez de l'amour, vous en recevez en retour, et si vous vous estimez, vous prenez de la valeur.

Jeri voulait un mariage d'amour, un véritable engagement dans lequel elle aurait des enfants. Elle voulait un partenaire qui l'aime, qui ait envie d'évoluer avec elle et s'intéresse à la spiritualité. Mais elle avait compris que tant qu'elle ne pourrait pas *être* l'amour dont elle rêvait, elle ne le recevrait pas. Jeri savait si bien « ce que n'était pas l'amour » qu'elle était devenue une véritable experte en la matière. Un jour, au beau milieu d'un *intervalle* difficile qui lui avait brisé le cœur, elle s'est aperçue qu'il y avait un élément constant dans toutes ses relations, quoi qu'elle fasse et quel que soit son partenaire. Cet élément, c'était elle.

Cet élément, c'est vous. Vous êtes le pivot central de toutes vos relations. C'est ce qu'il est toujours difficile d'accepter : dans nos relations, particulièrement nos liaisons amoureuses, nos conflits sont le reflet de nos conflits intérieurs. Que ce soit dans le couple, la famille ou le travail, c'est toujours la même personne et la même raison. Malheureusement, nous nous rendons rarement compte que les problèmes auxquels nous sommes confrontés dans la vie sont nos problèmes personnels. Parce qu'il est beaucoup plus facile de regarder à l'extérieur qu'à l'intérieur.

Repartir de zéro

Tout est issu d'un malentendu et de la croyance d'un manque d'amour. Les problèmes et les défis que nous rencontrons dans nos vies, et particulièrement dans nos relations, naissent de notre incompréhension du dessein de l'amour. Cette incompréhension vient du fait que nous ne nous aimons pas nous-mêmes et ce manque d'amour finit par conduire à la négation de certaines facettes de notre personnalité, comme nos peurs, les parts de nous-mêmes que nous estimons indignes et les parts qui ont été rejetées, abandonnées ou malmenées par le passé. Ce que nous tentons par tous les moyens de refouler — sous forme de pensées, de sentiments et de croyances — nous revient avec force au travers de nos partenaires et de nos expériences. Vous pourrez toujours essayer de vous cacher la tête sous l'aile et de masquer vos problèmes, ils reviendront frapper à votre porte en demandant : « Que faut-il faire pour que tu nous affrontes ? Que faut-il faire pour que tu affrontes cette part de toi-même ? »

J'ai vécu personnellement des relations avec des gens qui n'avaient jamais fait aucun mal, mais dont la vie n'était que rupture et chaos. Pour être franche, j'ai été l'une de ces personnes, qui ne cessent de répéter : « Je n'ai jamais eu de chance dans mes relations. » J'étais persuadée que tous les hommes bien étaient mariés ou morts ! On m'avait harcelée, évitée, déshonorée et malmenée pour ce qui me semblait être de très mauvaises raisons. Selon moi, l'explication était simple. Les autres étaient tous fous, méchants ou, pour une raison que j'ignorais, ils avaient un problème avec moi. J'ai fini par me contenter d'avancer en évitant les coups et en souriant, quoi qu'il arrive. Jusqu'à ce qu'un jour, un ami me dise : « Dans la vie, tu es seule avec Dieu. Donc si Dieu n'est pas responsable de ce qui t'arrive, tu l'es forcément ! »

Jeri s'est aperçue qu'elle était responsable de ce qui lui arrivait et qu'elle était retombée dans ses névroses ; elle se sentait mal dans sa peau et dans sa vie ; elle n'aimait pas son comportement relationnel. Jusqu'alors, elle avait toujours tenu ses partenaires pour responsables de ce qu'elle n'avait pas su faire pour elle-même, ou de ce qu'elle n'avait pas su se donner. Elle avait gaspillé son temps en soumettant l'amour à de multiples conditions, en décrétant qu'il devait être ainsi — quand elle ignorait tout autant l'apparence de l'amour pur, divin et absolu, que les sensations qu'il pouvait procurer. Pourquoi ? Parce qu'elle ne se l'était jamais accordé à elle-même. Maintenant, elle était prête à considérer la vie différemment, à recevoir différemment. Elle avait tiré de ses expériences des leçons qu'elle se sentait prête à appliquer. Mais à cette fin, elle devait enterrer Willie. Une fois qu'elle l'a fait, Jeri est entrée dans l'*intervalle*. Un *intervalle* qui a duré trois ans et demi.

Lorsque vous commencez à évoquer la suppression de certaines parts de votre conscience, sachez qu'un changement radical s'amorce en vous. Mais pour le vivre, il va vous falloir du courage ! Car une telle tâche demande bien plus qu'un engagement, bien plus qu'un simple dévouement. Elle demande que vous ayez une confiance absolue en vous-même. Vous ne pourrez suivre aucune ligne de conduite. Bien sûr, vous pourrez recevoir de l'aide ou un soutien de la part de ceux qui ont emprunté ce chemin avant vous, mais ces personnes ne sont pas vous. Elles ne connaissent ni les détails complexes de votre personnalité, ni l'étendue de votre douleur, de votre confusion, de vos désirs. Vous êtes seul à les connaître, et c'est pour cette raison que vous ne devez à aucun moment vous abandonner au cours de ce voyage. Vous êtes seul à savoir si vous pouvez vous faire confiance. Plus d'une fois, votre ancien moi surgira dans votre esprit et dira : « Oh, non ! Pas encore ! Allons-nous encore traverser cette phase ? Pourquoi s'ennuyer ? Quel intérêt ? » Vous serez probablement tenté de revenir à votre ancien mode de pensée et de perception. Quoi qu'il puisse arriver, faites-vous confiance, car c'est la seule façon de vous épauler au long de ce processus.

Jeri s'était engagée. Profondément. Elle était partie en croisade pour découvrir sa véritable personnalité, pour s'aimer et attirer le compagnon idéal. Elle accomplissait ce travail à la perfection. En brisant les anciens modèles et en osant en tester de nouveaux. En adoptant de nouveaux comportements face aux événements qui survenaient dans sa vie. Puis le « test » est arrivé. Elle connaissait le concept de l'amour de soi. Mais l'heure avait sonné pour elle de mettre ce savoir en pratique. Elle l'a rencontré à Washington par une chaude journée. Elle marchait dans la rue perdue dans ses pensées — dont certaines avaient trait à l'amour. Lorsqu'elle l'a croisé, elle n'a pas pu s'empêcher de l'admirer. Il était beau. Très séduisant. Elle l'avait dépassé de dix pas quand il l'a appelé : « Bonjour. Comment vous appelez-vous ? » Jeri ne lui a pas dit qu'elle s'appelait Wilhelmina. Il a souri, secoué la tête et déclaré : « Je suis heureux de vous rencontrer car vous allez devenir ma femme. » Cette stupéfiante approche directe ne manquait pas d'intérêt et a éveillé sa curiosité.

Il avait tout ! L'apparence, la personnalité, la philosophie, un physique beau à en mourir — non, à en vivre ! Ils ont parlé puis ils se sont revus, sont allés dîner ensemble ; peu à peu, ils se sont mis à tout faire ensemble, sauf l'amour. Jeri était très tentée et il était très impatient, mais elle savait pertinemment ce qu'elle faisait et ce qu'elle désirait. Le sexe ne faisait pas partie de ses envies du moment. Que pensez-vous que cet homme lui a demandé des centaines de fois au cours de leurs trois premiers mois de rencontre ? Gagné ! Il lui a demandé de coucher avec lui. Oh, il n'a pas cherché à la contraindre, mais il n'en était pas moins très obstiné. « Passons la nuit ensemble. Viens en week-end avec moi. Comment peux-tu penser te marier avec moi sans savoir si nous nous entendons physiquement ? » Leur relation est devenue lourde et brûlante, mais, Dieu merci, Jeri n'a pas cédé et n'a rien laissé rien passer que le temps.

Quand vous commencez à travailler sur vous-même, sur votre moi spirituel, vous attirez une énergie qui correspond à la vôtre. Pas la même énergie, mais une énergie complémentaire. Ainsi, le passionné de spiritualité attirera celui qui ne voit dans ces théories qu'un bouquet d'absurdités. Celui qui est au régime séduira la personne qui aime les rondeurs et qui lui dira qu'elle le trouve beau comme il est, et combien elle aime manger ! Vous cherchez à développer vos « muscles spirituels » ? Formidable, un muscle se développe uniquement lorsqu'il rencontre une résistance. La résistance sera celle que vous offrira votre partenaire. La solution consiste à ne pas se laisser influencer par lui, à ne pas dévier de votre route. À l'accepter et le comprendre sans jamais déroger à votre ligne de conduite. S'il regarde la télévision, allez faire vos prières ! S'il vous emmène dîner, acceptez l'invitation mais commandez-vous une salade ! Le fait de ne pas emprunter la même voie que votre partenaire ne signifie pas que vous ne pouvez pas rester avec lui. Simplement, vous devez apprendre à travailler sur la résistance qui développera vos muscles.

L'ENNEMI EST EN MOI

Alors qu'elle développait sa résistance physique, Jeri luttait contre la tentation mentale. Willie lui criait : « Donne-lui quelque chose ! Montre-lui combien tu l'aimes ! » Jeri pliait mais ne cédait pas. Willie, alors, changeait de tactique : « C'est le premier type bien que tu rencontres depuis longtemps. Regarde, il est d'accord pour attendre. Il te propose de t'emmener en voyage. Il prend tout en charge. Tu ne veux pas essayer ? » NON ! se répétait Jeri. Stop ! Arrête ! Parfois, il suffit de se parler à soi-même, au travers de ses peurs et de ses faiblesses, de se souvenir de sa vision de la vie et de son but, de résister à la résurgence de son ancien moi. Il faut toujours garder en tête ce qu'on attend, de et pour soi, et rester vigilant lorsque réapparaissent les anciens modes de conduite, ces modèles du passé qui nous empêchaient d'obtenir les résultats escomptés.

Soyons clairs : il ne s'agit pas de se punir, ou de punir l'autre. Il s'agit de prendre son temps, de rester en contact avec soi-même et avec son corps, d'écouter et d'accepter ses sensations, puis de les exprimer de manière appropriée. Or, si vous avancez trop vite, vous n'y parviendrez pas. La lenteur est le meilleur garant de la progression. Ralentir vous permettra de discerner avec plus de lucidité ce qui se passe autour de vous, ce qui vous arrive ou arrive à votre partenaire. Le temps finit toujours par tout révéler. Aussi devez-vous prendre tout le temps dont vous avez besoin pour être sûr de vous — attention, je ne dis pas *penser* que vous êtes sûr de vous, mais *sentir* que vous l'êtes. À moins d'agir dans la précipitation, votre corps ne vous mentira jamais. Si vous ralentissez, si vous prenez le temps de ressentir vos émotions, vos chances de ne pas retomber dans le piège de vos anciens modèles se multiplieront.

Le problème est que nous n'aimons pas aller doucement. On vit dans le monde de l'instantané où il faut tout, tout de suite, et où l'amour, comme le reste, se doit d'être immédiat. La plupart du temps, on souffre par précipitation. On fait la connaissance de quelqu'un, et quelques jours plus tard, on couche avec elle ou lui et on lui donne une clé de son appartement. Puis on lui prête sa voiture, on lui confie le code de son téléphone portable, et avant même de savoir son deuxième prénom, on se retrouve le cœur brisé en mille morceaux. Pourquoi ? Parce qu'on avance toujours, en dépit de tous les signaux d'alarme qui retentissent dans nos têtes. On avance sans savoir s'ils sont une réaction à nos anciens schémas, doutes et névroses, ou s'ils sont de véritables mises en garde. C'est une erreur ! Ne les négligez pas, car ils sont votre dispositif interne de protection, qu'on appelle l'intuition ! Mais pour capter ces signaux, il faut savoir prendre le temps d'identifier ses propres sentiments. S'ils vous évoquent vos anciens doutes, concentrez-vous sur ces doutes, travaillez la confiance et avancez pas à pas jusqu'à ce que vous vous sentiez de nouveau en paix avec vous-même. Si vous les identifiez comme étant l'une des multiples facettes de votre névrose, travaillez sur cette névrose.

Qu'est-ce que je pense ? Qu'est-ce que je fais ? Qu'est-ce que je veux ? Avant de poursuivre votre route, attendez d'obtenir les réponses à ces questions. Assurez-vous que votre comportement vous permettra de réaliser vos désirs. La pire chose qui puisse arriver, quand vous prenez votre temps, est de découvrir que la personne avec qui vous êtes n'est pas à la hauteur. Mais grâce à ce temps que vous vous serez accordé, vous pourrez faire machine arrière avant d'être brisé émotionnellement.

Ne vous inquiétez pas, vous ne vous retrouverez pas seul dans cette situation. Comme une liaison implique l'engagement de deux personnes, il y a de fortes chances que votre « test » , ou votre véritable amour, apparaisse sous la forme d'un être à deux jambes et une tête, doté d'un nom ! Si vous pensez que l'autre va trop vite, dites-lui simplement : « J'entends retentir une alarme, mais ça n'a rien à voir avec toi. Je dois prendre mon temps, respecter mes sentiments afin de m'assurer que ce que je fais est bon pour moi. » Ne rejetez pas sur l'autre votre confusion. Instaurez votre propre programme et assumez vos responsabilités. Si cette personne n'est pas un véritable enseignant de l'amour apparu dans votre vie pour vous aider à guérir, le fait de lui asséner la vérité le fera probablement fuir. Si vite, parfois, qu'il vous arrivera de vous demander si vous n'avez pas rêvé. Dans ce cas, vous pourrez vous dire : « Encore un échec », ou bien : « Merci, mon Dieu ! Je sais que vous m'enverrez le bon enseignant et la relation qui m'aidera à entreprendre ce travail sur moi-même. » Mais pour réaliser cette tâche, vous devrez avoir envie de ralentir votre allure et de vous débarrasser des requins qui se cramponnent à vous ! Jeri en avait envie. Elle a parlé à son « test » de ses signaux d'alarme. Il a ri.

Soyez attentif aux signes

Rire n'est pas fuir, mais certains « tests » peuvent être confus. Jeri a continué d'avancer pas à pas. Ils ont continué à se voir, puis un jour, elle est allée un peu trop loin. Elle l'a laissé l'embrasser. Le premier baiser au bout de quatre mois et demi ! Alors qu'elle effectuait un sérieux travail de guérison, il s'était montré jusque-là un médecin tout à fait coopératif. Ils étaient assis dans sa voiture quand il s'est rapproché d'elle, l'a enlacée et a pris ses lèvres dans un long baiser brûlant. Au moment où leurs lèvres se sont rencontrées, la tête de Jeri s'est vidée ! Elle a cessé de respirer, oubliant jusqu'à son nom. Il faut dire qu'aucun homme ne l'avait embrassée depuis plus de trois ans ! Puis les signaux d'alarme se sont mis à retentir dans sa tête. Attention ! Danger ! Stop ! Machine arrière ! Elle a failli se précipiter hors de la voiture. Car elle savait au plus profond d'elle-même qu'elle courait droit aux ennuis.

Aussi vite qu'il l'avait embrassée, elle a dit : « Non ! Je ne suis pas encore prête ! » Alors il s'est remis à rire et a démarré. Au moment où elle a prononcé ces paroles, Jeri a su qu'elle était restée fidèle à elle-même. Sans qu'elle sache dire pourquoi, elle se méfiait et elle faisait confiance à son intuition. Elle prenait un risque, un très gros risque, elle en était consciente, mais elle était prête à le prendre. Et savez-vous ce qui est arrivé ? Les facettes les plus sombres de l'être humain se sont révélées chez cet homme. Soudain, son comportement a changé et il est devenu odieux ! À tel point que Jeri s'est demandé comment il lui était seulement permis de respirer. Leur relation a duré encore trois semaines. Puis, un jour, Jeri s'est dit — à elle-même, pas à lui : « C'est fini ! » Il a cessé d'appeler et elle n'a plus jamais entendu parler de lui.

Tout cela dit et fait, Jeri a compris qu'elle venait de briser un autre de ses schémas. Elle avait cessé de laisser sa peur de la solitude régir sa vie. Elle n'en a pas parlé à ses amies, n'a pas pleuré et n'a pas passé ses nuits à se lamenter. Elle n'est pas non plus devenue boulimique. Au lieu de se laisser sombrer, elle a entamé un profond travail sur elle-même. Elle était triste, mais elle l'acceptait et en même temps elle était heureuse d'avoir fait ce qu'elle avait fait. Elle n'a pas rejeté la faute sur son partenaire. Elle ne parlait même pas de lui. Elle a réfléchi et revu son parcours en étant très reconnaissante de ce qui lui arrivait. Elle a aussi pris conscience que si elle n'avait pas cédé à son baiser, il aurait mis beaucoup plus de temps à révéler la face sombre de sa personnalité ; de même, elle a compris que si elle était allée plus loin, elle aurait probablement été trop impliquée pour pouvoir se sortir de cette relation. Jeri a continué à travailler sur ses névroses — son sentiment de faiblesse, sa notion du besoin, la critique et le jugement de soi. Elle a travaillé à sa carrière. Elle en est finalement arrivée à la conclusion qu'en prenant son temps, en restant en contact avec son corps et en respectant ses sentiments, elle ne pouvait pas perdre ! Elle avait raison. Si vous travaillez sur le processus et les principes qui y sont liés, vous gagnerez forcément, et au bout du chemin, le bien-être sera votre compagnon.

SI VOUS VOULEZ CONNAÎTRE LA FIN, REGARDEZ LE DÉBUT !

C'est vraiment dommage de ne pas commencer notre vie en ayant conscience de la « totalité de notre être et de sa perfection ». Car nous sommes tout cela et même bien plus encore. Malheureusement, nous avons tendance à l'oublier, et ce dès le jour de notre naissance. Rapidement, ce qui n'est qu'un trou de mémoire se transforme en une myriade d'inquiétudes : la peur de l'abandon, du rejet, la peur de ne pas être à la hauteur. Une inquiétude est une information oubliée. S'il s'agit de peur, c'est la crainte d'avoir occulté un élément important ; s'il s'agit de doute, c'est la suspicion de répéter une erreur du passé, de faire le même mauvais choix, de prendre la même mauvaise décision. Ayant oublié la vérité, nous sommes persuadés d'avoir été blessés d'une façon ou d'une autre. Plus que toute autre chose, c'est cette idée que nous entretenons dans nos relations. Nous nous obstinons à ne voir que nos côtés négatifs, confirmant ainsi le fait de ne pas mériter l'amour. De même, nous attirons les gens, les situations et les expériences qui vont, eux aussi, appuyer cette croyance. Malheureusement, nous ne faisons qu'éprouver de la colère et nous laissons ainsi s'échapper nos chances de guérison. Tout ce que votre cœur et votre esprit dissimulent arrive un jour dans votre vie, car l'amour est décidé à vous mettre sur le chemin de la guérison. Cette part cachée de vous-même surgit dans vos relations amoureuses ou chaque fois que vous invoquez la puissance ou la présence de l'amour. Peut-être considérerez-vous son apparition comme une épreuve. En réalité, elle va vous révéler tout ce qui nécessite une guérison dans votre conscience, tout ce qui vous empêche de vivre l'expérience de l'amour absolu. Pourquoi répétons-nous toujours les mêmes erreurs au fil de nos relations ? Par réaction à ceux qui tentent de nous rappeler que nous formons un être unique, entier, sain et parfait. Ces erreurs sont la réponse à notre supplique, celle que nous formulons pour que s'éveille en nous le souvenir de tout ce qu'il faut connaître sur l'amour. À l'instant où la mémoire nous revient, de nouveaux personnages et de nouvelles situations apparaissent dans nos vies, nous offrant l'occasion de démontrer que nous avons progressé et que nos souvenirs se précisent. C'est pourquoi il est tellement important de ne pas nous mettre en colère et de ne pas éprouver de la rancune envers ceux qui participent à notre guérison. Dieu ne nous envoie pas toujours ce que nous pensons désirer. Il nous envoie ce dont nous avons besoin pour guérir, aux différents stades de notre évolution, avec des personnes différentes qui, chaque fois, susciteront un sentiment différent. Notre tâche consistera alors à nous rappeler la vérité.

Lorsque nous entamons une liaison, nous recherchons généralement un partenaire qui apprécie ce que nous apprécions, qui partage nos désirs et avance dans la même direction que nous. En nous disant que si une personne nous ressemble, nous ne sommes pas finalement aussi mauvais que nous le pensions. Sans le savoir, nous partons en quête de nous-mêmes en pensant accéder au bonheur si nous réussissons à nous trouver. Le problème est que comme nous avons oublié la vérité, nous ne nous aimons pas toujours. Nous pensons avoir besoin de soins provisoires et non d'une guérison définitive. Il y a là une grande différence. En conséquence, lorsque nous nous voyons chez les autres, que ce soit chez nos partenaires, les membres de notre famille ou nos amis, nous nous mettons en tête de les soigner eux, plutôt que de nous guérir nous. Il y a aussi un problème d'équilibre et d'entité que l'amour nous demande de régler.

Le principe universel de polarité, qui explique le concept d'équilibre, prétend que tout fonctionne par paire. Tout élément a son pôle, son contraire, son opposé complémentaire. Les opposés sont identiques en nature et différents en degré, les extrêmes s'attirent. Pour obtenir un équilibre, il faut deux éléments qui ont l'air différents et agissent différemment, mais qui sont en réalité les deux extrêmes d'une seule et même chose. Pour parvenir à un tout, les extrêmes sont nécessaires. Par exemple, si vous êtes toujours à l'heure, il est probable que vous attirerez quelqu'un qui n'a pas de montre et arrive systématiquement en retard. Je parle de comportement pathologique, d'une incapacité viscérale d'être à l'heure ! Il y aura donc un équilibre. Si vous étudiez les lois universelles, vous découvrirez que l'ombre et la lumière, le haut et le bas, le bien et le mal, le mâle et la femelle sont tous complémentaires et forment un tout.

Si d'un côté se tient une personne qui a envie de faire l'amour trois fois par jour, et de l'autre, une personne qui a les mêmes demandes, ces deux personnes risquent fort de se détruire et ne feront jamais rien d'autre ! Pour parvenir à un équilibre, il faut, d'un côté, une personne aimant le sexe et de l'autre, une personne estimant qu'il est uniquement destiné à la procréation ! La leçon à tirer à ce stade de votre évolution est celle de l'acceptation, de la tolérance et de l'harmonie. Ne croyez pas que parce que vous aimez le sexe ou qu'au contraire, vous ne l'aimez pas, vous avez un problème ! Débarrassez-vous de vos faiblesses et de vos peurs. Apprenez à travailler ensemble. Nous parlons ici du concept même de l'amour. Et n'essayez jamais de modeler un être à votre image car l'équilibre, dans ce cas, n'existerait pas.

Alors que guérison est synonyme de tolérance, d'acceptation et d'amour inconditionnel de ces différences complémentaires, nous continuons souvent à rechercher chez l'autre des comportements similaires. C'est une erreur. En effet, si la personne qui est toujours à l'heure épouse celle qui arrive en retard, ils se verront offrir par leur union l'occasion d'apprendre quelque chose l'un à l'autre et de se guérir l'un l'autre. Celui qui est obsédé par la ponctualité dira à l'autre : « Sois un peu responsable ! Estime et respecte le temps des autres ! » Celle qui refuse la ponctualité lui rétorquera : « Ne sois pas si strict, la vie est trop courte ! Ne te rends pas malade !

Tu arriveras quand tu arriveras ! » Grâce à ce travail commun, ils pourront arriver à une conclusion raisonnable : « Nous allons faire un effort pour arriver à l'heure, et si nous n'y arrivons pas, nous ne nous entre-tuerons pas pour autant ! Je ne te frapperai pas ! Tu ne t'emporteras pas ! Je continuerai à t'adresser la parole ! » La possibilité d'un enseignement mutuel est source de guérison et d'équilibre, deux éléments nécessaires à l'obtention de l'amour inconditionnel. La ressemblance, en revanche, ne peut en aucun cas être un élément de guérison. Elle permet seulement de dissimuler ce que nous pensons et ressentons sur nous-mêmes.

Quelque part entre le premier et le deuxième étage de la maison de l'amour, vous devez apprendre à aimer les gens quel que soit leur comportement. Arrêtez de vous cogner la tête contre les murs en pleurant, et de vous répéter que vous n'y arriverez pas. Vous pouvez y arriver ! Vous devez y arriver ! Mais pour guérir, il vous faut avant tout apprendre à accepter les autres et à leur pardonner. Cet apprentissage de la tolérance représente un fantastique pas en avant. Simplement, il faudra également que vous ayez envie de voir les autres tels que Dieu les voit : aussi innocents qu'un enfant essayant de retrouver le chemin de sa maison. À cette fin, observez ce que vous faites et non ce qui vous a été fait ; cherchez à comprendre la raison de votre réaction au comportement de l'autre et aux situations qui surgissent dans votre vie — que ressentez-vous et pourquoi le ressentez-vous ? Une fois que vous aurez assimilé cette donnée, vous comprendrez que toutes les expériences que vous avez vécues, ainsi que leur dénouement, vous offraient tout simplement la possibilité de façonner vos réactions. Cette révélation vous ouvrira les portes de la guérison, elle sonnera le début de la cérémonie d'enterrement de votre ancien moi.

Votre ancien moi enterré et le nouveau émergeant, vous réagirez désormais différemment lorsqu'une situation que vous avez déjà vécue par le passé surgira dans votre vie. C'est ce qui est arrivé à Jeri. Elle avait compris que les autres voulaient l'aider mais que leur comportement était le reflet du sien. Elle a donc réagi en s'aimant de façon à ce que les autres réagissent à leur tour en fonction de ce qu'elle leur offrait. Aimez les autres pour ce qu'ils vous donnent. Aimez ceux qui vivent vos problèmes avec vous. Quand vous y parviendrez, vous parviendrez à vous pardonner. À vous pardonner d'avoir été aussi dur et exigeant envers vous-même, d'avoir nourri des sentiments négatifs sur les personnes qui essayaient de vous venir en aide, d'avoir demandé et permis aux autres de vous aider à vous faire du mal. Voilà l'ultime démonstration de la responsabilité, et ce dont vous avez besoin pour être propulsé au deuxième étage. PS : Jeri a épousé un pasteur. Ils ont maintenant deux enfants et vivent au deuxième étage.

Le deuxième étage

Vous n'étiez pas obligé de tout faire en même temps ! De vider tous les tiroirs et les placards ; de mettre tous les stores dans la baignoire ; de dégivrer le frigidaire ; de jeter tous les vêtements sales au milieu de la pièce… Il n'était pas nécessaire d'être aussi exigeant envers vous-même, mais vous l'avez été. Vous avez nettoyé votre maison de fond en comble, lavé tout votre linge sale, dépoussiéré les meubles, suspendu les rideaux propres, trié tous les vêtements et jeté au moins vingt sacs poubelles. Félicitations ! Vous pouvez être fier de vous.

CHAPITRE 11
Ouvrez les volets pour laisser entrer le soleil

Ils étaient amis depuis l'adolescence. Ils avaient grandi ensemble. Karen et Stan auraient sans doute dû rester amis, mais l'irruption du sexe dans une relation change immanquablement les données ! Les parents de Stan considéraient Karen comme leur fille et réciproquement. Bien qu'elles ne se soient jamais rencontrées, leurs deux familles connaissaient tout l'une de l'autre et étaient étroitement mêlées, une situation qui n'avait fait que s'accentuer au fil du temps et de l'évolution de la relation de Karen et Stan. Après le lycée, Karen a poursuivi ses études. Stan a commencé à travailler. Lorsque la famille de Karen a déménagé à l'autre bout du pays, Stan a déménagé avec eux. Lorsque Karen est revenue chez elle à la fin de ses études, il l'attendait — en fait, il vivait chez la mère de Karen. Cela n'étonnait personne puisque tout le monde était persuadé qu'ils se marieraient un jour.

Peu après, Karen est tombée enceinte. C'est alors qu'elle a annoncé à sa mère : « Je n'épouserai jamais Stan parce que je ne suis pas amoureuse de lui. Je l'aime, mais je ne suis pas *amoureuse*. Je sais que c'est un garçon bien, mais il n'est pas motivé. Il ne tient jamais ses promesses. Il pense que tout le monde a un problème sauf lui. Il est talentueux et doué, mais il refuse de s'investir. Je pensais que ce serait différent à mon retour de l'université mais rien n'a changé. » Sa mère a cru devenir folle ! Le fait de vivre avec un homme sans être marié et d'avoir un enfant de cet homme dont on n'est pas amoureuse, dépassait la compréhension d'une mère pétrie de principes d'un autre temps. Elle a toutefois essayé de gérer la situation et a demandé : « S'il n'est pas assez bien pour que tu l'épouses, comment peut-il être assez bien pour être le père de ton enfant ? » Karen n'a jamais répondu à cette question. Elle ne pouvait pas y répondre. C'était l'évidence même.

L'enfant est venu au monde. C'était une adorable petite fille, à laquelle Karen se consacrait entièrement. Elle s'en occupait, payait les factures, et faisait tout sans jamais demander l'aide de Stan, qui d'ailleurs ne la lui a pas offerte. Attention, ne me faites pas dire ce que je n'ai jamais dit : il adorait sa fille. Il aurait fait n'importe quoi pour elle. Mais il fallait toujours le pousser à agir. Généralement, il répondait à la demande. Sinon, il restait totalement inerte. Alors que leur fille allait avoir deux ans, Karen a décidé de mettre un terme à leur relation. Elle n'était pas fatiguée de Stan à proprement parler, elle était lasse, tout simplement, et elle avait de plus en plus le sentiment de vivre seule dans cette relation. Stan se noyait dans les promesses. Il répétait sans cesse qu'il allait se trouver un meilleur travail, mais il ne concrétisait jamais ses dires. Il évoquait toujours ce qu'il voulait et allait faire pour se construire une vie meilleure, mais il ne levait pas le petit doigt.

En revanche, il se plaignait sans cesse des autres et du fait de ne jamais avoir eu sa chance. Il prétendait toujours vouloir être un meilleur père, malheureusement il proposait rarement de faire ce qui était nécessaire pour y parvenir. Et par-dessus tout, Stan était d'humeur terriblement instable. Cyclothymique, pourrait-on dire. D'un jour à l'autre, Karen ne savait pas ce qu'elle devait dire, faire ou penser. Elle refusait de blesser les sentiments de Stan ou de le plonger dans un mutisme qui durerait des jours. Ils vivaient davantage comme un frère et une sœur élevant leur plus jeune sœur que comme un mari et une femme élevant leur fille. Peut-être était-ce parce qu'ils n'étaient pas mariés, ou parce qu'ils vivaient tous deux en marge de la relation.

DITES BIEN CE QUE VOUS VOULEZ DIRE

Karen pensait avoir été claire lorsqu'elle avait expliqué à Stan que, non seulement elle avait envie de partir, mais qu'elle était prête à le faire. Il lui avait rétorqué tout aussi clairement qu'il désirait poursuivre leur relation et qu'il était prêt à tout pour la sauver — comme chaque fois, il lui avait promis d'agir. Karen n'en avait pas cru un mot. Puis, soudain, le déclic avait eu lieu. À sa grande surprise, Stan avait commencé à l'aider à la maison et avec le bébé. Il s'était mis à faire tout ce qu'il pensait pouvoir la satisfaire. Dans un moment de faiblesse — vous en connaîtrez encore au deuxième étage —, Karen avait cédé et accepté de faire une nouvelle tentative. L'expérience avait duré trois semaines. Puis elle avait annoncé son départ avec le bébé. « Et moi ? » a demandé Stan. « Et toi, quoi ? » a rétorqué Karen. Aussi doucement, et affectueusement que possible, elle lui a fait savoir que ce qu'il allait faire, désormais, ne la concernait plus. Inutile de préciser que ses propos, aussi bien que la situation dans laquelle sa décision allait le plonger, ont déplu à Stan. A-t-il expliqué à Karen ce qu'il ressentait réellement ? Non. Lui a-t-il demandé comment ils allaient s'arranger pour s'occuper de l'enfant, gérer les temps de garde, les visites ? Non. Tout ce qu'il a réussi à faire, c'est perdre son emploi pour avoir répondu à un supérieur !

Leur problème est alors devenu un problème familial. Il n'avait pas d'argent. Il ne pouvait pas déménager. Ils vivaient chez la mère de Karen. Karen était prête à partir, et sa mère à deux doigts de devenir folle ! En bonne mère compréhensive, pourtant, elle ne s'est pas opposée. Et Karen, en dépit de son profond désir de mettre fin à cette relation stérile, s'imaginait mal abandonner Stan à sa mère. À défaut d'autre chose, Stan était un ami, et les amis s'entraident toujours. Elle lui a alors proposé de venir avec elle le temps de se retourner, de trouver un nouveau travail et de retomber sur ses pieds. Stan lui a répondu qu'il ne voulait surtout pas être une charge. Karen était déchirée. Elle se sentait responsable de lui. En même temps, elle mourait d'envie de partir et de commencer une nouvelle vie, une perspective qui ne semblait guère tenter Stan. Alors, elle a fait ce qu'elle avait à faire, sans lui. Elle a économisé et cherché un logement. Elle a déposé une caution pour un appartement, avant de changer d'avis. Pendant ce temps, Stan ne faisait rien, ce qui décuplait son sentiment de culpabilité. Elle a fini par se sentir si coupable qu'elle l'a emmené avec elle sans plus évoquer leurs projets ou leur relation.

Si vous ne laissez pas les gens prendre leurs responsabilités, ils ne pourront jamais les assumer. Et si vous agissez à leur place, il est évident qu'ils vous laisseront faire ! De votre côté, si vous prenez une décision et ne vous y conformez pas, ce que vous aurez décidé de faire ne se fera jamais. De la même manière, si vous ne vous respectez pas, les autres ne vous respecteront pas. Et si vous ne les respectez pas, si vous ne respectez pas leurs choix et leurs décisions, vous aurez du mal à vous respecter vous-même. Assumer les responsabilités d'autrui, ne pas tenir ses décisions, ne pas se respecter, ne pas donner de soi une image imposant le respect, conduit immanquablement à ce que l'on appelle une paralysie émotionnelle : vous savez ce qu'il faut faire, mais vous êtes incapable de le faire. C'est pour apprendre à réagir et à mettre en pratique vos connaissances que vous avez accédé au deuxième étage.

Vous avez travaillé dur pour en arriver là et vous avez fourni un excellent travail. Vous êtes probablement épuisé. Cela n'a rien de surprenant. Si vous vous souvenez des leçons apprises au premier étage, vous devez savoir que pour être arrivé aussi loin, vous êtes probablement un très bon étudiant. Or ce sont toujours les meilleurs étudiants qui subissent les épreuves les plus difficiles. À cet étage de la maison de l'amour, votre mission consiste à appliquer vos connaissances, à agir comme vous savez devoir agir, à tout moment, en toute situation et en toutes circonstances. Après avoir travaillé à l'acquisition de la connaissance, vous allez apprendre à maîtriser l'application de cette connaissance. Pour cela, vous allez devoir rassembler vos acquis, ou nettoyants spirituels, et leur permettre de devenir la force dirigeante de votre vie. Vous avez accompli la majeure partie de votre tâche aux étages inférieurs. Maintenant, votre travail va s'effectuer au niveau de votre prise de conscience. Celle de l'amour de vous-même et de l'amour inconditionnel.

Vous avez en main tous les éléments

Avec toutes les données en main pour vous sortir de toutes les situations, la vie au deuxième étage va vous sembler aisée. Vous savez désormais que l'amour peut tout guérir et votre tâche va consister à apprendre à appliquer l'amour à toutes les situations qui surgiront dans votre vie — tout d'abord l'amour de vous-même, puis l'amour inconditionnel pour toutes les personnes impliquées dans vos relations. Si, pour une raison ou une autre, vous n'y parvenez pas, vous vous retrouverez dans ce que l'on appelle un état de paralysie émotionnelle. Vous ne pourrez plus alors ni avancer, ni prendre de décisions, ni vous conformer à celles que vous avez prises. Pourquoi ? Parce qu'il vous est désormais impossible de faire semblant, de duper l'amour ! Quand vous vous aimez, quand vous aimez sincèrement les autres, vous devez respecter votre parole.

Attention, vivre au deuxième étage ne signifie pas que vous ne serez plus sujet à des réactions émotionnelles naturelles lorsque vous vous retrouverez face à des situations éprouvantes. Ça veut dire que vous guérirez beaucoup plus vite du bouleversement qu'elles pourront susciter, parce que vous aurez su mettre l'amour en pratique. Quel rôle l'amour joue-t-il à ce stade de votre évolution ? Il est le mantra du deuxième étage, la prière que vous réciterez face à n'importe quelle adversité. L'appliquer à une situation ne révèle en aucun cas un manque de volonté ou une faiblesse de votre part, mais signifie que vous agissez consciemment, avec amour et dans l'amour, et non plus dans la peur, la colère ou la confusion. Si vous réfléchissez, vous admettrez que la dernière tâche à entreprendre pour qu'une maison soit impeccable est généralement la plus difficile. À cet étage, vous avez tant fait, et depuis si longtemps, que vous éprouvez probablement l'envie légitime de vous reposer. Mais vous savez aussi que si vous n'agissez pas immédiatement, non seulement le travail ne sera pas fait, mais vous devrez le faire le lendemain. Or peut-être serez-vous encore plus fatigué ce jour-là. Alors un conseil, rassemblez vos forces et réglez ce dernier petit détail en laissant pénétrer la lumière.

Que la lumière soit !

La lumière, c'est la connaissance. Sans la connaissance règne l'obscurité. Grâce à la lumière, tout se voit et s'apprécie. La lumière est la preuve de la puissance de Dieu, la preuve de l'existence de la vie, qui est à la fois un soutien et une richesse. En mettant en pratique ce que vous avez appris aux étages inférieurs, vous apportez la lumière à ceux qui n'ont pas encore entrepris ce long voyage, ou à ceux qui ne l'ont pas encore achevé. Lorsque vous appliquerez ces nouveaux principes à votre vie, et que celle-ci commencera à prendre une nouvelle direction, vous apporterez une lueur d'espoir à tous ceux qui vous regardent. En revanche, si vous laissez vos vieilles habitudes, vos anciens modes de pensée ou vos peurs reprendre le dessus, vous replongerez dans la nuit ! Vous ne le voulez pas. En effet, cette plongée dans la nuit risque de vous faire redescendre au rez-de-chaussée ou au premier étage, ces lieux que vous avez désormais envie de fuir ! Aujourd'hui, vous voulez accéder au deuxième étage et y rester ! Mais pour cela, vous devez de toute urgence mettre en pratique vos connaissances et ne pas laisser vos anciens comportements vous paralyser.

Si vous ne faites pas ce que vous dites que vous allez faire, c'est que, pour une raison ou pour une autre, vous êtes paralysé. Vous n'avez peut-être pas dit toute la vérité. À moins que vous ne soyez pas suffisamment lucide envers vous-même, que vous ayez perdu de vue votre vision de la vie. C'est exactement ce qui est arrivé à Karen. Elle n'a pas avoué à Stan ses véritables sentiments de peur de le bouleverser. Elle a assumé ses responsabilités à sa place, sans lui dire la vérité — que cette relation ne lui convenait plus, qu'elle avait grandi et qu'elle avait besoin de vivre autre chose. Karen avait accompli son travail sur elle-même et s'était déplacée dans la maison de l'amour. Elle avait fait le nécessaire pour atteindre le deuxième étage, mais elle vivait une liaison avec un homme qui, lui, était encore au sous-sol et rejetait sur les autres la faute de sa situation ; un homme qui pensait que le problème venait des autres. Est-ce qu'une personne qui vit au premier ou au deuxième étage peut avoir une relation épanouissante avec une personne restée à un étage inférieur, une personne qui n'a pas encore accompli son travail sur elle-même ? La réponse est oui — parfois.

COMMENT APPORTER SON AIDE SANS SE PORTER PRÉJUDICE

La clé de la réussite, pour deux personnes ne résidant pas au même étage, se situe dans leur capacité de ne pas se disperser. Dans ce type de situation, serez-vous capable de maintenir votre cap sans vous laisser entraîner par les problèmes de votre partenaire ? L'amour, s'il est présent, vous aidera à trouver un terrain d'entente. La difficulté sera pour vous de ne pas essayer de convaincre l'autre d'adopter votre comportement, et pour l'autre de ne pas se sentir menacé par ce que vous faites. L'amour vous aidera à trouver l'équilibre. Là encore, la résistance que vous rencontrerez vous aidera à développer vos « muscles spirituels ». Vous devrez toutefois rester vigilant pour ne pas laisser les différences qui vous opposent se transformer en conflit. Karen, elle, s'était laissé prendre au piège, d'où cette paralysie qui freinait sa progression.

Aimer ne veut pas dire demander à l'autre de faire ce qu'il est incapable de faire. On peut facilement savoir ce que quelqu'un peut faire en l'observant. Certaines personnes demandent de l'aide, admettent leur impuissance et avouent leur désir d'être accompagnés sur le chemin de la connaissance. Ces personnes sont des résidents du premier étage. Elles avouent leur désir de vouloir s'assumer. Ce qu'elles font en réalité est une tout autre histoire. Au sous-sol, vous avez appris la nécessité de vouloir agir. Or certaines situations requièrent uniquement de la volonté. Si vous êtes réellement animé du désir de progresser, la vie et l'univers vous donneront le coup de pouce nécessaire. Stan ne demandait ni aide ni soutien, ce qui indiquait très clairement son refus d'évoluer. Comme la plupart des occupants du sous-sol, peut-être n'était-il même pas conscient d'avoir besoin d'aide. Le plus bel acte d'amour que Karen aurait pu accomplir aurait été de ne jamais cesser de communiquer avec Stan et de lui avouer, du mieux qu'elle le pouvait, la véritable nature de ses sentiments. Elle avait besoin de reconnaître ce qu'elle éprouvait et de le lui dire. Cette attitude l'aurait aidée à garder toute sa lucidité. Elle aurait évité sa paralysie. Elle aurait appelé la puissance et la présence de l'amour. Quand vous vivez au deuxième étage de la maison de l'amour et que vous apprenez à appliquer vos connaissances, vous devez à tout moment faire appel au pouvoir et à la présence de l'amour. Si vous ne le faites pas, vous risquez de vous retrouver entre le premier et le deuxième étage, à essayer encore de débarrasser votre route de tout ce qui l'encombre. C'est ce qui est arrivé à Karen et qui a failli arriver à Faye.

VOUS ÊTES LIBRE DE CROIRE CE QUE VOUS AVEZ CHOISI DE CROIRE

Tim était médecin, Faye, infirmière. C'est comme ça qu'ils se sont rencontrés. C'était une excellente infirmière et lui une star montante du service de chirurgie. Tim aimait la manière de travailler de Faye. Elle était dévouée, concentrée, consciencieuse. Selon lui, ils formaient une excellente équipe et il demandait toujours que ce soit elle qui l'assiste. Un jour, après une année de travail en commun, il l'a invitée à dîner. Ils ont passé une excellente soirée suivie de beaucoup d'autres. Tim taquinait toujours Faye sur sa réserve. Il l'appréciait d'autant plus que lui était terriblement bavard. Ce que Tim ignorait, c'est que le silence de Faye n'était pas un comportement naturel mais appris. Dans sa famille, son père dominait sa mère, parfois même physiquement. Tim ne savait pas qu'on imite ses modèles au point, souvent, de finir par adopter leur comportement. Il ne le savait pas, et Faye n'osait pas lui parler.

Elle avait observé sa mère tout au long de ces années de maltraitance mentale, émotionnelle et parfois physique. Le père de Faye travaillait dans une scierie, il adorait le base-ball et c'était un buveur de bière invétéré. Pour lui, tout devait être parfait, comme il l'avait décidé. Le seul problème, c'est qu'il omettait d'expliquer à sa femme ce qu'il avait décidé et que celle-ci était trop effrayée pour le lui demander. À de nombreux égards, Faye éprouvait le même sentiment à l'égard de Tim. Pour lui aussi, tout devait être parfait, tout devait être « ainsi » et pas autrement ! À son crédit, elle avait plus ou moins compris ce qui était à même de le satisfaire. Ce qui ne l'empêchait pas de percevoir la domination qu'il exerçait sur elle, une domination qu'elle n'osait pas évoquer et qu'elle gérait avec beaucoup de difficulté. Aussi, lorsqu'il lui a demandé de l'épouser ou plus exactement lorsqu'il lui a dit qu'elle allait l'épouser, elle a obéi.

Quand ils sont revenus de leur lune de miel, Faye a commencé à se demander si elle n'avait pas commis une erreur. Sa mère et tous ses amis l'ont détrompée. Une jeune femme aussi effacée, mariée à un chirurgien de génie ! Comment pouvait-elle seulement penser s'être trompée ? Ils avaient eu un grand et beau mariage, entièrement financé par Tim et sa famille. Alors, où était l'écueil ? Faye ne parvenait pas à se débarrasser du goût étrange qui lui emplissait la bouche. Pas plus qu'elle ne parvenait à occulter les signaux d'alarme qui résonnaient dans sa tête. Au début, elle a résisté, puis lorsqu'elle a commencé à réaliser qu'elle n'assumait plus la situation, elle s'est autorisée à s'interroger sur la nature de ses sentiments. Ceux-ci lui sont apparus de plus en plus clairement. Tim n'était pas seulement dominateur. Il ne cessait de la déprécier, d'une telle façon qu'elle mettait quelque temps à comprendre qu'il la dépréciait : « Tu es une si bonne infirmière, mais pourquoi ne deviens-tu pas médecin ? Tu pourrais y arriver. Et nous travaillerions ensemble. » Ou : « Tu as de si beaux cheveux, mais s'ils étaient plus courts, ou méchés, ça t'irait encore mieux. » Pour Tim, elle était toujours bien, mais jamais assez bien.

Elle ne s'était jamais rendu compte que ces compliments « cachés » n'étaient pas destinés à l'aider à s'améliorer. Il lui répétait souvent : « Je veux t'aider à être plus forte, plus belle, meilleure », mais Faye ne comprenait pas ce qui n'allait pas chez elle. Elle ne pensait pas qu'il y avait quelque chose qui clochait, mais si son mari le pensait, alors elle devait peut-être le croire et l'écouter. En réalité, elle comprenait très bien ce qu'il lui disait. Et tandis que son cerveau s'en rendait compte, son corps lui criait : alerte ! Plus elle tentait de l'ignorer, plus l'alarme s'amplifiait. Au point qu'elle a commencé à faire des poussées d'urticaire. Or le corps ne ment jamais. Il indique très précisément ce que vous devez savoir, et ce à chaque étape de votre évolution. Au deuxième étage, écoutez, étudiez et déterminez ce qui déclenche les signaux d'alarme, puis répondez à l'information que ces signaux vous ont apportée. En tant que nouvelle résidente du deuxième étage, Faye n'avait pas encore tout à fait assimilé ce mode de fonctionnement.

Vous ne pouvez pas dissimuler la vérité

Après trois ans de mariage, Tim a commencé à insister pour que Faye arrête de travailler et qu'ils aient des enfants. Selon le planning qu'il s'était fixé, il était temps. Chaque fois qu'il en parlait, un signal d'alarme alertait Faye, mais elle était incapable de réagir. Elle n'aurait pas su expliquer pourquoi. Tout ce qu'elle savait, c'est qu'elle n'était pas encore prête. Tim lui a enlevé ses pilules en disant qu'il était temps d'arrêter. Consciente que le moment n'était pas encore venu pour elle d'avoir un enfant, Faye s'est rendue chez un autre médecin pour se faire prescrire un contraceptif qu'elle a dissimulé dans son vestiaire. Elle se demandait combien de temps il faudrait à Tim pour s'apercevoir qu'elle continuait à prendre la pilule. Ses crises d'urticaire ont empiré et les signaux se sont amplifiés. Quatre mois se sont écoulés avant l'affrontement. « Que se passe-t-il ? a demandé Tim, Pourquoi n'es-tu pas enceinte ? » Assourdie par les signaux qui résonnaient dans sa tête, Faye était incapable de réfléchir. Parce qu'elle ne réfléchissait pas, les mots ont franchi ses lèvres à son insu. La chute a été brutale : « Je ne veux pas avoir d'enfants avec toi. Je ne t'aime pas ! Tu ressembles trop à mon père ! »

Tim était abasourdi ! Choqué, blessé — ou plutôt non, son ego surdimensionné lui interdisant de souffrir, il était furieux ! Faye, elle, se sentait mieux. Les signaux d'alerte s'étaient tus dans sa tête et ses démangeaisons s'étaient atténuées. Une fois que vous avez eu le cran de dire ce que vous aviez à dire, le courage dont vous avez besoin pour affronter la suite vous vient naturellement. Tim lui a demandé ce qu'elle avait voulu dire. Si vous n'avez pas envie de savoir, ne demandez pas ! Tim a demandé et Faye a répondu. Elle lui a dit qu'il était condescendant, qu'il ne cessait de la déprécier, qu'il était égocentrique et que toutes ses insinuations et ses conseils soi-disant destinés à l'améliorer lui portaient sur les nerfs. En dépit de sa colère, Tim l'a écoutée. Puis il lui a expliqué qu'elle souffrait probablement d'un déséquilibre hormonal dû à l'arrêt de la pilule. Il allait lui donner une ordonnance et elle allait éviter de manger sucré pendant un moment. Elle l'a regardé comme s'il était un monstre, l'a traité d'imbécile et a quitté la pièce précipitamment. Quelque part, au fond de son esprit, Tim s'est dit : « Elle est enceinte ! Voilà ce qui explique ses sautes d'humeur ! » Sur le chemin de l'*intervalle*, certaines personnes deviennent sourdes !

Les jours suivants, ils se sont à peine adressé la parole. Tim n'a pas essayé de donner un seul conseil à Faye. Mais l'atmosphère entre eux était si lourde que leur problème est devenu presque palpable. Tim commençait à se sentir nerveux. Ça ne ressemblait pas à Faye, se plaignait-il à sa mère ! Il avait un point de vue très différent sur les disputes mineures, et il en a aussi fait part à sa mère. Il avait été dupé ! Il n'avait pas épousé la femme parfaite qu'il avait imaginée ! Elle n'avait jamais rien fait sans qu'il le lui dise ! Elle était si intelligente, pourtant elle n'avait jamais visé une ascension professionnelle, ni réussi quoi que ce soit qui mérite d'être mentionné ! Elle était infirmière, une excellente infirmière, certes, mais après tout, les infirmières ne faisaient que passer les bassins ! Elles étaient qualifiées, mais sa femme pourrait être chirurgien ! Elle en avait les capacités. Au lieu de cela, elle se contentait de rester en seconde position. Avait-il commis une erreur ? Oui ! Il parlait tellement fort qu'il n'a pas entendu pas Faye lorsqu'elle est entrée dans la pièce. C'était sa première erreur. La seconde fut de lui dire : « Salut, chérie ! Tu veux quelque chose ? » alors qu'il *savait* très bien qu'elle ne lui parlait pas.

La mère de Tim était le type de femme qui déteste voir son fils unique contrarié, et qui ne supporte pas l'idée qu'une simple jolie fille, dont elle avait payé le mariage, soit à l'origine de la contrariété de ce fils qui avait si bien réussi. Elle s'est dit qu'elle devait avoir avec Faye une conversation de femme à femme. Ou plus exactement, elle a pensé : « Je vais la remettre à sa place ! » Bien sûr, elle n'a pas parlé de son intention à son fils ; elle a simplement pensé qu'elle allait parler à Faye et la remettre sur le droit chemin. D'autant qu'elle vieillissait et avait envie d'avoir des petits-enfants avant d'être trop âgée !

Est-ce que Faye savait la chance qu'elle avait eue d'épouser un si beau parti ? La mère de Faye voulait en avoir le cœur net. Des centaines de milliers de femmes seraient fières d'être mariées à un chirurgien aussi brillant et deux fois plus encore sauraient prendre soin de lui. Faye comprenait-elle sa chance ? Et à quel point Tim était bon pour elle ? Lorsque la mère de Tim s'est adressée à elle, Faye a de nouveau entendu retentir les signaux d'alarme, qui ont presque aussitôt cessé. Elle n'était ni en colère ni bouleversée. Elle avait l'esprit clair. En fait, il l'était pour la première fois depuis longtemps, car aujourd'hui elle entendait ce que lui disait la mère de Tim. La première règle est d'écouter ce que disent les autres et non ce qu'on entend. Écouter les mots et non l'intonation avec laquelle ils sont formulés. Écouter les questions que les autres vous posent lorsqu'ils sont bouleversés, parce qu'elles sont révélatrices de leur véritable personnalité, de ce qu'ils pensent de vous et de ce que vous pensez être.

Bien se connaître rend le cœur plus fort

Faye a écouté. Elle a entendu, elle a vu. Elle a compris qu'elle ne savait pas encore s'accepter et s'aimer, et c'est pourquoi elle s'était laissée réprimander, déprécier, opprimer. Parce qu'elle n'avait jamais su précisément ce qu'elle avait envie de vivre dans une relation, elle avait accepté le premier homme qui s'était présenté à elle, sans réellement savoir où la mènerait cette liaison. Parce qu'elle avait observé sa mère et son père, elle avait toujours cru devoir agir comme eux. Faye avait passé la plus grande partie de son existence à agir comme les autres désiraient qu'elle agisse. Elle parvenait enfin à échapper à ce comportement et de ce fait, elle entraînait les autres dans son bouleversement ! C'est là toute la beauté d'arriver au deuxième étage — y vivre ne signifie pas que vous ne rencontrerez plus de problèmes, que ce soit avec vous-même ou dans une relation, mais grâce à vos connaissances, vous saurez les appréhender lorsqu'ils surgiront, et votre volonté d'agir (agir avec amour, vous l'avez enfin compris) vous propulsera en avant ! Vous ferez ce qu'il faut faire, avec amour et sans attendre ! Ayant compris ce principe, Faye a fait ses valises et est partie.

Elle savait que l'heure avait sonné de passer du temps avec elle-même. Consciente qu'elle vivait dans la maison de l'amour, elle savait qu'elle avait manqué une étape et devait revenir sur ses pas pour évacuer tout ce qui l'encombrait encore. Cela n'avait rien à voir avec Tim. Il n'avait fait que lui révéler ce qu'elle pensait d'elle-même. Elle le savait et l'acceptait. Au deuxième étage, une fois que vous avez maîtrisé l'acceptation, vous avez envie de la mettre en pratique. Comment ? En ne vous emportant plus lorsque les autres vous disent ce que vous savez déjà. En ne niant ni leurs propos ni leur droit de s'exprimer. Les autres peuvent vous dire tout ce qu'ils ont envie de dire ! La question est : comment allez-vous réagir ? Faye a réagi en repartant en arrière afin de modifier ses comportements, ses façons d'aborder les problèmes. Rappelez-vous l'opération 4 P ! Elle n'était pas sûre de vouloir mettre un terme à son mariage, mais elle savait qu'elle avait besoin de temps et d'espace pour réfléchir. Elle s'est accordé trois semaines pendant lesquelles elle n'est pas allée travailler et n'a pas parlé à Tim, se contentant de lui laisser tous les jours un message pour lui faire savoir qu'elle allait bien et qu'ils se parleraient bientôt.

Faye est revenue lui parler quatre semaines après avoir eu une conversation avec sa belle-mère. Son premier geste a été de lui demander pardon de l'avoir quitté si brusquement — un geste révélateur d'un excellent comportement de deuxième étage : dire la vérité, admettre ses erreurs, ne pas s'excuser d'avoir fait ce que l'on avait besoin de faire, mais s'excuser d'avoir causé des problèmes à l'autre. Faye a ensuite expliqué à Tim ce qu'elle ressentait, lui a exposé la nature précise de ses désirs et lui a dit ce qu'elle avait l'intention de faire pour les satisfaire. Puis elle a continué en lui expliquant ce qu'elle attendait de lui au cours de ce processus, et elle lui a demandé s'il était prêt à l'épauler. Elle a ensuite reconnu qu'elle avait compris qu'elle l'aimait, comme elle avait compris que pour surmonter leurs problèmes et sauver leur relation, ils avaient une lourde tâche à accomplir. Tim l'a approuvée, et lui aussi, lui a demandé son aide. Ensemble, ils ont alors travaillé à faire de leur expérience du deuxième étage une expérience emplie d'amour.

Quand le plus avancé bouge, tous ceux qui l'entourent bougent avec lui. Au deuxième étage, le fait de vivre une expérience ne vous bouleverse pas. Vous avez envie de vous engager dans ce qui s'offre à vous et ça ne vous fait plus peur. Vous pouvez affronter des situations dans lesquelles, auparavant, le fait de ne pas avoir ce que vous désirez vous paniquait. Vous vous souvenez de vos réactions d'alors et comprenez désormais la nécessité de porter sur vous-même et sur vos expériences un regard objectif. Dans le cas inverse, vous risquez de continuer à avancer sans prendre conscience de la peine que vous vous causez. Lorsque vous arrivez au deuxième étage, vous avez totalement renoncé à vos tendances passives/agressives. Vous êtes dans l'ordre réceptif, conscient et actif.

La confiance est ce qui va donner à votre séjour au deuxième étage tout son sens et tout son agrément. Vous avez maintenant appris à vous faire confiance, à faire confiance à Dieu, aux autres et à la vie.

Que vous viviez ou non une relation, le bien-être est maintenant au rendez-vous. Que vous ayez de l'argent ou non, vous savez que vous allez vous en sortir. Vous avez compris que la vie était une balance et que cette balance, tôt ou tard, allait — non, devrait — pencher de votre côté.

Dans l'*intervalle*, vous progressez, vous agissez selon vos capacités et vous éprouvez un réel plaisir à l'idée que les choses vont enfin évoluer dans le bon sens. Laissez-vous bercer. Avancez doucement mais sûrement. Ne vous laissez plus contrarier. L'expérience que vous vivez est la vôtre. N'essayez pas de contrer son déroulement. Vivez-la dans la joie. Gardez la tête haute et ne déviez plus de votre route. La vie est un rêve. Vous en êtes le rêveur et vous avez compris qu'en tant que tel vous pouviez changer le scénario autant de fois que vous le désirez. Ainsi, si l'envie vous prend de tout changer, n'hésitez pas. De toute façon, avec toutes les informations que vous avez rassemblées au cours de votre voyage dans la maison de l'amour, le changement est désormais inévitable.

REMETTRE AU LENDEMAIN N'EST QU'UNE PERTE DE TEMPS

Jean et Andy étaient follement amoureux l'un de l'autre, cela ne faisait aucun doute. Ils étaient tous les deux jeunes — elle avait trente et un an, lui trente-cinq. Ce n'est plus si jeune, dites-vous ? Bien sûr que si, si l'on considère qu'on n'a aucun sens des réalités avant la trentaine. La mise en place de leurs carrières respectives suffisait largement à les occuper. Lui était éditeur dans une grande maison d'édition, elle productrice sur une grande chaîne de télévision. Ils se sentaient bien ensemble. La communication était parfaite. Ils avaient devant eux un avenir brillant qui correspondait à leurs rêves. Ils ne cessaient de reporter la date de leur mariage pour des raisons professionnelles, mais il n'y avait dans leur comportement aucune urgence, aucune hystérie. Ils savaient qu'ils voulaient se marier. Simplement, ils n'étaient pas pressés.

C'est au beau milieu d'un journal télévisé que Jean a reçu l'appel. Quel problème ? Andy avait été transporté à l'hôpital. Il avait eu une crise cardiaque. À la surprise générale, quelques heures plus tard, ce jeune homme en pleine force de l'âge est mort, à trente-cinq ans. Jean était anéantie. Plus que ça, elle était furieuse. Contre elle-même, pour ne pas avoir saisi l'occasion lorsqu'elle s'était présentée à elle ; contre Andy, pour être mort ; contre la vie, pour lui avoir dérobé son bien le plus précieux, et contre Dieu, pour lui avoir infligé cette épreuve ! Elle a surmonté celle des funérailles, celle du retour dans l'appartement d'Andy et de la découverte des affaires qui lui avaient appartenu. Une semaine plus tard, elle est retournée travailler. Jean était très efficace. Elle l'était encore plus quand elle était en colère.

Certains sentiments sont parfois si douloureux que le seul fait de les évoquer peut donner l'impression de mourir. On se dit que l'épreuve est insurmontable et qu'on finira forcément avec le cœur et le moral brisés. Ce type de douleur est totalement paniquant. On en a peur, on a peur de ce que ça peut nous faire. Alors on refuse d'y penser ou d'en parler et la seule solution lorsque la douleur surgit est de la refouler, de l'étouffer. Jean l'a refoulée en mangeant.

Neuf mois après la mort d'Andy, elle avait pris plus de trente kilos. Ses amis n'osaient rien lui dire. Ils avaient tous remarqué ses changements d'attitude et ses sautes d'humeur. Ils attribuaient son nouveau comportement à ses efforts pour apprendre à vivre sans Andy. Jean, elle, avait remarqué combien elle était devenue apathique et elle mettait cette nouvelle attitude sur le fait d'un travail trop intense. Le signal d'alarme n'a retenti dans sa tête que lorsqu'un jeune homme avec qui elle travaillait l'a invitée à dîner. C'était un nouveau producteur qui venait d'une autre chaîne et ne connaissait pas son histoire. Sachant ce qui était arrivé, personne, autour d'elle, n'a été surpris qu'elle le repousse avec violence. Tout le monde savait, mais personne n'en a parlé, que ce soit à Jean ou au jeune producteur. Malgré son poids, Jean restait très séduisante. Et une excellente productrice. Connaissant son passé, personne ne se permettait de lui faire des remarques sur son poids ou sur sa susceptibilité.

Cette susceptibilité à fleur de peau la faisait réagir violemment à la moindre contrariété ! Alors, tout le monde, peu à peu, s'est mis à l'éviter. Elle s'en est rendu compte. Le jeune producteur, lui, était arrivé depuis trop peu de temps pour remarquer quoi que ce soit, aussi a-t-il continué à la poursuivre de ses assiduités. À la longue, ils ont fini par discuter, tout d'abord de travail, puis d'eux-mêmes. Un jour, il a remarqué sa bague et, pensant qu'il y avait un lien entre cette bague et son refus obstiné de sortir avec lui, il lui a demandé ce qu'elle représentait. Il aimait beaucoup Jean et voulait être son ami, quoi qu'il arrive.

À la seconde où il a posé la question, Jean a senti la douleur exploser dans son corps. Elle a répondu avec violence en l'invectivant. Il a attendu qu'elle s'arrête pour demander : « Pourquoi es-tu si en colère ? » En réponse, elle s'est mise à hurler, affirmant qu'elle n'était pas du tout en colère. Dans le studio, plus personne ne parlait. La douleur de Jean avait atteint son paroxysme et se répandait sur le pauvre garçon. Elle l'a frappé. Il a reculé. Elle l'a frappé à nouveau. Cette fois, il lui a pris les mains, l'a attirée et a refusé de la libérer. Tout le monde, dans le studio, retenait son souffle. Alors Jean a cessé de lutter. Elle a appuyé la tête sur l'épaule du jeune producteur et s'est mise à pleurer. Elle a pleuré longtemps, parce que c'était la première fois depuis la mort d'Andy qu'elle se laissait aller à la douleur.

Céder à ses sentiments. Les admettre et les exprimer. Si vous ne vous autorisez pas à le faire volontairement, vous finirez par le faire involontairement et, parfois, de façon totalement inappropriée. Au deuxième étage de la maison de l'amour, vous devez vivre dans l'honnêteté la plus sincère, et dire à tout moment la vérité sur tout. Si vous choisissez de la taire, si vous choisissez de vivre dans le refus et le jugement, la douleur que vous ressentirez alors sera si vive qu'elle finira par éclater. Dans une expérience de deuxième étage, il ne s'agit pas d'avoir tort ou raison. Ce type d'expériences est basé sur la force et le courage. Il n'est plus question d'entretenir une image ou son ego, mais d'accepter sa vulnérabilité. L'amour inconditionnel rend vulnérable aux expériences et aux gens. Si vous n'êtes pas vulnérable, vous ne pourrez pas vous ouvrir et si vous n'êtes pas ouvert, l'amour ne vous apparaîtra pas. Au deuxième étage, le point essentiel de toutes vos expériences est d'accepter que ce que vous faites en amour est le mieux que vous pouvez faire à ce moment précis. Il vous faut l'accepter car c'est la vérité.

Chapitre 12
Réagencez le mobilier

Stella a passé sept ans avec Matt. À la fin de ces sept années de vie commune, elle s'est retrouvée seule avec ses deux enfants. Comme beaucoup d'autres femmes, elle avait vécu de belles années avec un homme respectable. Quand Matt l'a quittée, Stella a décidé de consacrer sa vie à ses enfants. Elle était intimement persuadée que si elle les élevait correctement, elle n'aurait pas à les « soigner » une fois adultes. Pour y parvenir, elle était déterminée à leur donner le meilleur d'elle-même. Suivant cette ligne de conduite, elle n'a plus jamais laissé aucun homme entrer dans sa vie.

Lorsqu'ils s'étaient séparés, Stella était encore jeune, mais elle s'était juré de ne pas montrer le mauvais exemple à ses enfants en ayant des liaisons éphémères. Pourquoi n'avait-elle pas envisagé de trouver un compagnon stable ? Je ne saurais vous le dire. Pourquoi s'était-elle mis en tête qu'elle devrait forcément inviter les hommes qu'elle pourrait rencontrer à passer la nuit chez elle ? Cela demeure un mystère pour moi. Où se trouvait-elle lorsque la leçon du premier étage — attente = résultat — a été apprise ? Je ne saurais davantage vous le dire. Mais ni vous ni moi n'avons à connaître ces réponses. Stella, si. La vérité est qu'elle vivait dans la colère, se rendait à l'église en colère, assistait dans la colère aux groupes de soutien des mères célibataires ! Cette colère, toutefois, ne l'empêchait pas de jouer un rôle actif dans la vie de ses enfants. Elle consacrait tout son temps à leur apporter soin et bien-être, utilisant cet habile subterfuge pour masquer la rage qui la consumait. En attendant, elle s'interdisait de goûter au plaisir et à la joie d'avoir un compagnon et de vivre la relation dont elle rêvait, mais qu'elle pensait ne pas pouvoir connaître.

Les enfants sont d'agréables compagnons, mais aucun d'eux ne pourra jamais remplacer un mari ou une femme. Aucun enfant ne pourra jamais combler le manque affectif d'un adulte. Stella a fait de ses enfants son mari et ses compagnons de route. Elle a beaucoup appris sur l'amour inconditionnel et la patience, mais pas assez pour dissiper la colère ancrée en elle depuis tant d'années — de longues années, mais qui pourtant avaient passé si vite. Avant qu'elle ait eu le temps de le comprendre, ses enfants étaient devenus adolescents, et une jeune fille a commencé à appeler son fils régulièrement. Il avait dix-sept ans. Il allait commencer ses études supérieures. Il avait toujours bien travaillé et ne lui avait jamais donné aucun souci. Mais son éveil aux plaisirs de l'amour mettait Stella terriblement mal à l'aise.

Or une mère mal à l'aise peut rendre la vie de son enfant très douloureuse. Ce n'était pas l'intention de Stella, mais c'est ce qui s'est passé. Elle a commencé à surveiller de près les déplacements de son fils, à imposer des restrictions sur ses sorties du week-end et des « couvre-feu » en semaine, à contrôler ses appels téléphoniques. Elle lui accordait quinze minutes par jour, pas une de plus. S'il dépassait cette limite, elle déduisait les minutes supplémentaires sur l'appel du lendemain ! Elle se sentait infiniment mal. Et lui était adorable ! Il acceptait toutes ces restrictions parce qu'il l'aimait et qu'il la respectait. Tout au moins les a-t-il acceptées jusqu'à ce que Stella lui interdise de partir pour un week-end de ski encadré par des adultes. Est-ce que cette fille y serait ? Oui. Alors, il n'irait pas ! Même un bon fils, bon élève, peut atteindre ses limites. Ce garçon de dix-sept ans, qui avait déjà un pied à la porte de l'université, avait atteint les siennes. « Tu es furieuse parce que j'ai quelqu'un dans ma vie et pas toi ! Tu vis dans la colère ! C'est à cause de cette colère que tu n'es plus sortie avec personne depuis dix ans, que tu ne te maquilles plus, que tu ne fais plus attention à toi ! C'est à cause d'elle que tu gâches ta vie avec moi, mais je ne vais pas rester et tu vas te retrouver seule ! » Au deuxième étage, la vérité peut vous venir de celui ou celle que vous attendez le moins ! Et cette vérité vous éclate au visage. Il est alors temps de vous regarder en face et d'étaler vos problèmes au grand jour. Si, jusque-là, vous vous êtes obstiné à refuser la vérité, celle-ci se frayera un chemin à travers l'armure dont vous vous êtes entouré pour vous masquer la réalité, et vous atteindra si durement que vous voudrez la repousser mais que vous ne le pourrez pas. Vous lancerez peut-être des ripostes du style : « Comment oses-tu lever la voix sur moi ! », mais de telles réactions ne feront que révéler vos failles et n'empêcheront pas la vérité de vous atteindre !

« Tu es simplement jalouse de notre relation avec Papa. Tu voudrais qu'on le haïsse comme tu le hais. Tu es furieuse parce qu'il a refait sa vie. Même quand il essaye d'être ton ami, tu refuses. Si tu continues, tu vas me perdre comme tu l'as perdu ! » J'admets que ces propos sont difficiles à entendre, mais Stella les a cherchés. Les enfants sont si lucides et perspicaces qu'ils peuvent percer nos pensées aussi précisément qu'un rayon X. Ils savent ce que nous faisons et parfois même pourquoi nous le faisons. Stella avait élevé ses enfants pour qu'ils deviennent des penseurs libres et indépendants. Elle aimait cette qualité chez eux. Elle leur avait aussi appris non pas à défier l'autorité mais à oser exprimer leur vérité lorsque les détenteurs de cette autorité en violent les principes et l'intégrité, et elle était fière de leur capacité de dire la vérité. Simplement, elle ne s'était pas aperçue que les principes qu'elle leur avait inculqués pour qu'ils les appliquent au monde pouvaient aussi s'appliquer à elle-même !

Elle n'avait jamais prononcé une seule parole malencontreuse à l'égard de leur père, mais elle n'avait jamais cessé de lutter pour gagner leur affection. Quand ils se rendaient chez lui et revenaient avec des cadeaux qu'elle considérait comme superflus parce qu'elle ne pouvait pas se permettre de les leur offrir (des voitures télécommandées, des jeans de marque, des chaînes stéréo…), elle se disait qu'il essayait d'acheter leur affection et leur amour tandis qu'elle s'épuisait à leur construire un vrai foyer. Chaque fois qu'un événement important survenait dans leur vie, il arrivait et il n'avait qu'un mot à dire pour que les enfants obéissent. Chaque fois, Stella sentait ressurgir sa colère : comment avait-il pu l'abandonner pour une femme plus jeune qu'elle ?

Au fond d'elle-même, elle était heureuse que ses enfants aient avec leur père cette relation fondée sur un amour sincère. Il les avait toujours soutenus financièrement. Sporadiquement au début puis, quand il avait refait sa vie avec *cette femme*, Stella n'avait plus jamais eu à réclamer son chèque. Mais elle n'avait jamais cessé de vouloir le punir pour ce qu'il lui avait fait. En la laissant seule avec ses deux enfants, elle estimait qu'il lui avait gâché la vie. En conséquence, elle avait décidé qu'il méritait une punition. Chaque fois qu'il la voyait, qu'il se rendait compte à quel point elle travaillait dur et était dévouée, consacrant sa vie à ses enfants, elle priait pour qu'il se sente coupable. Une prière apparemment vaine.

On reçoit toujours ce qu'on donne ! Quand vous vivez au deuxième étage de la maison de l'amour, vous le recevez si vite que vous n'avez d'autre choix que d'accepter l'entière responsabilité de vos actes. Désormais, vous n'avez plus le privilège de pouvoir rejeter la faute sur l'autre, de dissimuler le problème ou de l'éviter. Le projecteur est dirigé droit sur vous ! Il est chaud, brûlant ! La sensation est désagréable ! Vous essayez de vous remémorer les lignes de conduite que vous voulez maintenant suivre. Vous savez qu'on vous regarde et vous voulez bien faire. Laissez tomber ! Vous êtes dans l'*intervalle*. Même au deuxième étage, rien n'est parfait, mais tout va bien même si ça semble faux. Vous touchez au but, simplement il vous reste encore un bout de chemin à parcourir et un dernier nettoyage à effectuer. Le plus important, c'est que vous êtes désormais prêt à vous demander si vos désirs d'antan (désirs réels et présumés) correspondent toujours à vos souhaits d'aujourd'hui. Laissez la lumière éclairer les ombres de votre conscience afin d'effectuer les dernières modifications nécessaires, avec et dans l'amour.

QUELLES SONT LES RAISONS DE MON COMPORTEMENT ?

On nous a appris que dans la vie, notre travail consistait à rechercher le partenaire idéal, alors qu'il consiste en réalité à rechercher la perfection qui est en nous. Ne sachant pas combien j'étais parfaite, je craignais d'être abandonnée. Je pensais que si j'ouvrais mon cœur, les autres y prendraient ce dont ils avaient envie puis partiraient. J'ai appris au gré de mes nombreuses expériences et dans toutes sortes de liaisons, que les gens ne s'en vont pas simplement. Il leur faut une raison. S'ils n'en ont pas, ils en fabriquent une pour s'échapper — s'échapper du chemin de l'amour. Une part de moi-même, une part de ma psyché, pensait : « Si tu donnes aux autres tout ce qu'ils désirent, ils ne t'abandonneront pas comme l'a fait ta mère ! » Dès lors, je n'ai jamais cessé d'essayer de contenter les autres de la façon la plus stupide qui soit, dans le seul but de m'éviter la souffrance de les voir partir. Je faisais tout ce que je pensais devoir faire pour les garder près de moi. Au bout du compte, je les irritais et ils finissaient par me quitter. Je croyais leur donner de l'amour. Ils avaient le sentiment d'étouffer. Alors ils me rejetaient ou s'enfuyaient pour échapper à l'emprise de ces besoins sur lesquels je mettais le nom d'amour.

Certaines personnes se jettent dans une relation, prennent ce qu'ils ont à y prendre puis disparaissent. D'autres s'engagent des dizaines de fois sans jamais parvenir à une conclusion. D'autres encore ont accompli leur travail spirituel, se sont créé un but, ont donné un sens à leur vie, se sont frayé un chemin à travers leur vécu, l'ont nettoyé, mais n'arrivent toujours pas à trouver ou à maintenir une relation où règnent l'amour et l'engagement. Sachez qu'il n'existe aucune garantie.

Rien, en effet, ne peut garantir qu'à la fin du voyage, après tout le travail que vous aurez effectué, vous trouverez un partenaire et entamerez une relation ou sauverez celle que vous êtes en train de vivre. Au deuxième étage, la grande nouveauté est que ce type d'expérience n'est plus vital pour vous. Connaître une relation ou être amoureux n'est plus le seul but de votre vie. Attention, je ne veux pas dire que vous n'en aurez plus envie, mais simplement que le fait de ne pas les vivre ne vous empêchera plus de dormir ! Au deuxième étage, la guérison, celle qui vous permettra d'être utile au plus grand nombre de personnes, d'en aider le plus grand nombre de toutes les manières possibles, est devenue votre objectif. Vous n'êtes plus dans le schéma de l'attirance physique du sous-sol, de ses besoins et de ses paroles factices. L'amour que vous vivez est profond. Il est ce que vous êtes. Ce que vous donnez. Ce que vous recevez. À vos yeux, tout est devenu amour. L'argent. Les compliments. Les gens. Au deuxième étage, vous travaillerez à gérer toutes les situations qui surgiront, jusqu'à ce qu'apparaisse un partenaire qui vous rende encore meilleur que vous l'êtes.

La grosse erreur que nous faisons parfois est de croire que si nous multiplions les prières, si nous méditons longuement, Dieu nous enverra celui ou celle qui nous aimera. Vous ne pouvez pas chercher à vous découvrir et à vous aimer uniquement pour découvrir et aimer quelqu'un d'autre. Vous devez le faire pour vous-même. Vous devez vous aimer et vous respecter pour vous-même — sans aucune condition. Aux étages inférieurs, cette attitude n'aurait eu aucun sens pour vous. Le poids de votre vécu et vos problèmes vous étouffaient encore. Mais désormais, vous êtes prêt. Prêt à passer du stade de l'amour « conditionnel » à l'amour inconditionnel. Prêt à être en vous, avec vous, plutôt qu'auprès de vous. Vous avez traversé un long processus au cours duquel vous avez pris conscience de votre réelle identité et appris à réfléchir sur vous-même de façon à effectuer les modifications nécessaires à l'aboutissement de votre évolution spirituelle. Vous n'êtes plus seulement en quête d'une satisfaction physique, émotionnelle ou sexuelle. Vous voulez connaître la vraie, l'entière expérience de l'amour. Et si tel est votre but, vous l'atteindrez.

La perfection vient de la pratique

Étudier la spiritualité dans un livre ne peut se comparer à étudier la spiritualité dans un cadre où l'on vient pour apprendre et pour être aidé, dans un lieu où un guide nous explique ce qu'il faut faire et comment le faire. Dans ce type d'environnement, toutes les personnes qui se retrouvent ont un même objectif, un point de vue identique. D'où l'intérêt de ce type de réunion. Mais pourquoi voulons-nous rassembler des informations ? Pourquoi voulons-nous apprendre ? Nous apprenons pour pouvoir aller mettre en pratique nos connaissances. On ne met pas en pratique dans la salle de classe — c'est un faux environnement. Dans une salle de classe, on apprend ce qu'il faut faire et on développe des connaissances. Dans le monde réel, on les met en pratique, on les affûte. Dans le monde réel, où la plupart des gens ne sauraient même pas mettre un nom sur ce que vous avez appris, vous allez faire bien plus qu'appliquer la théorie. Vous allez affronter ceux qui ignorent de quoi vous parlez. Est-ce ça veut dire que vos informations sont erronées ? Que la théorie est inepte ? Absolument pas ! Cela signifie que vous devez poursuivre votre voyage et appliquer vos connaissances dans chaque domaine de votre vie. Au bout du compte, vous vous retrouverez parmi des gens qui auront envie que vous leur enseigniez ce que vous avez appris. Ou bien parmi des personnes qui sauront déjà et seront prêtes à vous aider à dépasser ces connaissances.

Comment appliquer au quotidien ce que vous avez appris sur l'amour ? Préparez-vous à rencontrer une certaine résistance. Acceptez-la. C'est ainsi que vous aiguiserez vos compétences. Trouvez votre équilibre et ne déviez pas de votre route. N'essayez pas de convertir les autres à votre mode de pensée. Si, dans un groupe de personnes, votre opinion diffère de celle des autres, ne vous imaginez pour autant avoir tort. Au contraire, profitez de cette situation, saisissez cette occasion pour développer un autre de vos « muscles spirituels. » Ne doutez pas de vous. Ne vous remettez pas en question. Vous rencontrerez de la résistance à différents niveaux et avec différentes personnes. Chaque fois, elle fera naître de nouveaux sentiments qui seront liés à votre évolution, au développement de votre endurance. Un jour — et ce jour est très proche —, le seul sentiment qu'éveilleront vos expériences sera l'envie de partager, de distribuer, de donner ou de recevoir l'amour.

C'EST ARRIVÉ SOUDAIN !

Ralph, qui avait environ cinquante-cinq ans, était divorcé depuis vingt-cinq ans. Il avait vécu plusieurs relations durables et était toujours resté proche de ses partenaires, devenues pour la plupart des amies. Ils dînaient ensemble, se souhaitaient leurs anniversaires, se voyaient à Noël. Il avait eu deux enfants hors mariage. Il les avait reconnus et participait de son mieux à leur vie. S'il ne leur avait pas toujours été d'une grande aide financière, ceux-ci n'avaient jamais rien fait d'important sans venir le consulter.

Ralph vivait avec sa fille une relation formidable, d'amitié pure. Mais Ralph, en général, avait beaucoup d'amis. Il était impossible de se rendre quelque part sans que quelqu'un le connaisse. Et non seulement les gens le connaissaient, mais personne ne disait jamais aucun mal de lui. Ralph aimait et aidait les autres, tous les autres : s'il pouvait faire quelque chose pour quelqu'un, il le faisait, de plein gré et avec joie, sans imposer la moindre condition. Chaque fois que vous l'appeliez, que vous aviez besoin de lui ou de quelque chose qui lui appartenait, il vous le donnait. Mais il n'agissait pas non plus à son détriment. S'il n'avait pas ce que vous lui demandiez, il n'hésitait pas à vous répondre : « Je ne l'ai pas pour le moment, mais je l'aurai à telle date. Peux-tu attendre ? » Cet homme n'était qu'amour. Un amour total, inconditionnel.

Je ne tiens pas à vous parler de lui pendant des heures, mais j'aimerais vous donner une idée de ce qu'est l'amour au deuxième étage. Ralph en est un merveilleux exemple. S'il tombait sur quelque chose susceptible de vous faire plaisir, ou de vous intéresser, il l'achetait et vous l'envoyait. Un jour, la fille adolescente d'une de nos amies a fait une fugue. Sa mère avait une idée de l'endroit où elle se trouvait mais ne pouvait pas s'y rendre. J'ai appelé Ralph et lui ai demandé d'essayer d'entrer en contact avec la jeune fille. Il a sauté dans sa voiture sans une seconde d'hésitation. Au bout du compte, il ne l'a pas trouvée, mais sa première réaction avait été dictée par le désir de venir en aide. La formidable capacité d'aimer qui régissait sa vie faisait qu'il obtenait tout ce dont il avait besoin, de la façon la plus parfaite.

Au deuxième étage de la maison de l'amour, vous devenez enseignant. Ralph était un enseignant. Par sa manière de réagir à ses propres expériences, il apprenait aux autres ce qu'il avait lui-même appris. Il se servait de l'amour pour démontrer que tout pouvait fonctionner, pour le bien de toutes les personnes impliquées. C'est probablement pour cette raison qu'il avait gardé des liens amicaux avec la plupart de ses partenaires. Il aurait pu s'engager avec elles, mais il ne l'avait pas fait. Par choix. Il n'avait pas voulu essayer de faire fonctionner des liaisons sentimentales alors qu'il était clair que ce n'était pas son but. Comment avait-il acquis une telle lucidité ? En faisant, sur le chemin du « grenier », un consciencieux travail de nettoyage. En renonçant à la précipitation, au besoin, à l'attachement à ses anciens modes de pensée et à ses habitudes. En apprenant la patience, la confiance en la vie et en son déroulement. En apprenant à écouter son corps et à respecter ses sentiments, sans se chercher d'excuses et sans se retenir de faire ou de dire, ce qu'il savait être important pour lui.

Un jour, dans sa vie professionnelle, il s'est retrouvé confronté à une supérieure qui le traitait comme un véritable domestique. Cette femme ne vivait pas au sous-sol mais bien en deçà ! Son attitude était insupportable. Attention, je n'ai pas dit qu'elle était insupportable, simplement qu'elle se comportait mal. Elle ne se sentait pas sûre d'elle et elle avait le sentiment d'être menacée par tous et par tout. Ralph faisait de son mieux pour la mettre à l'aise. Il répondait toujours à ses demandes sans que ça lui pose aucun problème : « Quelle que soit la leçon à tirer de cette situation, je la tirerai ! » disait-il. Quoi qu'elle fasse, il tendait l'autre joue sans éprouver ni colère ni ressentiment. Parfois, pourtant, les histoires qu'il me racontait me terrifiaient. Un jour, j'ai rencontré cette femme et je me suis dit qu'elle aurait besoin d'une bonne correction ! J'ai appris depuis que ce type de réaction n'avait rien de très « spirituel », mais en tant qu'êtres humains, nous avons nos faiblesses. Le comportement de Ralph n'était empreint d'aucune malveillance. Il continuait de dire : « Je vais apprendre ! Je vais tirer la leçon de cette expérience ! »

Si vous mettez de l'amour dans quelque chose, cela fait apparaître tout ce qui n'est pas amour. Si vous apportez la paix, ça fait ressurgir les conflits. Cette femme n'était pas en mesure de recevoir le don de Ralph, son aura radieuse, l'amour qu'il apportait avec lui, qu'il distribuait autour de lui dans son travail et dont il l'inondait. Le jour où elle a pris tout ce qui était à prendre, elle a trouvé une raison pour le licencier. Une piètre raison qui n'aurait pas survécu à la moindre confrontation, mais Ralph a choisi de ne pas lutter. Son raisonnement était le suivant : « On est en juin. Je vais prendre des vacances et je suis sûr que l'automne m'apportera du nouveau. »

Deux semaines plus tard, sa supérieure a raconté à quelqu'un qu'elle avait fait renvoyer Ralph et a donné la raison de son renvoi. L'autre personne, qui connaissait la vérité, a aussitôt réagi : « Ce n'est pas vrai ! Ça ne s'est pas du tout passé comme ça ! » Puis elle a téléphoné à Ralph, l'a engagé en doublant son salaire et lui a dit qu'il ne commencerait pas avant l'automne. La leçon à tirer est que certaines personnes tentent de rejeter sur vous les problèmes qui les écrasent. Ne vous laissez pas influencer, ne les laissez pas vous « changer » ou modifier votre ligne de conduite. Si vous êtes parvenu à une véritable connaissance de vous-même, une légère contrariété ou un désagrément ne devra plus ni vous effrayer, ni vous gêner. Continuez de vous aimer et d'aimer les autres. Il est intéressant de souligner que, pendant cet *intervalle*, Ralph a rencontré une femme merveilleuse et qu'ensemble, ils ont métamorphosé leur vie.

Tout fait partie d'un plan divin

Pendant l'*intervalle*, il ne s'agit pas d'attendre une relation, mais de construire une meilleure relation avec soi-même dans un processus de réflexion sur soi et de prise de conscience. C'est un processus dont les résultats sont liés au travail que l'on fournit. L'*intervalle* est un moyen d'apprendre à reconnaître que les relations sont des véhicules de la guérison et de l'évolution spirituelle. Elles sont l'outil de l'amour, conçu par Dieu pour que nos esprits s'élèvent jusqu'à la plus haute définition de l'amour. Si un jour vous vous retrouvez sans travail, aimez-vous. Si votre sœur, votre mère, vos meilleurs amis cessent de vous parler, aimez-vous. L'amour n'est pas statique et si vous vous engagez dans le processus menant à l'amour de soi, alors vous quitterez le lieu où vous vous trouvez pour rejoindre celui dont vous rêvez.

L'*intervalle* conduit au changement, qui lui-même conduit à un enrichissement spirituel tout en préparant l'être humain à partager consciemment sa vie dans l'équilibre et l'harmonie. Cette période est nécessaire à chaque âme pour se souvenir de son identité divine. Mais pour connaître, accepter et accueillir cette identité qui est la nôtre, nous devons être prêts à regarder la vie sous un nouvel angle, à agir avec une conscience nouvelle, à recevoir avec le cœur et l'esprit ouverts. Être prêt signifie qu'on a su tirer les leçons de ses expériences passées et qu'on souhaite mettre en pratique ses connaissances. Tout ce qu'on a, ou non, appris sur soi-même — ses forces, ses faiblesses, ses interactions avec les autres — détermine l'efficacité et la difficulté des expériences d'*intervalle*.

Vous pouvez vous retrouver dans l'*intervalle* à tout moment de votre vie. La solution peut différer selon les cas, mais le processus est toujours le même :

1. Aimez-vous quoi qu'il arrive ! Ne laissez jamais les événements présents ou qui pourraient survenir un jour, vous empêcher de vous aimer. Vous devez comprendre que l'*intervalle* est destiné à créer de la confusion dans vos pensées, mais aussi que vous vous trouvez exactement là où vous avez besoin d'être et que vous êtes guidé vers l'amour, l'amour de vous-même.
2. Ressentez vos émotions et acceptez-les. Avant de fuir la douleur, ressentez-la, acceptez-la. Acceptez vos blessures, vos douleurs, vos confusions et vos faiblesses. Acceptez votre vulnérabilité. Et lorsque vous serez parvenu à ressentir vos émotions, quelles qu'elles soient, dites-vous qu'il est normal de les éprouver. Cessez de vous juger, de dire « Je ne devrais pas ! » Ressentez vos sentiments, acceptez-les, vivez-les !
3. Exprimez vos sentiments ou notez-les. Vous découvrirez que c'est une étape vitale de l'*intervalle*. Dites aux autres ce que vous éprouvez. Si vous tentez de vous dérober, de contenir vos sentiments, ils vous terrasseront ! Tout ce que vous avez désespérément tenté de taire ou de dissimuler vous reviendra au pire moment, de la pire des manières. Ainsi, vous éviterez le stress et l'embarras en choisissant tout simplement de laisser parler vos sentiments. Exprimez-les, inscrivez-les, parlez-en à un ami. Mais, de grâce, ne faites jamais

comme s'ils n'existaient pas, n'essayez jamais de les refouler ou de les ignorer.

4. Observez vos désirs avec lucidité. Que voulez-vous faire ? Qu'avez-vous envie de ressentir ? Comment pouvez-vous générer votre expérience ? Quel obstacle, dans vos croyances, vous empêche de vivre cette expérience ? Que voulez-vous faire pour connaître la version la plus paisible de cette expérience ? Encore des questions, me direz-vous, mais ces questions sont incontournables si vous souhaitez sortir et rester hors de l'intervalle.
5. Ne cherchez pas, n'attendez pas quelqu'un pour améliorer votre *intervalle* ou le rendre moins douloureux. Passez du temps avec vous-même et rassemblez tous les détails que vous avez laissés échapper. Si, pour vous distraire, vous décidez de mêler une autre personne à ce processus, vous risquez de faire un mauvais diagnostic et de mal interpréter la cause de vos maladies.

Les circonstances qui nous entraînent dans l'*intervalle* sont uniques et propres à chaque individu, mais le processus qui nous y mène et qui nous en fait sortir est universel.

Vous ne savez pas quel est le problème. Puis vous voyez le problème, mais vous ignorez la façon de le résoudre. Ensuite, vous trouvez comment le résoudre, mais le poids de votre vécu et les problèmes qu'il engendre vous empêchent d'agir. Vous êtes alors forcé de regarder ce vécu en face et de faire le tri pour essayer de trouver une solution. Cela vous conduit à savoir ce qu'il faut faire, mais pas comment le faire. C'est alors que les forces de la vie vous invitent à faire ce que vous savez que vous pouvez et devez faire. Pendant l'*intervalle*, vous devez vous poser des questions précises et significatives :

> Quelles sont les choses auxquelles je réagis ?
> Est-ce que j'ai dit la vérité — à moi-même et aux gens concernés ?
> Quelle est ma vision de la vie ?
> Qu'est-ce que j'attends de moi et pour moi ?
> Quelles sont mes intentions ?

Puis-je m'aimer indépendamment de ce qui arrive ?
Puis-je aimer les autres indépendamment de ce qu'ils font ?

Dans l'*intervalle*, vos expériences et les leçons que vous en tirez sont destinées à vous aider à répondre clairement à ces questions. La raison pour laquelle ce processus et ces interrogations sont tellement importants est qu'ils vous aident à accomplir une ou plusieurs des choses suivantes :

Trouver votre équilibre, votre *moi*, et apprendre à l'accepter.
Cesser de répéter les mêmes erreurs dans vos relations.
Apprendre à reconnaître les problèmes récurrents qui surgissent dans vos expériences.
Vous armer pour mieux démanteler vos fantasmes sur l'amour et l'affection.
Découvrir la véritable valeur et le véritable sens de l'amour.
Il ne s'agit pas, dans l'*intervalle*, d'essayer de trouver une solution à vos problèmes.

Oui, vous passerez du temps à les démanteler, mais le but n'est pas de les résoudre. Le but est d'apprendre à accueillir l'amour. Il n'y a rien à corriger puisque Dieu nous accepte tels que nous sommes et qu'au deuxième étage, nous apprenons à agir comme lui. Plutôt que de penser que vous devez trouver la solution, mieux vaut utiliser l'*intervalle* pour reconsidérer votre vécu et modifier vos modes de fonctionnement. Vous y parviendrez en déterminant qui vous choisissez d'être en fonction de ce vécu. Si vous avez, par le passé, dépensé toute votre énergie à jouer le rôle de la victime, vous pouvez modifier ce comportement. Si vous avez vécu vos expériences dans la lutte, la résistance et la négation, vous pouvez également changer cette attitude. Si vous avez utilisé ce qui vous est arrivé comme une barrière empêchant l'apparition de nouvelles expériences, vous pouvez porter un regard nouveau sur ce que vous avez fait et ce vers quoi vous êtes allé. Étudiez vos expériences, apprenez à discerner ce qu'elles vous ont enseigné. Devenez l'enseignant de vos propres expériences en partageant ce qu'elles vous ont appris avec les autres. Apprenez à apprécier votre vécu en prenant conscience que vous êtes devenu ce que vous êtes parce que vous l'avez affronté.

Plus vous parviendrez à intégrer à votre comportement ce que vous avez appris aux étages inférieurs, plus vous vous rapprocherez de la véritable expression de l'amour. Cela ne signifie pas pour autant que vous ne vivrez plus les expériences normales, parfois irritantes, auxquelles tout être humain est confronté. Ça ne veut pas non plus dire que tout sera parfait et merveilleux ! Il vous arrivera de pleurer, même au deuxième étage ! Mais désormais, vous pleurerez en connaissant votre programme. Vous pourrez pleurer parce que vous vous rapprocherez du but, parce que vous vous souviendrez enfin de votre identité et de la raison pour laquelle vous êtes venu là au tout début de votre histoire. Vous aurez encore des envies de meurtre ! Mais vous saurez vous maîtriser. Vous saurez que vous devez pardonner aux autres, comme vous devez vous pardonner. Parfois, aussi, vous n'aurez qu'un désir, vous arrêter et réfléchir, vous attarder sur vos sentiments et vous interroger. C'est bon signe ! Plus vous passerez de temps avec votre moi, plus vous saurez apprécier le temps que vous passerez dans le grenier.

LE GRENIER

Faites un pas en arrière et regardez autour de vous. Tout est en bon état, tout est parfait. Vous paraissez parfait. Vous avez fait du bon travail ! Vous avez parcouru tout le chemin jusqu'au sommet — jusqu'à la fameuse suite de l'amour tendre. Vous pouvez emporter avec vous deux mantras — ou si vous préférez deux prières — provenant d'un livre formidable intitulé *A Course in Miracles* (*Une Leçon de miracles*).

CHAPITRE 13
Allongez-vous et détendez-vous !

Dans le grenier de la maison de l'amour, vous redevenez un enfant, vous retrouvez la confiance absolue et la liberté que ressentent les enfants, tout en vous acceptant et en acceptant les autres. Les enfants ignorent le mal jusqu'à ce qu'on leur explique la nature du mal. Les enfants ignorent la méchanceté jusqu'à ce qu'un autre qu'eux leur apporte sa version de la méchanceté. Vivre dans le grenier de la maison de l'amour revient à vivre avec le cœur d'un enfant, pour lequel tout est bon, même quand on lui a dit le contraire. C'est là, dans le grenier de la maison de l'amour, que nous voyons, sentons et apprenons à reconnaître la présence de Dieu dans nos âmes et dans celles des autres.

Dans le grenier, vous vous engagez à vivre consciemment dans l'amour inconditionnel de vous-même. Vous avez compris qu'en refusant d'évoluer, vous continuerez à éprouver des envies, à nourrir des attentes et à errer jusqu'à ce que surgisse celui ou ce que vous désirez. Vous avez compris qu'en tant qu'être humain, vous aviez tendance à vouloir plaire aux autres, à fuir la vérité, à douter de vous et à vous engager dans un mode de vie et de comportement qui usurpe le nom d'amour. Grâce à cette prise de conscience, vous travaillez désormais à éliminer tout ce qui vous a maintenu dans cet état d'amour « sous conditions », tout en essayant de savoir précisément ce que vous attendez de ce sentiment divin. Cela veut dire que vous devez, avec lucidité, étudier vos désirs et tout ce que vous pensez devoir faire pour les satisfaire. Notre conscience devrait évoluer naturellement au fil de notre existence et de notre maturité, mais cette évolution est loin d'être systématique. Dans notre quête de l'amour, nous emportons avec nous le poids de notre vécu, ce qui nous a été dit et enseigné au cours de notre enfance : « Ne sois donc pas toujours dans mes pattes ! » Vous vous *attendez* à être repoussé. « Ne réponds pas ! » Vous vous *attendez* à ne pas être écouté. « Tu ne peux pas attendre que j'aie fini ! » Vous vous *attendez* à ce qu'on fasse passer les besoins des autres avant les vôtres. Étudiez vos expériences. Souvenez-vous de vos émotions. Pensez à vos actes passés. Osez admettre ce que vous ressentez. Pardonnez-vous de ne pas avoir exprimé plus tôt vos sentiments. Adoptez un nouveau comportement, une nouvelle manière d'agir. Développez de nouvelles attentes de vous-même.

Au cours de votre longue ascension dans la maison de l'amour, il vous est arrivé de vivre des expériences typiques du « grenier ». Toutes les fois où vous vous êtes laissé vous ouvrir à l'amour en acceptant d'être vulnérable ; toutes les fois où ce qui pouvait ou risquait d'arriver ne vous inquiétait pas, et où vous vous sentiez détendu et confiant. Mais ensuite, le poids du vécu vous rattrapait et vous renvoyait aussitôt dans vos peurs. Les relations font ressurgir nos peurs enfouies. La peur de l'échec, de l'abandon, la peur d'être réprimandé et de ne pas mériter l'amour. Ces appréhensions, dont nous n'avons généralement pas conscience, constituent la trame du conflit intérieur qui nous habite lorsque nous tentons d'aimer dans la peur.

Nous parlons ici du désir d'obtenir quelque chose tout en craignant de ne pas y arriver, ou de ne pas pouvoir le conserver ; nous parlons d'une demande qu'on estime imméritée ou dont on se sent indigne, d'une quête qui, si elle aboutit, risque de provoquer une souffrance ultérieure. Ces angoisses disparaîtront au fur et à mesure quand vous modifierez l'idée que vous avez de l'amour inconditionnel et ce que vous en attendez. Dans le grenier de la maison de l'amour, vous ferez le vœu de ne plus jamais laisser la peur vous empêcher de vivre l'expérience de l'amour absolu.

Cette bataille n'est pas la vôtre

Lorsqu'elle était jeune, Pamela était très grosse. Elle ne pouvait ni danser ni sauter à la corde, et les autres enfants se moquaient d'elle sans la moindre pitié. Adolescente, elle était toujours forte et n'avait pas de petit ami. Elle avait quelques camarades, des jeunes filles qui n'étaient pas assez cruelles pour la mettre à l'écart et auxquelles elle confiait ses sentiments les plus intimes, y compris son penchant pour un certain garçon, beau, grand, fort, somme toute parfait ! Il n'y a aucun crime à aimer. Nous sommes tous libres d'aimer qui nous voulons, particulièrement à seize ans. En revanche, il y a crime lorsque vos serviables amies essayent d'attirer pour vous l'attention du garçon en question qui, lui, a tendance à vous considérer comme une erreur de la nature !

Le crime était d'une violence inouïe ! Non seulement le jeune apollon a éclaté de rire en apprenant la nouvelle, mais il a poursuivi Pamela à la sortie de l'école en entraînant ses amis à se moquer d'elle. Quand vous êtes trop grosse pour danser ou sauter à la corde, vous pouvez encore moins courir ! Vous devez alors poursuivre votre chemin en faisant comme si vous n'entendiez pas les commentaires cruels et violents que lance l'objet de votre affection. Vos amies tentent de les repousser, lui et ses camarades, mais les sportifs font un sport de toute activité, y compris de celle qui consiste à se moquer d'une personne qu'ils méprisent. Vous marchez aussi vite que vous le pouvez pour essayer de vous échapper, mais vos jambes ne suivent pas. Miraculeusement, un spécimen féminin plus attirant détourne l'attention de l'athlète !

Pamela a cessé d'aimer ce garçon dans la seconde, mais elle a refusé de laisser cette expérience la priver du plaisir d'aimer. De temps en temps, un garçon lui plaisait. Elle n'en parlait plus à personne. Elle gardait ses désirs pour elle, persuadée qu'elle était laide et grosse, que personne ne pourrait jamais l'aimer. Mais si votre âme est belle, la vie ne se détourne jamais de vous. Un jour, à la stupéfaction de Pamela, un garçon téméraire l'a abordée et lui a proposé de sortir avec lui. Elle était aussi excitée qu'incrédule ! Puis elle a regardé le jeune homme et s'est aperçue qu'elle avait un problème. Ils n'avaient pas la même couleur de peau. Dilemme ! Si vous avez attendu dix-sept ans qu'un garçon vous propose de sortir avec lui, jusqu'à quel point pouvez-vous jouer les difficiles lorsqu'il surgit enfin ? Ne trouvant pas de réponse, Pamela a cessé de se poser la question et, dans l'*intervalle*, a eu un merveilleux rendez-vous !

C'est ainsi que tout a commencé. Pour une raison qu'elle ne parvenait pas à expliquer, elle n'arrivait pas à séduire ou à retenir l'attention d'hommes issus de son même milieu ethnique alors que les autres, toutes nationalités confondues, la trouvaient à la fois charmante et séduisante. La trentaine passée, Pamela fréquentait assidûment les communautés internationales et y prenait un plaisir fou ! Elle avait appris tant de choses sur elle-même et sur les autres ! Elle avait voyagé aussi. De temps à autre, elle se posait encore la question de savoir pourquoi elle n'attirait pas les hommes de sa race. Comme elle ne trouvait jamais de réponse satisfaisante, elle continuait à sortir avec ceux qui la remarquaient. Et savez-vous ce qui est arrivé ? Elle a rencontré les mêmes problèmes, a été confrontée aux mêmes défis que ses amies qui sortaient avec des hommes de leur milieu ethnique. Elle a dû venir à bout des mêmes interrogations. Finalement, l'*intervalle* de Pamela a été une formidable leçon d'acceptation et de tolérance. Elle est toujours célibataire, mais ne fait aucune distinction dans ses recherches.

Les enfants à qui l'on n'apprend pas à s'aimer et qui n'expérimentent pas l'acceptation, la tolérance, l'indulgence et le pardon qu'apporte l'amour, risquent de se moquer des autres et de se rejeter les uns les autres. Ceux qui sont l'objet de ces critiques et de ces rejets ont besoin de soins profonds et doivent apprendre le pardon et l'indulgence liés à l'amour. Malheureusement, peu d'enfants l'apprennent. Loin de pardonner, ils considèrent les critiques et les rejets comme l'évidence d'un problème personnel. Or le problème, qui est le même pour tous, constitue tout simplement un manque d'amour. Nous apprenons à nos enfants à aimer leurs parents. Nous leur apprenons à aimer les autres membres de leur famille. En revanche, nous ne leur apprenons pas à aimer les autres. Nous tentons de leur inculquer la notion du bien et du mal, mais nous n'allons pas au cœur de la vérité, cette vérité fondamentale qui nous enseigne que l'amour est ancré dans l'Esprit-Saint.

Parce que nous vivons dans une société qui nous offre une vision de la perfection, nous pensons devoir rejeter tout ce qui ne s'accorde pas avec cette image idéale. En tant qu'enfant, nous l'apprenons très tôt. Mais nous n'apprenons pas que le sens véritable de l'amour se situe au cœur de notre être. Que la véritable essence de l'amour est le lien sacré de l'âme. Nous apprenons à nos enfants à lire les versets de la Bible. Nous leur enseignons ce qu'il faut dire, comment et quand le dire, afin de donner aux autres l'impression qu'ils sont bien élevés. Mais nous ne leur apprenons pas les règles. Nous ne leur apprenons pas les attitudes. Nous ne leur apprenons pas l'amour. Ils nous entendent parler et souvent critiquer, juger, faire preuve d'intolérance ou refuser d'accepter et d'être indulgent, parce que nous avons oublié la vérité de l'amour.

VOUS ÊTES EN MISSION

« Ma mission, en tant d'habitant de la planète terre, est de réveiller la part de Dieu qui est moi, de célébrer la vie, et de faire tout ce qui pourra m'apporter joie et bonheur ! » Dans l'*intervalle*, nous devons apprendre à vivre parmi ceux qui doutent de ces propos ; nous devons travailler sur ce vécu qui nous oppresse et nous empêche d'y croire, nous aussi, alors que nous nous efforçons avec espoir de découvrir dans nos âmes la lumière qui nous permettra d'appliquer cette maxime. Lorsqu'on regarde le monde d'aujourd'hui, il est difficile de croire que l'amour est à même de guérir les maladies qui le polluent. Comment l'amour peut-il guérir le cancer, les maladies de cœur, le SIDA ? Comment l'amour peut-il nourrir les enfants qui ont faim ? Ou mettre fin à la violence dans les rues ? Il semble si simpliste de dire que l'amour peut tout guérir ! L'amour pourra-t-il régler le problème du déficit national ? C'est ridicule, admettons-le. Mais pas plus que de croire que ce que nous faisons et avons fait jusqu'ici va donner des résultats différents de ceux qui existent déjà.

Nous avons éliminé de l'essence de la vie le concept de l'amour. Oui, nous enseignons l'amour en famille et à l'église, mais nous n'osons pas l'enseigner dans les écoles ou les administrations. Nous croyons pouvoir séparer l'amour divin des lieux où vivent les êtres humains et des activités auxquelles ils participent. Peut-être cette volonté d'ignorer de manière sélective le concept de l'amour est-elle le reflet d'une intention d'ignorer Dieu. Personne n'est assez courageux pour admettre ouvertement que nous devrions ignorer la Force créative de la vie ! Cependant, nous avons établi clairement qu'il ne fallait parler de Dieu que dans certains lieux, certains jours, comme si nous pensions qu'Il ne pouvait pas participer à notre vie partout et toujours. Nous pensons pouvoir soumettre l'amour à certaines règles. Pourquoi pas Dieu !

Il reste une petite question à régler : la plupart des êtres humains ont une notion très différente de ce qu'est l'amour ou de ce qu'il devrait être. Comment arriver à un consensus ? Comment trouver un dénominateur commun sur lequel nous accorder au sujet de l'amour et de ses bienfaits ? Loin de moi la prétention de prescrire une formule universelle de guérison magique ! Mais j'ose dire que si nous entreprenons un travail personnel, en affrontant nos vécus et en les nettoyant, en libérant nos peurs, l'amour entendra notre appel et y répondra. Quel meilleur lieu pour entreprendre cette tâche que nos relations, ces alliances que nous formons afin de donner et recevoir l'amour ? Quel meilleur lieu pour invoquer et mettre en pratique les principes de l'amour — la vérité, la confiance, le pardon, l'acceptation, la paix, le refus du jugement ? Dans l'*intervalle*, tandis que nous essayons de trouver un accord sur l'amour, nous pouvons tous mettre en pratique ses principes. Nous pouvons tous l'invoquer comme base de nos choix et de nos décisions. Nous pouvons tous le révéler consciemment dans nos paroles et dans nos actes. En faisant cela, nous pourrions éveiller la vérité et l'amour de Dieu dans nos cœurs, trouver davantage de raisons de nous réjouir. Ce serait vivre dans une perspective probablement simpliste, mais je persiste à croire que cette approche de la vie est loin d'être absurde. Je dirais même qu'il s'agit du but de toute expérience d'*intervalle* : apprendre à vivre en acceptant et en intégrant à nos existences la simple vérité sur la vie et sur Dieu, tout en nous célébrant nous-mêmes et les uns les autres. Lors de votre progression dans la vie, dans la maison de Dieu, vers le grenier, ne l'oubliez jamais.

Quand vous atteindrez la suite de l'amour tendre, vous serez investi d'une mission primordiale. Celle d'enseigner l'amour. Vous aviez déjà commencé au deuxième étage, vous allez désormais y consacrer votre vie, partir à la recherche de tous ceux qui ont besoin d'apprendre ce qu'est l'amour, vous immerger dans cet amour, en inonder toute chose et toute personne, par vos pensées, vos paroles et vos actes. À ce stade de votre développement, vos pensées ne pourront plus jamais manquer d'amour ! Vous êtes devenu tout-puissant et vous avez si bien nettoyé votre esprit de tout ce qui l'encombrait que l'amour se manifestera toujours, quelle que soit votre réflexion.

L'amour est omniprésent. Qu'il pénètre vos pensées, auréole votre vision ! Invoquez-le sans cesse dans le grenier de la vie. Et dites-vous que vous y êtes en excellente compagnie, que vous bénéficiez d'un extraordinaire soutien et d'une assistance sans faille. C'est en effet là que vivent le Christ, Bouddha, Krishna, Muktananda, les archanges Gabriel, Ariel, Uriel et Michael. Là que vivent nos grands-mères, les sages, les médecins. Nous sommes dans le royaume de l'Esprit-Saint. La plus haute définition de notre esprit. Après avoir traversé votre vécu et atteint ce niveau de conscience, vous vous retrouvez en compagnie des maîtres. Vous êtes devenu la lumière du monde — la lumière de l'amour. Alors, je vous en conjure : faites tout ce qui est en votre pouvoir pour diffuser cette lumière afin qu'elle éclabousse et illumine le monde autour de vous.